Walter Schilling

Der Niedergang Europas

Walter Schilling

DER NIEDERGANG EUROPAS

ibidem-Verlag
Stuttgart

Bibliografische Information der Deutschen Nationalbibliothek

Die Deutsche Nationalbibliothek verzeichnet diese Publikation in der Deutschen Nationalbibliografie; detaillierte bibliografische Daten sind im Internet über http://dnb.d-nb.de abrufbar.

Bibliographic information published by the Deutsche Nationalbibliothek

Die Deutsche Nationalbibliothek lists this publication in the Deutsche Nationalbibliografie; detailed bibliographic data are available in the Internet at http://dnb.d-nb.de.

∞

Gedruckt auf alterungsbeständigem, säurefreien Papier
Printed on acid-free paper

ISBN-13: 978-3-8382-0736-0

2. Auflage

© *ibidem*-Verlag
Stuttgart 2015

Printed in Germany

Inhaltsverzeichnis

Vorwort

Seit Beginn dieses Jahrhunderts ist die Frage nach der politischen Rolle der Europäischen Union in der Welt immer wieder diskutiert worden. Insbesondere mit kritischem Blick auf die Vereinigten Staaten von Amerika wurde der Europäischen Union von einigen Intellektuellen die Chance zugesprochen, zum Baustein und zugleich zum Modell einer neuen Weltordnung zu werden. Vor allem die Philosophen Jürgen Habermas und Jacques Derrida haben von einer „Wiedergeburt Europas" geschwärmt und die Ansicht vertreten, daß die Europäer die besseren Ansätze für die politische Weiterentwicklung der Welt und die Lösung der globalen Probleme hätten. Von daher sei es folgerichtig, wenn die Europäische Union als starker Akteur auftrete, der die Neustrukturierung der Weltordnung im 21. Jahrhundert entscheidend mitbestimmt. Diese Auffassung bezieht ihre Energie aus dem Selbstverständnis, der Europäischen Union eine höhere Stufe der Zivilisation zuzubilligen, nämlich die soziale Wohlfahrt der Bürger zu betonen, die kriegerische Vergangenheit überwunden zu haben und die ersten Schritte zum „postnationalen" Regieren gegangen zu sein. Die Verleihung des Friedensnobelpreises für die Europäische Union durch das Nobelpreiskomitee in Oslo am 10. Dezember 2012 hat diese Auffassung noch unterstrichen.

Nicht selten finden wir auch in den Aussagen mancher europäischer Politiker und einiger Vertreter der Wissenschaft eine Sichtweise Europas, die sich der Vision von Habermas und Derrida annähert und die Idee entwickelt, die Europäische Union müsse und könne eine in jeder Hinsicht handlungsfähige „Gegenmacht" zu den Vereinigten Staaten von Amerika und anderen großen Mächten unserer Welt sein. Vergegenwärtigt man sich das tatsächliche Bild der Weltordnung und die reale Situation Europas, dann stellt sich aber wohl eher die Frage, ob die Vorstellung von einer herausragenden und prägenden Rolle der Europäischen Union eine Selbsttäuschung ist.

Schon die gegenwärtige, in dem unendlichen Streit über das Verhalten Griechenlands gipfelnde Staatsschuldenkrise, die gravierenden Wirtschaftsprobleme und die hohe Arbeitslosigkeit in Europa legen eine eher vorsichtige und weniger optimistische Beurteilung der Macht dieses Staatenverbundes nahe. Erst recht stellen die langfristig wirkenden Herausforderungen, wie z.B. die negativen demographischen Trends, die fehlende Bereitschaft zur Entwicklung von Machtressourcen, die wachsende Abhängigkeit von auswärtigen Energielieferungen, das Festhalten an längst überholten Ideologien und der mangelnde Wille zur Verteidigung der eigenen Werte die Europäische Union vor schwierige Probleme. Angesichts der raschen und tiefgreifenden Veränderungen im internationalen System, in dem immer wieder neue Phänomene auftreten, muß die Europäische Union sicherlich Antworten auf die vielfältigen Herausforderungen geben. Wie die Europäer diese Aufgabe bisher erfüllt haben und künftig wahrnehmen wollen, ist vor dem Hintergrund der täglichen Erfahrung und der Perspektiven der internationalen Politik äußerst umstritten. Alle Indikationen deuten darauf hin, daß die Europäer nicht in der Lage sein werden, angemessene Antworten auf die entscheidenden Herausforderungen der Gegenwart und der überschaubaren Zukunft zu finden. Mit Blick auf die Gegebenheiten im internationalen System in der vor uns liegenden Epoche sind die Aussichten Europas auf eine weltpolitisch prägende Rolle eher düster. In dem vorliegenden Buch gilt es daher, die Machtposition und politische Rolle der seit dem 1. Juli 2013 mit der Aufnahme Kroatiens 28 Länder umfassenden Europäischen Union im Weltstaatensystem aus einer realistischen Perspektive zu analysieren und die Weiterentwicklung Europas im Vergleich zu anderen global agierenden großen Mächten zu beurteilen.

Walter Schilling
September 2015

Die Krise Europas

Europa bietet gegenwärtig ein Bild der Zerrissenheit und der Orientierungslosigkeit. Der im Laufe der vergangenen fünf Jahrzehnte entwickelte „Staatenverbund sui generis", den wir Europäische Union nennen, befindet sich in einer tiefen Krise. Dabei ist besonders bemerkenswert, daß sich die Europäer selbst über den Charakter dieser Krise heftig streiten – ein Umstand, der die Überwindung der schwierigen Situation unseres Staatenverbundes erheblich behindert. So überrascht es nicht, daß sogar mit Blick auf die unmittelbar vor uns liegende Zukunft – etwa bis zum Jahre 2017 – Unsicherheit und Zweifel bei den Regierungen vorherrschen und die ohnehin schon ausgeprägte Entfremdung der Bürger von Europa zunimmt. Erst recht aber denken wir mit Sorge an die Europäische Union, wenn wir die mittelfristige Perspektive dieses Staatenverbundes – etwa bis zum Jahre 2030 – in den Blick nehmen.

Finanzmarkt- und Bankenkrise

Wer die Berichterstattung in den Medien, die Aussagen der Politiker und die Beiträge mancher Intellektuellen verfolgt, wird häufig mit der Behauptung konfrontiert, daß die derzeitige Krise Europas vor allem eine Finanzmarkt- und Bankenkrise ist. Doch wird damit der Charakter der Krise nur unvollständig beschrieben. In dieser Kennzeichnung spiegelt sich zum einen das Denken in der Begriffswelt des Sozialismus und der damit verbundenen Systemkritik wider. Zum anderen zeugt diese von vielen Journalisten, Politikern und Intellektuellen angebotene recht simple und zumeist mit Empörung begleitete Beschreibung der Krise davon, daß deren Vertreter große Probleme mit der Wahrnehmung der Wirklichkeit haben. Wenn selbst konservative europäische Politiker nach Schuldigen für die Krise suchen und im Stile der extremen Kapitalismuskritik behaupten, die Rating-Agenturen in den USA handelten bei der Herabstufung der Kreditwürdigkeit europäischer Staaten und Banken im Interesse des „anglo-amerikanischen Finanzkapitals", so geht dies nicht nur weit an der Sache vorbei. In dieser charakteristischen Formulierung schwingt auch ein antisemitischer Unterton mit, der darauf hindeuten soll, daß man genau weiß, wer etwa an den Börsen in New York und London das Sagen hat.

Wenn es darum geht, „die Banker" an den Pranger zu stellen und jenen Politikern ein Forum zu bieten, die das in Europa vorherrschende kapitalistische Wirtschaftssystem für grundfalsch halten, stehen die elektronischen Medien in der vordersten Reihe. Die meisten Moderatoren lassen nichts unversucht, die tatsächlichen Hintergründe der Krise zu verschleiern. Man gibt vor allem solchen Politikern und Intellektuellen Raum, die in demagogischer Manier das freiheitliche System und die marktwirtschaftliche Ordnung auseinanderzudividieren suchen, „den Kapitalismus in die Mülltonne der Geschichte" werfen wollen und den „Systemwechsel zum Sozialismus für dringend erforderlich" halten. In zahlreichen Interviews und Talkshows wird dem Publikum suggeriert, „wie furchtbar" die Politiker sind, die sich angesichts der Krise immer noch zur Freiheit und zur kapitalistisch geordneten Wirtschaft bekennen. Die Art und Weise der wiederholten Versuche zur Rettung Griechenlands vor dem Staatsbankrott hat diesem Denken neue Nahrung gegeben.

Bedauerlicherweise glauben die ökonomisch ungebildeten Bevölkerungen in den europäischen Ländern zunehmend jenen politischen Kräften, die sich die Probleme der Wirtschaft und Gesellschaft vor allem mit Verschwörungen erklären. Die Schuld für die Finanzmarkt- und Bankenprobleme, sowie für die Krise Europas den „gierigen Bankern" und den am marktwirtschaftlichen System und seinen Regeln festhaltenden Politikern zuzuweisen, klingt ja auch so schön einfach. Und es hilft auch nicht weiter, wenn führende Repräsentanten der europäischen Staaten und bedeutender gesellschaftlicher Organisationen, wie z.B. der Kirchen oder der Gewerkschaften, in zahllosen Reden die Maßlosigkeit der Banken geißeln, aber zum Versagen der Regierungen und deren gravierender Schuldenmacherei kaum kritische Worte finden. Wer mit seinen Anmerkungen zu den schwierigen Fragen der Wirtschaft veraltete Ideologien und das in Europa latent vorhandene romantische Weltverbesserertum bedient, richtet vielmehr zusätzlichen Schaden an.

Anstatt die tatsächlichen Hintergründe der auch ganz Europa erfassenden globalen Finanzmarkt- und Bankenkrise sachlich korrekt zu beschreiben, wird von zahlreichen Politikern und Repräsentanten der Medien davon abgelenkt, daß ein wesentlicher Teil der Probleme nicht von der Wall Street in New York ihren Ausgang nahm, sondern aus dem Weißen Haus in Washington. Verantwortlich für die Auslösung der Krise war die Politik von U.S.-Präsident Bill Clinton. Seine politische Absicht war es, für deutlich mehr Wohneigentum unter der armen Bevölkerung, vor allem unter Farbigen und Hispanics, zu sorgen. Vermehrtes Wohneigentum sollte größeren Gemeinschaftssinn, einen Rückgang der Kriminalität und bessere Schulleistungen herbeiführen. Doch stand dieser an sich lobenswerten Intention – aus Clintons Sicht – die auf alter Erfahrung geübte Vergabepraxis der Banken für Kredite entgegen. So „altmodische" Bedingungen wie Sicherheiten und regelmäßige Rückzahlungen galt es daher zu beseitigen. Das U.S.-Bauministerium begann 1993 (!) im gesamten Land ein Netz von Agenturen für Chancengleichheit und gerechtes Wohnen einzurichten, von denen aus Anwälte die Hypothekenbanken massiv angriffen, indem sie jeden Verdacht einer Diskriminierung zur Anklage brachten.

Die Hypothekenbanken in den USA, die etwa drei Viertel dieser sogenannten „Subprime-Darlehen" gewährten, gaben angesichts der Vielzahl der Verfahren ziemlich rasch ihre an ökonomischen Kriterien orientierte Kreditpolitik auf. Darlehensverträge mit nur dreiprozentiger Einlagensicherheit wurden immer häufiger abgeschlossen und schließlich ganz auf solche Anforderungen verzichtet. Um langwierige und den Ruf schädigende Prozesse zu vermeiden, überboten sich die Hypothekenbanken darin, Kredite an Millionen von Haushalten zu vergeben, von denen man eine Rückzahlung der Geldmittel nach aller Erfahrung nicht erwarten durfte.

Die Nationalbanken, die etwa ein Viertel der „Subprime-Darlehen" zur Verfügung stellten, wurden von der Clinton-Administration in anderer Weise genötigt, ihre normale Vergabepraxis für Kredite aufzugeben. Durch eine Modifizierung des „Community Reinvestment Act" wurden die Nationalbanken nunmehr danach bewertet, wieviele Kredite sie in Stadtteilen mit relativ armer Bevölkerung gewährten. Ein hohes „Rating" in diesem Bereich war für eine Bank bedeutsam, wenn sie eine Genehmigung der zuständigen Behörden für die eigene Erweiterung, für Zusammenschlüsse mit anderen Banken oder für die Eröffnung einer neuen Filiale erhalten wollte. Ein schlechtes Rating konnte dagegen für eine Bank schlimme Folgen haben. Und so nahm das marktwidrige Verhalten der Banken seinen Lauf und produzierte eine gewaltige Immobilienblase, die ohne den Eingriff der Politik nicht entstanden wäre.

Der politisch motivierte Mißbrauch bedeutender Institutionen und die Verzerrung der Marktmechanismen durch die Clinton-Administration führte dazu, daß schon bald nach Ende der Amtszeit Clintons der Großteil der „Subprime-Darlehen" dazu diente, ältere Kredite zu refinanzieren und jene Verträge zu ersetzen, die bereits sechs oder acht Jahre zuvor abgeschlossen worden waren. Um die politisch gewollte Marktverzerrung zu verdecken, hatte die Clinton-Administration die beiden halbstaatlichen Immobilien-Finanzierer „Freddie Mac" und „Fannie Mae" angewiesen, die gewährten Darlehen zu kaufen und verbrieft in ihren Bestand zu nehmen. Die Banken nahmen die Chance gern an, die Darlehen in Wertpapiere umzuwandeln, auf diese Weise das Haftungsrisiko aus ihren Bilanzen zu entfernen und ihre Geschäftstätigkeit immer weiter auszudehnen. Man handelte mit Krediten, als wären es Autos oder Fernseher. In zunehmendem Maße wurden solche Wertpapiere an andere Geldinstitute im In- und Ausland veräußert. Vor allem in Großbritannien, in Irland, in Frankreich, in der Schweiz und in Deutschland stiegen zahlreiche Banken – auch die meisten (staatlichen) Landesbanken – in das vermeintlich gute Geschäft ein. Der Handel mit den Hypothekenanleihen versprach eine gute Rendite – aber eben nur so lange, wie der Buchwert der Immobilien noch zunahm. Doch selbst die Fachleute in zahlreichen Banken und in den Finanzministerien haben das Risiko unterschätzt oder verdrängt.

Die marktwidrige und naive Vorstellung der U.S.-Politik von einer Gesellschaft der Hausbesitzer fand ein abruptes Ende, als die künstlich in die Höhe getriebenen Preise für Immobilien begannen, auf breiter Front einzubrechen. Wer sein Darlehen nicht mehr zurückzahlen konnte, übergab der Bank die Schlüssel seines Hauses und war damit schuldenfrei. Da dies viele Menschen betraf, wurde eine gewaltige Abwärtsspirale ausgelöst. Der Wert der verbrieften Kredite, von denen fast jede größere Bank auf der Welt Milliardenpakete hielt, verfiel in geradezu dramatischer Weise. Und so gerieten die in diesem Bereich besonders engagierten Banken bald in eine derartige Schieflage, daß sie vom Staat vor dem Zusammenbruch gerettet werden mußten. Zwar sind die gewaltigen Erschütterungen, die nach der spektakulären Pleite der amerikanischen Investment-Bank „Lehman Brothers" im Herbst 2008 den Weltfinanzmarkt heimsuchten, kein Beleg für die prinzipielle Untauglichkeit des marktwirtschaftlichen Systems. Schließlich wurden die Turbulenzen durch einen klaren Verstoß der amerikanischen Regierung (Bill Clinton) gegen die Prinzipien der Ordnungspolitik verursacht und durch die Fehleinschätzungen zahlreicher Bankmanager im Hinblick auf die Folgen ihres Handelns sowie durch die mangelnde Bankenaufsicht in vielen Ländern verschärft. In der Tat ist die Finanzmarkt- und Bankenkrise auch eingetreten, weil zahlreiche Banken und Finanzakteure der westlichen Industrieländer absurd hohe Risiken eingehen konnten. Sie haben durch ihr Handeln nicht nur ihre eigene Existenz, sondern sogar das Finanzgefüge einzelner Volkswirtschaften aufs Spiel gesetzt. Doch zumindest die Regierungen der europäischen Länder hätten die Chance gehabt, mit Hilfe einer aufmerksamen Bankenaufsicht die katastrophalen Entwicklungen zu verhindern. Nur unvollkommen hat man dies in den Staaten der Europäischen Union nachgeholt. Und in einigen europäischen Ländern, wie z.B. in Spanien, können wir seit dem Jahre 2008 eine hausgemachte Finanzmarkt- und Bankenkrise beobachten, die bis heute nachwirkt. Zu leichtfertig gewährte Hypothekendarlehen und der Zusammenbruch des Immobilienmarktes haben zahlreiche Banken Spaniens in große Schwierigkeiten gebracht, so daß sie auf die Hilfe des Staates zurückgreifen mußten, um eine Insolvenz abzuwenden.

Man kann also keineswegs den Schluß ziehen, daß ausschließlich Amerika für die europäische Bankenkrise verantwortlich ist. Gewiß haben konkrete Fehlentwicklungen in den USA die Instabilität in den Finanzmärkten der Welt ausgelöst und zu einem beträchtlichen Teil auch die größeren europäischen Banken in Mitleidenschaft gezogen. Doch wäre die Krise in Europa vermeidbar gewesen, wenn es die risikoreichen Finanztransaktionen, die exzessive Kreditvergabe in manchen Staaten sowie die mangelnde Transparenz nicht gegeben hätte und die Regierungen besser auf die Folgen vorbereitet gewesen wären. Es kam noch hinzu, daß die europäische Wirtschaft im Vergleich zur amerikanischen Wirtschaft deutlich schwächer und verwundbarer war. Zudem glaubten viele Europäer zu lange daran, daß die negativen Folgen der Fehlentwicklungen in Amerika in Europa nicht denkbar wären und in dieser krassen Form nicht auftreten würden.

Eine Wiederholung der Finanzmarkt- und Bankenkrise zu vermeiden, gehört folgerichtig zu den wichtigsten Aufgaben der europäischen Regierungen. Ob die Einführung der am 9. Oktober 2012 von elf Staaten der Europäischen Union (Frankreich, Deutschland, Italien, Spanien, Estland, Slowakei, Österreich, Belgien, Portugal, Griechenland und Slowenien) beschlossenen Finanztransaktionssteuer eine zielführende Maßnahme sein kann, steht jedoch dahin. Eine EU-weite Einführung ist dank des Widerstandes Großbritanniens, Schwedens, der Niederlande und Luxemburgs nicht denkbar. Diese steuerpolitische Maßnahme bringt also einen weiteren spaltenden Mechanismus mit sich. Und die in eine derartige Steuer gesetzten Erwartungen dürften wohl kaum erfüllt werden. Zum einen wird diese spezielle Steuer den Finanzbehörden keineswegs die erhofften Einnahmen bescheren. Der von der EU-Kommission bei der offiziellen Verkündung der Gesetzesvorlage für diese Steuer am 14. Februar 2013 in Brüssel kalkulierte Betrag von jährlich ca. 34 Milliarden Euro dürfte wohl nicht zusammenkommen. Und der am 6. Mai 2014 in Brüssel von den verbleibenden zehn Staaten (Slowenien scherte aus) erreichte Minimalkompromiß wird die ab 2016 erhofften Wirkungen verfehlen. Zum anderen wird die Steuerlast größtenteils bei den Bankkunden landen, nicht bei den Banken selbst. Die historischen Erfahrungen mit solchen Maßnahmen weniger Länder sind eher negativ. In den meisten Fällen führte eine solche Steuer zu Kapitalflucht in andere Märkte oder in Anlageformen, die nicht der Steuer unterliegen. Die Banken werden Konstrukte finden, die ihren Kunden entgegenkommen, aber nicht unter die neue Steuer fallen. Die Investoren werden zudem an jene Finanzplätze (z.B. London) abwandern, die diese Steuer nicht erheben, oder ihre Geschäfte über Schattenbanken abwickeln, die sich der staatlichen Kontrolle entziehen. Damit könnten künftige Krisen sogar noch wahrscheinlicher werden, anstatt sie zu unterbinden.

Staatsschuldenkrise

Die zweite bedeutsame Krise, die Europa seit einigen Jahren erfaßt hat und große Gefahren in sich birgt, wird zu Recht als Staatsschuldenkrise bezeichnet. Für diese Krise der europäischen Länder sind nicht der „Neoliberalismus" oder der „entfesselte Kapitalismus", nicht die Finanzmärkte, die Banken, die Hedgefonds oder die Spekulanten verantwortlich. Sie ist im Wesentlichen von jenen politischen Akteuren verursacht worden, die das Ausmaß der Krise beklagen und nun ihre Ratlosigkeit zeigen. Sie tun so, als handelten die im Fokus der Kritik stehenden Finanzmanager und Banken in aller Welt voraussetzungslos, gleichsam in einem politikfreien Raum. Unterschlagen wird dabei, daß die politischen Akteure, vor allem Regierungen und Parteien in vielen Staaten Europas, über viele Jahre hinweg gigantische Schulden angehäuft haben und in der Finanzwelt nunmehr die Frage gestellt wird, ob diese Schulden überhaupt noch zurückgezahlt werden können. Die politischen Akteure und die Medien in Europa suggerierten den Bürgern, man könne immer mehr staatliche Leistungen bieten, ohne die finanziellen Einnahmen der Staaten zu berücksichtigen.

Es sollte vor dem Hintergrund der offenkundigen Probleme zahlreicher Regierungen in den europäischen Ländern nicht verwundern, daß selbst die geduldigsten Gläubiger begründete Zweifel an der künftigen Zahlungsfähigkeit ihrer Schuldner bekamen. Dabei waren es nicht die so häufig verteufelten Finanzmärkte oder die Rating-Agenturen, die jene enormen finanziellen Schwierigkeiten herbeigeführt haben, vor denen insbesondere die zur Euro-Zone gehörenden Länder in Europa heute stehen. Die Finanzmärkte und die Rating-Agenturen sind lediglich die Übermittler der gewiß recht unangenehmen Botschaft, daß die politischen Akteure in den europäischen Ländern nicht länger ihrer eigenen Verantwortung für die gefährliche Krise ausweichen können. Die Politiker waren es schließlich, die vor allem unter Hinweis auf „sozialstaatliche Erfordernisse" und „wirtschaftspolitische Notwendigkeiten" über Jahrzehnte hinweg erheblich mehr Geld ausgegeben haben, als eingenommen wurde. Und wer sich auf diesem Feld besonders großzügig verhielt, konnte auf den beständigen Zuspruch der Wähler hoffen. Mehrheiten ließen sich dadurch gewinnen, daß man kostenträchtige Wohltaten oder neue Zuwendungen in Aussicht stellte. Ob dies mit Blick auf das Gemeinwesen sinnvoll war, wurde nicht diskutiert. Über die Frage, was von einer Demokratie am Ende bleibt, wenn sie ihre finanziellen Möglichkeiten beständig überzieht, machten sich die Politiker keine Gedanken. Die Rating-Agenturen in ihrer Funktion als Schuldenwächter „an die Kette zu legen" und mit einschneidenden Regulierungen zu bedenken, wie dies vom Europäischen Parlament im Januar 2013 beschlossen wurde, trägt in keiner Weise zur Lösung des Problems bei. Solche Entscheidungen stärken nur die Position jener Politiker in Europa, die keine ehrliche Debatte über die Staatsschuldenkrise führen wollen. Auch die Wissenschaft und die Medien haben sich der eklatanten Strukturschwäche der europäischen Demokratien noch nicht ausreichend zugewandt. So überrascht es nicht, daß es in den EU-Staaten bis heute dabei blieb, mit kurzfristigen Versprechungen um Wähler zu werben, die Kosten durch Staatsverschuldung zu decken und damit künftigen Generationen aufzuerlegen. Die enorme Überdehnung des Haushalts trat vor allem in Griechenland auf. Hier wurden nicht nur mehr als eine Million Staatsangestellte beschäftigt, die bereits im Alter von 50 bis 53 Jahren in Pension gehen konnten und hohe Zuwendungen erhielten. Es wurden über Jahrzehnte hinweg auch andere staatliche Wohltaten gewährt, die sich Griechenland eigentlich nicht leisten konnte. Ein funktionierendes Steuersystem, das auch die wohlhabenden Griechen angemessen belastet und die Einnahmen des Staates gesichert hätte, gab es nicht. Und als die prekären Fakten nach und nach bekannt wurden, fürchteten sich die Griechen wie auch ihre europäischen Partnerländer, angesichts der schwer kalkulierbaren Konsequenzen eines Austritts aus der Euro-Zone die notwendigen Maßnahmen zu ergreifen. Man zögerte und schritt von Kompromiß zu Kompromiß, ohne einen nachhaltigen Erfolg verbuchen zu können. Der Machtwechsel in Griechenland und die Vorgehensweise der linksextremen Regierung Tsipras in Athen seit Ende Januar 2015 verschärften diese Problematik und die damit verbundene Krise einmal mehr.

Nach Griechenland folgten Irland, Portugal, Spanien und Italien, die relativ rasch nacheinander in finanzielle Schwierigkeiten gerieten und ohne massive Hilfe von außen ihre Probleme nicht mehr zu lösen vermochten. Für alle diese Staaten erwies es sich – ebenso wie für das mehrere Jahrzehnte über seine Verhältnisse lebende Nicht-Euro-Land Großbritannien – als notwendig, zurückzustecken und den Gürtel enger zu schnallen. Dabei war von Anfang an klar, daß die rigide Sparpolitik in diesen Ländern zwar die Schulden verringern, aber gleichzeitig soziale Unruhen hervorrufen und die Chancen auf neues Wachstum zunächst zunichte machen würde.

Der mit der rigiden Sparpolitik verbundene Niedergang der Wirtschaft brachte zunehmend auch die übrigen nicht zur Euro-Zone gehörenden EU-Staaten in große Schwierigkeiten. So brach das Wachstum der Wirtschaft Rumäniens im Jahre 2011 um 15 Prozent ein, während die Schulden des Landes deutlich zunahmen. Eine ähnliche Entwicklung konnte man in Bulgarien beobachten. Hier führte die EU-konforme Sparpolitik zu einer stetigen Verarmung großer Teile der Bevölkerung, zu massiven, von Gewalt begleiteten Protesten und schließlich zum Rücktritt der konservativ-liberalen Regierung. Die wirtschaftliche Lage der meisten Menschen in Bulgarien ist derart prekär, daß jede Regierung – unabhängig davon, welche Parteien sie tragen – recht schnell in Schwierigkeiten geraten dürfte. Auch der Rückgriff auf Maßnahmen der Verstaatlichung etwa von Unternehmen der Energieversorgung oder anderen wichtigen Sektoren, um die Lage der Bevölkerung zu verbessern, wird unter den derzeitigen Rahmenbedingungen in Europa nicht helfen. Ein derartiges Vorgehen widerspricht nicht nur dem in der Europäischen Union geltenden Grundprinzip des freien Marktes. Es wird auch nicht zum Erfolg führen. In Ungarn war die Schuldenkrise mit einem noch gefährlicheren Problem verknüpft. Hier eroberte nach dem enormen Anstieg der Staatsschulden und dem Rückgang der Wirtschaftsleistung um fast sieben Prozent im Jahre 2009 eine rechtsextreme, nationalistische Partei die Macht. Die neue politische Führung des Landes war trotz der prekären Situation erst nach langen, dramatischen Verhandlungen bereit, Anleihen des Internationalen Währungsfonds (IWF) anzunehmen und die damit verbundenen Auflagen zu akzeptieren.

Der seit mehr als fünf Jahren geführte Streit über die Staatsschuldenkrise der Europäischen Union zeigt deutlich, wie gering die Bereitschaft ist, die Ursachen der Misere zu benennen und die tatsächlichen Rahmen bedingungen politischen Handelns anzuerkennen. Sozialistische Ideologen beherrschen das Feld. Sie orientieren sich eher an Gefühlen und Wünschen, nicht an harten Fakten und der Bereitschaft zu kühlen Analysen. Politische Parteien, einflußreiche gesellschaftliche Gruppen und selbst Staaten beanspruchen Solidarität und vergessen dabei, daß Solidarität keine Einbahnstraße ist. In den Parlamenten, aber auch in den Medien wird fast jeder Ansatz zu einer sachlich korrekten Argumentation in Vorwürfen erstickt. Und die tagespolitische Hektik, die sich in zahlreichen Gipfeltreffen führender Politiker der Europäischen Union, in Sondergipfeln, Sonderräten, informellen Treffen, Kommissionssitzungen äußert, hat bislang nur karge Ergebnisse zugelassen. Der Einfluß längst überholter Ideologien spiegelt sich nicht nur darin wider, daß es den Europäern nicht einmal gelingt, eine klare und differenzierte Definition des Problems zu formulieren. Die in dem täglichen politischen Streit immer wieder sichtbaren ideologischen Fixierungen hindern die Europäer auch daran, eine zielführende Strategie für den Ausweg aus der Krise zu entwerfen. Mit Versprechungen, Absichtserklärungen und der Präsentation von Wünschen, die von unterschiedlichen nationalen Interessen geprägt sind, kommt man nicht zu tragfähigen Lösungen.

Wenngleich Europa seit mehr als fünf Jahren seine Staatsschuldenkrise in den Griff zu bekommen sucht und dennoch keinen bleibenden Erfolg verbuchen kann, hat die Idee des europäischen Einigungswerkes erheblichen Schaden genommen. Die Krise hat sich nicht nur immer tiefer in die Staaten der Währungsunion hineingefressen. Sie verstärkte auch die Spaltung zwischen den Staaten der Euro-Zone und den übrigen Ländern der Union und führte zu einer Vertrauenskrise der Bürger Europas. Selbst so wichtige Institutionen wie die Europäische Zentralbank (EZB), von denen man erwartet hatte, daß sie für ein Europa der Prinzipien, des stabilen Geldes und der Beachtung der geschlossenen Verträge stehen, haben durch ihr problematisches Verhalten beim Kauf von Staatsanleihen stark verschuldeter Länder zu dieser Vertrauenskrise beigetragen. Die Repräsentanten der Europäischen Zentralbank und führende Politiker Europas tun dabei so, als ob das Recht bei der Lösung der Krise beiseite geschoben werden müsse. Vergessen wird dabei, daß die Herrschaft des Rechts (Rule of Law) nicht nur im Selbstverständnis der europäischen Demokratien ein konstitutives Element der Ordnung und ein Kennzeichen der Moderne ist, mit dem die Europäer der restlichen Welt als Vorbild gelten wollen. Ohne die Herrschaft des Rechts kann Demokratie nicht funktionieren. Das Verhalten der europäischen Institutionen und europäischer Regierungen zeigt daher auch, daß die Staatsschuldenkrise letztlich eine Krise des Regierungssystems der europäischen Demokratien ist.

Im Falle Griechenlands, das de facto aus eigener Kraft längst nicht mehr zahlungsfähig ist und als Staat nur überleben kann, weil es regelmäßig viele Milliarden Euro von seinen Partnerstaaten in der Europäischen Union und vom Internationalen Währungsfond (IWF) überwiesen bekommt, wird eine Politik der Insolvenz-Verschleppung betrieben, die für alle EU-Staaten schwerwiegende Folgen nach sich ziehen wird. Mit geschönten Rechenwerken und in eine nicht näher definierte Zukunft verlagerten Entscheidungen dem Offenbarungseid zu entgehen, dürfte nicht mehr lange möglich sein. Die auf der Grundlage einer sachlich falschen Analyse der Situation und entgegen den Auflagen des Vertrags von Maastricht dem griechischen Staat zur Verfügung gestellten finanziellen Ressourcen werden letztlich doch abgeschrieben werden müssen. Angesichts der Erfahrungen der vergangenen fünf Jahre ist es höchst zweifelhaft, daß Griechenland den politischen Willen aufbringt, die nötigen Einsparungen vorzunehmen und die geforderten strukturellen Reformen – von der Steuerreform, der Rentenreform und der Reform der öffentlichen Verwaltung bis zum Gesundheitswesen und zum Energiemarkt – durchzuführen. Auch die Griechenland seit November 2012 immer wieder gewährte zusätzliche Zeit zur Abmilderung des Spardrucks wird hier nicht weiterhelfen. Ohne die Durchführung der Strukturreformen und substantiellen Investitionen kann eine Gesundung des Landes nicht gelingen. Die anhaltende Rezession dürfte es zusätzlich erschweren, nachhaltige Erfolge zu erzielen. Am Ende werden – wie dies der IWF bereits Anfang Juni 2013 angekündigt und seitdem mehrmals wiederholt hat – Griechenlands europäische Partner kaum um einen weiteren Schuldenverzicht herumkommen.

Während sich die unter den Euro-Rettungsschirm gegangenen Staaten Irland und Portugal bemüht haben, durch eine strenge Sparpolitik und einschneidende Reformen in der Arbeitsmarkt- und Rentengesetzgebung aus der Krise herauszukommen und dabei Erfolge vorweisen können, betonen besonders Spanien und Italien zunehmend ihre Nationalstaatlichkeit. Sie wollen das Reformverlangen, die Auflagen und die Kontrollen nicht akzeptieren. Ihre führenden Politiker verlangen das Geld der weniger stark verschuldeten Länder, möchten aber die Souveränität behalten. Die im Streit über diese Frage verwendete Sprache und die mit ungewöhnlicher Schärfe vorgetragenen Forderungen an die Geberländer verraten, wie weit die Staaten Europas schon auseinander gedriftet sind. Wie hilflos und gleichzeitig aggressiv führende Politiker in Europa schon seit mehreren Jahren über diese Frage argumentieren, belegt die absurde Forderung des von November 2011 bis Ende April 2013 amtierenden italienischen Ministerpräsidenten Mario Monti, die Rechte der nationalen Parlamente in den Staaten der Europäischen Union zu beschneiden, um den Regierungen größeren politischen Handlungsspielraum bei der Lösung der Staatsschuldenkrise zu verschaffen.

Die politischen Konsequenzen dieser Vorgehensweise werden durchweg mit allerlei Argumenten verteidigt. Sie werden zumeist der Kritik entzogen, indem man sie zur „Staatsräson" hochstilisiert oder als „alternativlos" bezeichnet. Führende Politiker der Europäischen Union zeigen damit nicht nur ihre Geringschätzung demokratischer Strukturen in den einzelnen Ländern. Sie mißachten auch die Bedeutung demokratischer Prozesse und leisten dem Verfall der einst recht pro-europäischen Einstellung der Bürger Vorschub. Dies zeigte sich beispielhaft bei den Parlamentswahlen am 24./25. Februar 2013 in Italien, wo ein anti-europäisch argumentierender Komiker ein Viertel der Wählerstimmen gewinnen konnte und der frühere Ministerpräsident Silvio Berlusconi, der einige der von Mario Monti eingeführten Reformen wieder rückgängig machen wollte, im Abgeordnetenhaus die Mehrheitsposition nur knapp verfehlte und im Senat eine Sperrminorität erhielt. Für seine Bereitschaft, sich den wirtschaftspolitischen Fakten zu stellen, wurde Mario Monti dagegen von den Wählern mit gerade einmal zehn Prozent der Stimmen bedacht. Nachdem der Wahlausgang die Bildung einer stabilen Regierung sehr schwierig gemacht hatte, stufte die Rating-Agentur Fitch das Euro-Krisenland Italien prompt in seiner Bonität herab.

Seit Anfang des Jahres 2013 ist auch um die Rettung des stark verschuldeten Zypern gerungen worden. Es war lange bekannt, daß sich das kleine Land mit seinem überdimensionalen Bankensektor ein höchst problematisches Geschäftsmodell leistete, das über kurz oder lang die Wirtschaft unterminieren mußte. Die EU-Kommission und die Europäische Zentralbank (EZB) ignorierten bereits 2007 beim Eintritt Zyperns in die Euro-Zone alle Schwachstellen (Steuer-Oase, marode Banken, russische Einlagen und das Fehlen eines sinnvollen volkswirtschaftlichen Modells). Die Europäische Zentralbank hat es hingenommen, daß die Notenbank Zyperns Notkredite an Banken ausgab, obwohl alle Fachleute wußten, daß diese Banken nicht nur kurzfristige Liquiditätsprobleme hatten, sondern allein durch die Geldüberweisungen der EZB vor der Zahlungsunfähigkeit bewahrt werden konnten. Nach der Abwertung der Bonität des Landes durch die amerikanische Rating-Agentur Moody's konnte nicht mehr geleugnet werden, daß es um Zypern ähnlich schlecht stand wie in Griechenland. Zypern verlangte 17,5 Milliarden Euro von seinen EU-Partnern, der EZB und dem IWF, um seine in große Schwierigkeiten geratenen Banken zu stabilisieren. Doch dem Verlangen der Partner nach Strukturreformen und Transparenz gegen Geldwäsche wollte die politische Führung Zyperns nicht nachkommen. Einen ersten Rettungsversuch der EU-Partner, der die Zahlung von 10 Milliarden Euro umfaßte, aber einen Eigenbeitrag Zyperns von ca. 5,8 Milliarden Euro und hierzu die Teilenteignung der Inhaber von Bankkonten einschloß, lehnte das zyprische Parlament am 19. März 2013 ab. Dabei zeigte sich einmal mehr die fatale Neigung mancher europäischer Entscheidungsträger, schwierige Probleme mit Hilfe eines weiteren Tabubruchs lösen zu wollen. Die Absicht der Finanzminister, die Spareinlagen der Bürger zur Verfügungsmasse des Staates zu machen und das Versprechen zu erschüttern, daß Spareinlagen von unter 100.000 Euro garantiert sind, verursachte viel Unruhe weit über Zypern hinaus. Darüber hinaus wurde erneut klar, daß das politische System in Europa mit seinen zahlreichen Akteuren und deren unterschiedlichen Interessen gutes Krisenmanagement zusätzlich erschwert. Ebenso beschämend ist es wohl, daß die Vertreter des Euro-Staates Zypern in Russland um Hilfe bei der Lösung ihrer Probleme nachgesucht haben.

Im Übrigen demonstriert die Tatsache, daß die EZB der Regierung Zyperns im Zuge des Rettungsversuchs ein Ultimatum gestellt hat, wie politisiert diese spezifische Institution der EU ist. Eine Notenbank, die sich – ohne jede demokratische Legitimation – selbst in die Lage bringt, für den Zusammenbruch des Finanzwesens eines Mitgliedstaates verantwortlich zu sein, kann künftig nicht mehr frei entscheiden. Zypern konnte aber gleichwohl darauf hoffen, daß es die beantragten finanziellen Mittel aus dem Rettungsfond erhalten würde. Denn die europäischen Regierungen neigten offenbar wie schon in früheren Fällen dazu, ihre eigenen Prinzipien aufzugeben. Die Zyprer pokerten entsprechend hoch, und der drohende Staatsbankrott wurde am 25. März 2013 erst im letzten Moment abgewendet. Obwohl sich die Europäer im März 2011 darauf geeinigt hatten, daß es nur dann Finanzhilfen geben soll, wenn die Pleite eines Landes die gesamte Euro-Zone gefährden würde, hat man im Falle Zypern erneut eine Ausnahme gemacht. Es bleibt dabei unbeachtet, daß ein derartiger Schritt ein besonders heikles Signal an die Finanzmärkte ist – sagt eine derartige Maßnahme doch aus, daß bereits die Probleme des winzigen EU-Staates Zypern, der nur eine Million Einwohner hat und lediglich 0,2 Prozent des Bruttoinlandsprodukts (BIP) der EU repräsentiert, die Währungsunion zum Einsturz bringen könnte. Die Europäische Union unterminierte damit zum wiederholten Male die Glaubwürdigkeit jener immer wieder herausgestellten Konditionalität ihrer Rettungsmaßnahmen und wird kaum noch darauf dringen können, die notwendigen Reformen in Portugal, Griechenland, Spanien und Italien einzuklagen. Im Übrigen verloren durch die vereinbarte Form der Rettung Zyperns, die Beteiligung der Inhaber von Bankeinlagen über 100.000 Euro, nicht nur zahlreiche Ausländer, sondern auch viele zyprische Unternehmen einen erheblichen Teil ihrer Einlagen. Auch der Wirtschaft des Landes wurde großer Schaden zugefügt. Die ungelöste Staatsschuldenkrise und die problematischen Verhaltensweisen der besonders hoch verschuldeten Länder bremsen schon seit einiger Zeit zunehmend die Beitrittswünsche weiterer EU-Staaten. So überrascht es nicht, daß die Pläne zur Einführung des Euro angesichts der abschreckenden Realität des europäischen Krisenmanagements vor allem in Ungarn, aber auch in Rumänien und Bulgarien auf Eis liegen. Und angesichts der Tatsache, daß in Polen zwei Drittel der Bevölkerung gegen die Einführung des Euro sind, wagte lange Zeit niemand aus dem Kreise der führenden Politiker des Landes, ein konkretes Datum für einen solchen Schritt zu nennen. Der ursprüngliche Zeitrahmen für die Vergrößerung der Euro-Zone ist de facto obsolet geworden. Überdies werden die Auswirkungen der Rezession in zahlreichen EU-Ländern noch lange fühlbar bleiben, zumal bis heute noch niemand sagen kann, ob es gelingt, die Staatsschuldenkrise zu meistern. Lediglich das wirtschaftlich erfolgreiche Lettland zeigt sich von dieser negativen Entwicklung in der Europäischen Union kaum beeindruckt. Die Regierung dieses Landes hat vorgeführt, daß ein strikter Sparkurs, u.a. mit Lohnkürzungen bis zu 30 Prozent, in der Bevölkerung durchsetzbar ist und auf dieser Basis eine prosperierende Wirtschaft aufgebaut werden kann. So ist Lettland am 1. Januar 2014 der Euro-Zone beigetreten, obwohl nur knapp 40 Prozent der Letten für die Gemeinschaftswährung sind. Litauen, das eine ähnliche Wirtschafts- und Finanzpolitik betreibt, folgte dem Beispiel Lettlands am 1. Januar 2015.

Wirtschaftskrise

Nichts kann darüber hinwegtäuschen, daß der Europäischen Union gegenwärtig die Fähigkeit und politische Geschlossenheit fehlt, die für die notwendigen Anpassungen im Bereich der Wirtschaft vorhanden sein müssen. Die Fakten weisen vielmehr darauf hin, daß sich die Europäische Union derzeit auch in einer Wirtschaftskrise befindet, die in ihrem Kern auf der unterschiedlichen Produktivität der einzelnen europäischen Länder beruht. Die Wirtschaftskrise erhält aber nicht nur ihre Dynamik aus der heterogenen ökonomischen Struktur des Staatenverbundes und der unterschiedlichen Finanzkraft der einzelnen Mitgliedsländer. Auch die sehr unterschiedliche Mentalität der Bevölkerungen wiegt schwer. Vor allem unter den Euro-Ländern fehlt oft die Bereitschaft zur Schaffung und Bewahrung einer verläßlichen ordnungspolitischen Einheit. Das Streben nach einem gewissen Freiraum und die Tendenz, politischen Einbindungen und sachlichen Zwängen auszuweichen, ist in vielen Bereichen zu spüren.

Auf die in Europa herrschende Staatsschuldenkrise angemessen zu reagieren, wird immer schwieriger. Dies liegt nicht nur in den charakteristischen Denkweisen der Menschen und den unterschiedlichen Interessen der einzelnen Mitgliedsstaaten begründet. Es haben sich – als Folge der Krise Europas – auch die Machtverhältnisse innerhalb der Europäischen Union verändert. Dies erlaubt es der Europäischen Union kaum noch, ihre Rolle als Stabilitätsanker wahrzunehmen. In jüngster Zeit gelingt es vielmehr nur selten, eine weit genug reichende gemeinsame Haltung in der Wirtschafts- und Finanzpolitik zu erzielen. Dies haben nicht zuletzt die scharfen und zum Teil hasserfüllten Auseinandersetzungen um die Rettung Griechenlands vor dem Bankrott im Juni und Juli 2015 gezeigt.

Bei den bisherigen Versuchen, aus der Krise herauszukommen, ist es nicht einmal gelungen, die von den Regierungen praktizierte Politik des fortgesetzten Rechtsbruchs im Hinblick auf die Europäischen Verträge zu beenden. Die willkürliche Auslegung der Europäischen Verträge hat weder den Europäischen Gerichtshof, noch das Europäische Parlament dazu veranlaßt, diese gefährliche Entwicklung zu stoppen. In diesen Zusammenhang gehört auch die äußerst problematische Politik der Europäischen Zentralbank (EZB), indirekt die Staatsschulden einzelner Länder zu finanzieren. Die Feststellung der Rechtmäßigkeit dieses Handelns durch das Urteil des Europäischen Gerichtshofs vom 16. Juni 2015 wird hier nicht weiterhelfen. Ebenso wenig können sich die Regierungen der EU-Staaten darauf verlassen, daß der von ihnen aufgespannte gewaltige Rettungsschirm (Europäischer Stabilitätsmechanismus = ESM) von 700 Milliarden Euro die internationalen Finanzmärkte dazu bringt, die künftige Zahlungsfähigkeit als gesichert anzusehen. Der schließlich am 8. Oktober 2012 in Kraft getretene Rettungsschirm hebelt lediglich das Grundprinzip der Währungsunion aus, daß jedes Land für seine Schulden selbst verantwortlich ist. Denn es war bereits bei der Bildung der Währungsunion und der Einführung des Euro klar, daß ausufernde Haushaltsdefizite eines Euro-Landes gefährliche Auswirkungen für andere Länder nach sich ziehen und die Währungsunion als ganze erheblich belasten würden. Zwar wurden in die zur Einführung der gemeinsamen Währung notwendigen Verträge gewisse Grenzen für die Verschuldung der einzelnen Länder eingezogen. Doch fehlte es an dem politischen Willen, diese Bestimmungen strikt einzuhalten. Man unterließ es, die Voraussetzungen für eine ausreichende Koordination der Wirtschafts-, Finanz- und Sozialpolitik einschließlich der notwendigen Mechanismen zur wirksamen Überwachung der Haushaltspolitik der Euro-Länder zu schaffen. Zudem wurde es versäumt, eine Austritts-Klausel in das Vertragswerk aufzunehmen. Umso schlimmer mußte das Fehlverhalten

Deutschlands und Frankreichs wirken, als es darum ging, den Stabilitäts-
und Wachstumspakt gemäß den politischen Versprechungen und der
Regeln des Vertrages von Maastricht zu behandeln. Die Regelung dieses
wichtigen Problems geriet den damals Regierenden in Deutschland
(Bundeskanzler Gerhard Schröder) und Frankreich (Staatspräsident
Jacques Chirac) zu einer Frage der bloßen politischen Opportunität. Die
vom deutschen Bundesverfassungsgericht am 12. September 2012 verkündete Entscheidung, daß die Bundesrepublik Deutschland keineswegs
über einen größeren Betrag als 27 Prozent der Gesamtsumme (ca. 190
Milliarden Euro) haften dürfe, ohne das Parlament erneut um Zustimmung zu bitten und darüber hinaus den Deutschen Bundestag und den
Bundesrat stets umfassend zu unterrichten, führt hier nicht weiter. Denn
diese Entscheidung wird durch die Ankündigung des EZB-Chefs Mario
Draghi vom 6. September 2012 unterlaufen, Staatsanleihen der Schuldenländer in unbegrenzter Höhe aufzukaufen. Die EZB umgeht mit solchen
Maßnahmen trickreich die Vorgaben des Artikels 123 des Vertrages über
die Arbeitsweise der Europäischen Union. Danach ist die monetäre
Haushaltsfinanzierung verboten. Die Argumentationslinie der EZB, sie
müsse so handeln und gegen die Verwerfungen auf den Finanzmärkten
vorgehen, um ihre Geldpolitik durchzusetzen, geht am Kern des Problems vorbei. Denn zum einen sind die enormen Schwierigkeiten der
Schuldenländer, sich zu refinanzieren, nicht allein durch das Verhalten
der Finanzmärkte entstanden, sondern durch die ausufernde schuldenfi-
nanzierte Politik der betroffenen EU-Staaten, die nunmehr die gemeinsame Währung als eine willkommene Möglichkeit betrachten, um den
notwendigen Reformen in der staatlichen Ordnung und in der Wirtschaft zu entgehen. Die Regierungen der Schuldenstaaten wissen, daß die
Euro-Länder weiter zahlen, auch wenn die einzelnen Auflagen nicht erfüllt werden. Die Furcht vor den unabsehbaren Folgen einer Pleite innerhalb der Währungsunion macht die zahlungsfähigen Länder erpressbar.
Zum anderen bedeuten unbegrenzte Anleihekäufe der EZB eine Vergemeinschaftung des Ausfallrisikos, ohne die betroffenen Parlamente – als
demokratisch gewählte Repräsentanten der Steuerzahler – zu fragen. Die
EZB tut damit auf Umwegen genau das Gegenteil von dem, was das Bundesverfassungsgericht der Bundesrepublik Deutschland mit seinen Entscheidungen der letzten Jahre zur Euro-Krise zu erreichen suchte: die

Mitentscheidungsrechte des Parlaments zu stärken und den Steuerzahler vor unkalkulierbaren finanziellen Belastungen zu schützen. Es ist dabei umso bedenklicher, daß EZB-Chef Mario Draghi bei seinen zahlreichen Rechtfertigungsversuchen für sein Handeln das Ausfallrisiko bei der Rückzahlung von Anleihen regelmäßig ausklammert.

Die Einführung der gemeinsamen Währung war keineswegs – wie manche Politiker und Publizisten vor allem in Deutschland behaupten – eine Form der „Buße" für den Holocaust und der Preis Deutschlands für die Wiedervereinigung. Die Idee, eine gemeinsame Währung zu schaffen, wurde vielmehr schon längere Zeit diskutiert. Sie erhielt 1990/91 mit den dramatischen Veränderungen in Europa eine neue Dynamik. Als angesichts der mit der sozialistischen Wirtschafts- und Finanzpolitik in Frankreich eingetretenen Schwäche des französischen Franken (Franc Francais) sogar die Deutsche Bundesbank eingreifen mußte, glaubte der damalige Bundeskanzler Helmut Kohl mit Blick auf die weitere Entwicklung Europas, Frankreich eine Demütigung ersparen zu sollen. Denn seit dem Zusammenbruch des Sowjetimperiums und des sozialistischen Staatensystems in Osteuropa und dem Ende des Kalten Krieges hatte sich die politische Machtbalance zwischen Frankreich und Deutschland deutlich verschoben. Dem geschichtsbewußten Kanzler war in dieser Situation klar, daß das künftige Europa nicht auf die wirtschaftliche Dominanz Deutschlands mit der starken Währung der D-Mark gegründet werden konnte. Die Aufgabe der eigenen nationalen Währung und ihr Ersatz durch den Euro sollten nach Auffassung Helmut Kohls die Völker Europas miteinander verbinden.

Als der Euro eingeführt wurde, haben die politischen Entscheidungsträger nicht die Probleme realisiert, die durch die Unterschiede in den Wirtschaftssystemen der einzelnen Länder entstehen würden. Die EU-Länder behielten damals weitgehend ihre ökonomische Souveränität. Sie konnten Defizite in ihren nationalen Staatshaushalten bestimmen und die Steuerquoten selbst festlegen. Führende, systemrelevante Banken wurden nicht hinreichend kontrolliert, was schließlich in erheblichem Maße zur Finanzmarkt- und Bankenkrise im Jahre 2008 beitrug. In der Tat konnte die Einführung des Euro nicht die Unterschiede in der Mentalität, im Leistungswillen und in der Wirtschaftskraft der europäischen Länder beseitigen, die zum Teil – wie Griechenland – auf der Grundlage betrügerischer Angaben der gemeinsamen Währung beitraten. Bereits zum Zeitpunkt des Beitritts war bekannt, daß dieses Land hoch verschuldet war und Haushaltsdefizite aufwies, die weit über der vereinbarten Höchstgrenze von 3 Prozent des Bruttoinlandsprodukts (BIP) lagen. Trotz des kriminellen Vorgehens der damaligen griechischen Regierung zur Erlangung des Zutritts zur Euro-Zone hat damals weder die Europäische Zentralbank (EZB), noch eine andere Aufsichtsbehörde Prüfer nach Athen geschickt, um zu erreichen, daß eine solide Haushaltspolitik und der Abbau der hohen Staatsschulden betrieben wurde. Die griechische Vorgehensweise blieb unbeanstandet, und es wurde zugelassen, daß Athens Staatsschuldenquote bereits im Jahre 2004 bei 102 Prozent lag, weiter kontinuierlich anstieg und Anfang des Jahres 2011 immerhin 160 Prozent erreichte. Auch die nach dem Hilferuf Griechenlands an seine europäischen Partnerstaaten erhaltenen Kredite und Bürgschaften, sowie der bei dem Gipfeltreffen in Brüssel am 27. Oktober 2011 beschlossene Schuldenschnitt konnten die wirtschaftliche Lage des Landes nicht verbessern. Griechenland blieb vielmehr gegen jede politische und wirtschaftliche Vernunft in den Zwängen seiner Mitgliedschaft in der Euro-Zone gefangen. Die Schuldenlast stieg trotz der Hilfen seitens der Partnerstaaten weiter und lag im Herbst 2013 bei 170 Prozent des Bruttoinlandprodukts. Sie ist inzwischen auf 180 Prozent angestiegen. Die in den letzten fünf Jahren eingefahrene Systematik von Prüfungen, Verhandlungen und Überweisungen großer Geldsummen an Griechenland dürfte sich dennoch fortsetzen, da selbst die skeptischen Regierungen der Partnerländer dazu neigen, Griechenland in der Euro-Zone zu halten. Sie fürchten die unkalkulierbaren Folgen eines Ausscherens Griechenlands sehr viel mehr als die enormen Belastungen, die sie mit den Überweisungen an Athen übernommen haben und noch übernehmen müssen.

Gleichwohl könnte das Rettungsprogramm für Griechenland scheitern. Mit den bisher eingeleiteten Maßnahmen ist das vorgegebene Ziel nicht zu erreichen, die Verschuldung Griechenlands bis zum Jahre 2020 auf 120 Prozent der Wirtschaftsleistung zu senken. Ohne einen Schuldenverzicht der öffentlichen Gläubiger – also der EU-Staaten und der EZB – oder eine langgestreckte Umschuldung wird Griechenland weder die Vorgaben des Rettungsprogramms einhalten können, noch finanziell wieder gesunden. Weitere Hilfsprogramme für Griechenland scheinen

unabwendbar. Seit Beginn der Staatsschulden- und Wirtschaftskrise im
Jahre 2009 ist die Wirtschaftsleistung Griechenlands von 231 Milliarden
Euro auf deutlich unter 180 Milliarden Euro gesunken. Und nach den aktuellen Berechnungen wird die Wirtschaftsleistung dieses Landes im
Jahre 2016 auf etwa 170 Milliarden Euro gefallen sein. Die hohe Arbeitslosigkeit von 27 Prozent spiegelt diese Entwicklung bereits wider. Weitere Sparmaßnahmen werden diesen Trend noch verschlimmern. Notwendig wären vielmehr Strukturreformen und Investitionen, welche die
Wirtschaft wieder aufleben lassen könnten. Doch bisher fehlen hierzu
taugliche Ansätze. Die in anderen EU-Staaten, wie z.B. Estland, Lettland
und Litauen erfolgreich durchgeführte Bewältigung derart tiefgreifender
Wirtschaftskrisen scheint in Griechenland nicht möglich zu sein. Nichts
hat die heute sichtbare schwere Krise Europas so beschleunigt, wie das
Auseinanderdriften der wirtschaftlich starken und der wirtschaftlich
schwachen Länder. Die einstige Hoffnung, man könne die wirtschaftlich
schwachen Länder durch das Reglement der gemeinsamen Währung allmählich nach oben ziehen, stellte sich als realitätsfern heraus. Die wiederholten Rettungsaktionen zugunsten der Euro-Zone konnten die
grundsätzlichen Probleme der Währungsunion nicht lösen. Durch die
Überweisung von vielen Milliarden Euro an die südeuropäischen Krisenstaaten während der vergangenen fünf Jahre wurden die strukturellen
Schwächen dieser Länder noch verschärft. Im Zuge der zahlreichen Versuche, die Statik des Staatenverbundes zu sichern, traten die Bruchlinien
zwischen den südeuropäischen und den nordeuropäischen Ländern immer stärker hervor.

Wenngleich kein Weg daran vorbei führt, die Schulden abzutragen
und die zum Teil gewaltigen Haushaltsdefizite deutlich zu verringern,
erweist es sich als schwierig, die notwendige Disziplin zu erzwingen und
die dringenden Strukturreformen einzuleiten. Ausgehend von der Erkenntnis, daß die bisherigen Bemühungen zur Lösung der Krise in Europa nur Stückwerk sind und es vielen Maßnahmen an Sinnhaftigkeit
fehlt, wäre ein einheitliches Konzept erforderlich, das konsequente
Haushaltskonsolidierung mit einer Stärkung des Wachstums und der
Wettbewerbsfähigkeit verbindet. Nur auf diesem Wege wäre es möglich,
verlorenes Vertrauen in Europa zurückzugewinnen und das Gesetz des

Handelns wieder in die Hand zu bekommen. Hierzu müßten die Europäer neben der Einführung einer Schuldenbremse in den Haushalten aller Staaten ein auf Dauer angelegtes Programm von Maßnahmen verwirklichen, die von gezielten Investitionen in die Bildung und Forschung, sowie in den Ausbau der Infrastruktur bis zur Flexibilisierung des Arbeitsmarktes und der Verlängerung der Lebensarbeitszeit reichen. Der am 2. März 2012 beschlossene Fiskalpakt von 25 der damals 27 Mitgliedstaaten der Europäischen Union ist dabei gewiß ein wichtiges Symbol, doch steht seine Durchsetzung noch aus. Bislang scheint die Europäische Union nicht in der Lage zu sein, die gemeinsamen Regeln umzusetzen und einzuhalten. Vielmehr ist die Aussicht auf eine positive Entwicklung eher düster. Zahlreiche Länder der Euro-Zone stecken in einer tiefen Rezession, die wohl auch in den nächsten Jahren andauern dürfte. Der Versuch einer Grundsanierung der öffentlichen Haushalte sowie einer Reform der wirtschaftlichen Strukturen und der staatlichen Institutionen in Griechenland wurde durch die linksextreme Regierung unter Ministerpräsident Alexis Tsipras mit allen Mitteln und Methoden bekämpft. Ob die am 13. Juli 2015 beim Gipfeltreffen der Euro-Länder in Brüssel erreichten Übereinkünfte zu einer grundsätzlichen Umkehr der griechischen Politik führen und erfolgreich umgesetzt werden können, steht dahin. Während die Regierungen in Portugal, in Spanien und Italien immerhin den Mut aufgebracht haben, die zwingend erforderlichen Strukturreformen selbst gegen heftige Widerstände einzuleiten, sucht der seit Mai 2012 amtierende französische Staatspräsident Francois Hollande eine völlig andere Marschrichtung einzuführen, die Politik des Regelbruchs im Hinblick auf die europäischen Verträge fortzusetzen und seine sozialistischen Wahlversprechen zu verwirklichen, die jedweder wirtschaftlichen Vernunft zuwiderlaufen. Seine Konzeption weckt erneut die Illusion, daß es ohne konsequente Haushaltskonsolidierung und Strukturreformen gehe. Mit seinem strikten Festhalten an sozialistischen Ordnungsvorstellungen in der Wirtschaft und in den Sozialsystemen werden sich die Wachstumsaussichten für Frankreich weiter verschlechtern. Darauf hat nicht zuletzt Louis Gallois, der frühere Chef des europäischen Rüstungskonzerns EADS, in seinem Untersuchungsbericht zur Lage der französischen Wirtschaft Anfang November 2012 hingewiesen. Danach ist der Anteil der französischen Industrie an der Wertschöpfung von 18 Prozent im Jahre 2000 auf 12,5 Prozent im Jahre 2012 gesunken. Die zweitgrößte Volkswirtschaft der Euro-Zone liegt damit auf Platz 15 der 19 Euro-Länder. Gleichzeitig hat sich Frankreichs Marktanteil am Welthandel in den letzten Jahren dramatisch verringert. Zusammen mit der enorm hohen Arbeitslosigkeit ist die wirtschaftliche Lage Frankreichs besorgniserregender als die Situation in den südeuropäischen Krisenländern und müßte eigentlich zur Umkehr und drastischen Maßnahmen zwingen. Doch hat Francois Hollande bislang nicht erkennen lassen, daß er den Vorschlägen des Experten Louis Gallois für die Steigerung der Wettbewerbsfähigkeit Frankreichs folgen will. Frankreichs Staatspräsident sieht trotz der Kritik von Fachleuten immer noch den Ausweg, über die Europäische Union seine Vorstellungen verwirklichen zu können. Doch mit seinem Drängen nach gemeinschaftlicher Haftung verschärft Präsident Hollande die Krise einmal mehr. Die französische Politik wird den Streit in der Europäischen Union vertiefen und die Chancen vermindern, die schwierigen Probleme zu lösen, die mit dem unübersehbaren Auseinanderdriften des Staatenverbundes, insbesondere der Euro-Länder, eingetreten sind. Schließlich kann Frankreichs Regierung nicht davon ausgehen, daß die Menschen in Deutschland, in Österreich, in Finnland, in den Niederlanden oder in den baltischen Staaten für die Ansprüche und Verhaltensgewohnheiten der Franzosen arbeiten und für die wirtschaftliche Stabilität Frankreichs bürgen.

Es wird von Woche zu Woche deutlicher, daß die bisherige Kontinuität des Geldflusses in die Schuldenstaaten politische Wirkungen zeigt. Zum einen nimmt die Bereitschaft der Bevölkerung in den Schuldenstaaten ab, weitere Einschnitte hinzunehmen und Korrekturen im Wirtschafts- und Sozialsystem zu akzeptieren. So protestierten die Menschen in Griechenland und in Portugal mit zunehmender Schärfe gegen weitere Einschnitte und gegen die verlangten Reformen. Manche Beschlüsse der Regierungen in Griechenland und Portugal mußten angesichts der heftigen Demonstrationen wieder zurückgenommen werden. Zum anderen wendet sich die Bevölkerung in den EU-Ländern, die sich an einer gewissen Haushaltssolidität orientieren und dank ihrer Stärke geringere Probleme haben, immer nachhaltiger gegen eine Politik, die darauf zielt, andere EU-Staaten zu alimentieren und territoriale Haftungsgrenzen massiv zu überschreiten. So überrascht es nicht, daß es immer schwieriger wird, die nationalen Parlamente für weitere finanzielle Hilfen zu gewinnen. Als Ausweg aus dieser Situation die Europäische Zentralbank einzuschalten, um mit massiven Anleihekäufen und Umschuldungsmaßnahmen etwa in Griechenland die größer werdende Lücke zu schließen, wird letztlich nicht gehen.

Identitätskrise

Nicht zuletzt ist die Krise Europas auch eine Identitätskrise. Das offenkundige Versagen vieler Politiker, aber auch die Art der Berichterstattung in den Medien, die sich eher den fragwürdigen Kriterien der „politischen Korrektheit" und nicht der sachlichen Korrektheit verpflichtet fühlen, hat wesentlich zum Verlust des Vertrauens der Bürger in Europa beigetragen. Sie wenden sich zunehmend von Europa ab, weil sie das Gefühl haben, sie könnten nicht mehr selbst über ihr eigenes Leben entscheiden. Vor diesem Hintergrund wirkt der von zahlreichen Politikern häufig wiederholte Ausspruch, man wolle „die Bürger mitnehmen", nicht besonders glaubwürdig. Viele Bürger Europas ahnen zumindest, daß die politischen Akteure in bedeutsamen Fragen gegen ihre genuinen Interessen zu handeln suchen und wenden sich – wie nicht zuletzt die Ergebnisse der Wahlen zum Europäischen Parlament am 25. Mai 2014 und danach auch mehrere nationale Parlamentswahlen gezeigt haben – in immer stärkerem Maße den verschiedenen als rechtspopulistisch bezeichneten Parteien zu, die diese schwierige Thematik aufnehmen.

In diesem Zusammenhang macht es zahlreichen Bürgern zu Recht große Sorge, daß hochrangige Repräsentanten der Europäischen Union in Brüssel, einige Regierungen und manche politischen Parteien europäischer Länder weder den Willen der Mehrheit ihrer Bürger beachten, noch die Problematik erkennen, die mit der Aufnahme des zum größten Teil (97 Prozent) außerhalb Europas liegenden islamischen Staates Türkei verbunden ist. In dem innereuropäischen Streit um die Türkei-Frage geht es um mehr als die Achtung der Menschenrechte oder der Meinungs- und Pressefreiheit. Hier stehen vielmehr das im Laufe von fünf

Jahrzehnten in Europa Erreichte und der innere Zusammenhalt des Staatenverbundes auf dem Spiel. Denn die Aufnahme der immer stärker islamisch geprägten Türkei würde die in mehreren Jahrhunderten erkämpften Errungenschaften der Aufklärung, d.h. den Wesenskern der europäischen Identität gefährden. Dabei gilt es zu beachten, daß dieses Problem noch durch die demographische Dimension zusätzlich verschärft würde. Die Türkei wäre im Falle einer Aufnahme der bevölkerungsreichste Staat der Europäischen Union. Entsprechend würden sich die Anzahl der Sitze im Europäischen Parlament, der Anspruch auf Repräsentation und Einfluß in der Europäischen Kommission sowie das politische Gewicht in den verschiedenen Entscheidungsprozessen der Union gestalten. Einen Vorgeschmack darauf haben bereits die wiederholten Forderungen des früheren türkischen Regierungschefs und derzeitigen Staatspräsidenten Recep Tayyip Erdogan für die Rechte der schon jetzt in der Europäischen Union lebenden Türken und sein Anspruch, für diese „zuständig" zu sein, gegeben.

Zahlreiche politische Entscheidungsträger weigern sich gleichwohl, die Konsequenzen einer Aufnahme der islamischen Türkei für den kulturellen und politisch-integrativen Bereich zur Kenntnis zu nehmen. Sie neigen in ihrer ideologischen Fixierung sogar dazu, gegen die Interessen der Bürger zu handeln und selbst das demokratische Mehrheitsprinzip in Frage zu stellen, wenn etwa die Ergebnisse von Referenden ihren Bestrebungen zuwiderlaufen. Während in Europa im Rahmen einer lebendigen und bis heute nicht abgeschlossenen Auseinandersetzung mit dem fortwirkenden, aber an Einfluß verlierenden Christentum weitgehend säkularisierte Gesellschaften entstehen konnten, gibt es eine vergleichbare Entwicklung in der Türkei nicht. Der vom türkischen Staatsgründer Mustafa Kemal Atatürk im 20. Jahrhundert eingeleitete Prozeß der Säkularisierung wird vielmehr von der heutigen türkischen Staatsführung mit allen Mitteln zurückgedrängt. Während man in Europa die Religion in den privaten Bereich verweist, sind die politisch bestimmenden Kräfte in der Türkei davon überzeugt, daß der Islam die Einheit von Staat und Religion gebietet. Folgerichtig suchte die türkische Staatsführung seit der Machtübernahme durch Recep Tayyip Erdogan den islamischen Glauben organisatorisch und inhaltlich mit dem Staatsinteresse zu verknüpfen. So umfaßt das hierzu geschaffene Direktorium für Religionsfragen (Ditib) etwa 110.000 Angestellte, darunter Gelehrte, Prediger, Vorbeter. Mit dieser staatlichen Behörde, der auch 70.000 Moscheen unterstehen, verfügt der türkische Staat über ein Instrument, um über den Religionsunterricht und die religiöse Bildung Kontrolle auszuüben und die säkularen Bestrebungen abzuwehren. Der Einfluß der Behörde hat seit der Machtübernahme durch Erdogan erheblich zugenommen. Dabei ist es von großer politischer Bedeutung, daß die von Recep Tayyip Erdogan und Abdullah Gül gegründete „Partei der Gerechtigkeit und Entwicklung“ (AKP), die seit dem Jahre 2003 die Regierung trägt, streng islamisch ausgerichtet ist. Somit hat die heutige Führung der Türkei ein völlig anderes Verständnis von Demokratie, als dies in den Verfassungen der europäischen Länder zum Ausdruck kommt. Dies ist nicht zuletzt im Zuge der heftigen Proteste säkularer Kräfte gegen den autoritären Regierungsstil Erdogans seit Anfang Juni 2013 deutlich geworden. In der Türkei können wir gegenwärtig beobachten, wie religiös bestimmte und außerordentlich machtbewußte Kräfte, die sich streng am Koran, also an den Weisungen und Verhaltensregeln eines als „heilig“ betrachteten Buches aus dem 7. Jahrhundert orientieren, alle entscheidenden Machtpositionen besetzen, aus denen sie lange Zeit ferngehalten worden waren. Streng islamisch ausgerichtete Organisationen und Verbände, darunter die in Europa verbotene Milli Görüs, erhalten nicht nur starken Zulauf. Sie bekämpfen auch – von der Regierungspartei AKP kräftig unterstützt – alle säkularen Tendenzen, die sich in der türkischen Gesellschaft noch finden. Diese bedeutsamen politischen Bestrebungen spiegeln sich schon seit mehreren Jahren in den Aktivitäten und Ansprüchen islamischer Organisationen innerhalb der Europäischen Union wider. Dabei fällt auf, daß die im vergangenen Jahrzehnt aus der Türkei in einige europäische Staaten entsandten Prediger neben strengen islamischen Glaubenslehren auch gesellschaftliche Vorstellungen verbreiten und Verhaltensweisen propagieren, die nicht mit den verfassungsmäßigen Grundsätzen und Bestimmungen in den jeweiligen Gastländern harmonieren, sondern der Herausbildung von „Parallelgesellschaften“ Vorschub leisten. Ihr Einfluß würde in einer um die islamische Türkei mitbestimmten Europäischen Union dramatisch zunehmen und hätte zweifellos systemsprengende

Kraft. Angesichts der Tatsache, daß die historisch gewachsenen Fundamente, die den freiheitlich-demokratischen Charakter und die innere Kohärenz der Europäischen Union verbürgen, völlig andere sind als jene Wert- und Lebensvorstellungen, die in der islamischen Türkei gelten, verstärkt das Festhalten politischer Kräfte in Europa an einer Aufnahme der Türkei die Identitätskrise einmal mehr. Diese Identitätskrise wird sich nicht überwinden lassen, solange hochrangige Repräsentanten der Europäischen Union, einige Regierungen und manche politische Parteien nicht erkennen, wie bedeutsam der Schutz gemeinsamer Wertordnungen und – ungeachtet der nationalen Traditionen und kulturellen Vielfalt – eine prinzipielle Übereinstimmung in Rechten, Pflichten und politischem Bewußtsein für die Ziele des Staatenverbundes sind.

Angesichts dieser Situation überrascht es nicht, daß mit Blick auf die Zukunft die Konflikte zwischen den politischen Strömungen zunehmen und die ohnehin schon ausgeprägte Entfremdung der Bürger von Europa deutlicher hervortritt. Abgesehen von dem Tatbestand, daß der Europäischen Union sowohl für ihre innere Legitimation, als auch für ihre äußeren Grenzen eine allseits anerkannte finale Zielvorstellung fehlt, nehmen die Bürger immer deutlicher wahr, wie gering die Neigung bei vielen europäischen Politikern ist, die recht unterschiedlich verlaufene Geschichte der Mitgliedsstaaten und die in vielen Jahrhunderten gewachsenen geschichtlichen Traditionen anzuerkennen, obwohl die Identität Europas auch in dieser Vielfalt zum Ausdruck kommt. Dabei ist es nicht nur die Tendenz zu unerwünschten politischen Einbindungen und zu der starken Bürokratisierung, die immer mehr Bürger in den europäischen Ländern ängstigt und abstößt. Sie fürchten in jüngster Zeit vielmehr noch eine Entwicklung, die das historisch gewachsene Fundament und die genuinen Interessen der einzelnen Mitgliedsstaaten in Frage stellt, das freiheitlich-demokratische Wertesystem beschädigt und dem Staatenverbund eine klare Finalität verweigert.

Der deutsche Staatsrechtslehrer Samuel Pufendorf (1632 – 1694) wäre bei einer Untersuchung des Zustandes der heutigen Europäischen Union sicherlich zu einem ähnlich vernichtenden Urteil gelangt wie seinerzeit mit seiner Beschreibung des Heiligen Römischen Reiches Deutscher Nation. Er hatte in seinem 1667 in Genf veröffentlichten Werk „De statu imperii germanici liber unus" die Organisation des Reiches scharf kritisiert und mit dem berühmten Satz beschrieben: „Germania est irregulare et aliquod corpus, monstro simile."

Mit Blick auf die tiefgreifenden Verwerfungen innerhalb der Europäischen Union, die fehlende Begrenzung und die mangelhafte Organisation des Staatenverbundes sowie die gefährlichen Auswirkungen der aktuellen Krise dürfen die politischen Akteure im Grunde nicht mehr zögern, die enorme Herausforderung anzupacken. Wenn es nicht gelingt, den Staatenverbund auf den Weg in eine Stabilitätsunion zu führen, in der die einzelnen Länder nicht länger über ihre Verhältnisse leben und in der neue Kräfte des Wachstums entfaltet werden, dürften sich die Märkte kaum davon abhalten lassen, ihre negative Bewertung offenzulegen. Es wäre naiv zu glauben, die Märkte würden eine derartige Entwicklung ignorieren und ohne Rücksicht auf Verluste in europäischen Ländern investieren. Für die Bewältigung der Krise Europas ist es eine conditio sine qua non, von utopischen Visionen Abstand zu nehmen und statt dessen die realen Rahmenbedingungen anzuerkennen, unter denen Europa im Weltstaatensystem eine sinnvolle Rolle spielen könnte. Weitere Selbstblockaden der Politik bei der Frage nach der Finalität Europas und der Lösung der verschiedenen Krisen werden dazu führen, daß der Alte Kontinent dem Niedergang verfällt.

Europas Position im Weltstaatensystem

Die Wiedererstehung Europas nach dem Zweiten Weltkrieg wird von vielen Menschen sicherlich zu Recht als eine beeindruckende politische Entwicklung angesehen. Nicht zuletzt drückt sich diese Einschätzung in der Verleihung des Friedensnobelpreises für die Europäische Union am 10. Dezember 2012 in Oslo aus. Das norwegische Nobelpreiskomitee begründete seine Entscheidung mit der Überwindung der Traditionen europäischer Bruderkriege, mit der Integration von ehemaligen Diktaturen und der Aufnahme osteuropäischer Staaten nach dem Ende des Ost-West-Konflikts. Ein genauerer Blick auf die Geschichte macht jedoch deutlich, daß die Herausbildung des Europäischen Staatenverbundes nach 1945 keine ausschließlich eigenständige Leistung, sondern transatlantisch bedingt war. Ohne die Übermacht der Vereinigten Staaten von Amerika hätte sich weder die europäische Friedenszone, noch die Europäische Union als neuartige Staatengemeinschaft entfalten können. Die USA haben das europäische Projekt von Anfang an unterstützt und waren über Jahrzehnte hinweg in vielseitiger Weise in die Entwicklung des Alten Kontinents eingebunden. Gleichwohl blickte die Welt vor allem in den 1990er Jahren und auch noch danach voller Optimismus auf Europas Zukunft. Der Staatenverbund schien ein Modell zu sein, das neue Maßstäbe setzen könnte – weniger durch seine bloße Macht, sondern durch sein Beispiel. Zahlreiche Bücher wurden geschrieben, um die damit verknüpfte Idee zu verbreiten. Doch ließ die Überzeugung von der Besonderheit des europäischen Experiments etwa ab dem Jahre 2005 rasch nach.

Der „europäische Traum"

Die europäischen Einschätzungen mit Blick auf die Neue Weltordnung – und Europas Position in dieser Weltordnung – haben sich während der vergangenen Jahrzehnte und vor allem in jüngster Zeit dramatisch verändert. Nachdem der Ost-West-Konflikt beendet und das Sowjetimperium zusammengebrochen war, wurde allgemein erwartet, daß die Vereinigten Staaten von Amerika für lange Zeit die einzige Supermacht bleiben würde. Mit Slogans wie „Globale Hegemonie", „Unipolare Welt" und „Weltregierung" versuchte man vielfach die neue Situation zu charakterisieren. Der amerikanische Historiker Francis Fukuyama sprach sogar vom „Ende der Geschichte". Dieser Sichtweise lag die Annahme zugrunde, daß die neue Konstellation im internationalen System für lange Zeit den USA die Möglichkeit geben würde, dank ihrer überlegenen wirtschaftlichen und militärischen Kapazitäten ihre Macht in jede Region zu projizieren und die Welt zu beherrschen.

Die Perspektive amerikanischer Dominanz fand vor allem bei der politischen Linken in Europa keinen besonderen Anklang. Auch die konservativen politischen Kräfte in Europa standen dieser Aussicht eher skeptisch gegenüber. Man fürchtete, daß sich die USA künftig in militärische Abenteuer stürzen und auch die Europäer in Entwicklungen einbeziehen würden, die man nicht wünschte. Andererseits verbanden viele Europäer mit der neuen Konstellation zunächst die Hoffnung, daß man sich nun stärker mit innenpolitischen Fragen beschäftigen könne. Die Reduzierung der Verteidigungskosten stand dabei im Mittelpunkt, da es mit dem Zusammenbruch des Sowjetimperiums keine Bedrohung durch auswärtige Mächte mehr zu geben schien. Doch übersahen viele Europäer bei dieser Einschätzung einige Trends in der internationalen Politik, die sich bereits frühzeitig andeuteten, aber durch die traditionelle Ordnung des Ost-West-Gegensatzes verdeckt worden waren. Die mit Beginn der 1990er Jahre aufbrechenden regionalen Konflikte, sowie nationalistische und religiös-extremistische Bewegungen erlangten in mehreren Teilen der Welt größeren Handlungsspielraum und veränderten die politische Entwicklung in einer Weise, die niemand in der schließlich auftretenden und uns nunmehr vertrauten Form vorhergesehen hatte.

Vor dem Hintergrund der Tatsache, daß mit dem Zerfall des Sowjetimperiums jede ernsthafte Bedrohung weggefallen war, hätte man durchaus eine Abkehr vom westlichen Verteidigungsbündnis, der NATO, erwarten können. Zwar wurde die militärische Präsenz der Amerikaner in Europa bis auf wenige Stützpunkte verringert. Dennoch gab es – abgesehen von einigen Protesten extrem linker Gruppen – keine starke

Opposition in Europa gegen die weitere Existenz der NATO, weil man aus europäischer Sicht das Bündnis als eine relativ preiswerte Rückversicherung schätzte. In Amerika fragten sich viele Bürger gleichwohl, gegen welche Bedrohung Europa durch amerikanische Streitkräfte verteidigt werden müsse und warum die Sicherheit des Alten Kontinents nicht von den Europäern selbst bewahrt werden könne. Wie ausgeprägt die Schwäche Europas war, zeigte sich bereits im Zuge des Balkan-Krieges, der den Zerfall Jugoslawiens begleitete. Die Lösung des Konflikts hätte im Grunde eine europäische Aufgabe sein müssen. Doch wurden 85 Prozent der Einsätze in diesem Krieg von den amerikanischen Streitkräften wahrgenommen.

Die Europäer übersahen zudem über lange Zeit den rasanten wirtschaftlichen Aufstieg einiger bedeutender Entwicklungsländer - vor allem Chinas, Indiens und Brasiliens. Die Bedeutung dieser Länder und die Folgen für die Machtverhältnisse in der Welt wurden in Europa erst spät erkannt. Man war so sehr an die alte, von den USA dominierte Weltordnung gewöhnt, daß die enormen Veränderungen in fernen Regionen nicht in den Blick gerieten. Nur wenige politische Analysten machten diese Veränderungen zum Thema und wiesen darauf hin, daß die Welt nach dem Ende des Ost-West-Konflikts keineswegs sicherer und friedfertiger geworden war. Doch kaum jemand in Europa hörte ihnen zu.

In der Tat hatte sich schon während der Schlußphase des Ost-West-Konflikts mit der „Friedensbewegung" angedeutet, daß man die Epoche der Spannungen und der Konflikte beendet sehen wollte. Man glaubte in den meisten Ländern Europas, die jahrzehntelangen Einschränkungen und die nicht besonders beliebte Abhängigkeit von Amerika, die mit der Abwehr der früheren Bedrohung verbunden waren, endlich ad acta legen und sich nunmehr einer besseren Zukunft zuwenden zu können. Vergegenwärtigt man sich das tatsächliche Bild der Weltordnung und die reale Situation Europas, dann erweisen sich die von zahlreichen Intellektuellen und Wissenschaftlern präsentierten Vorstellungen von einer herausragenden Rolle der Europäischen Union als wirklichkeitsfern. Die in den 1990er Jahren aufkommende Auseinandersetzung mit dem islamistischen Terrorismus machte den „europäischen Traum" rasch zunichte. Es überraschte dabei nicht, daß viele Europäer die Schuld für die neue Auseinandersetzung der verfehlten amerikanischen Politik zuschrieben. Die militärischen Interventionen der USA im Irak wurden von vielen Europäern als unnötig, kostenträchtig und gefährlich betrachtet. Amerikas Unterstützung für Israel sah man in Europa zumeist äußerst kritisch und machte sie für zahlreiche Probleme verantwortlich, die im Hinblick auf den Nahen Osten und die islamische Welt entstanden waren. Auch auf der Ebene der Regierungen blieben die Europäer tief gespalten.

Anstatt die eigenen Machtressourcen zu entwickeln, neigten manche Regierungen in Europa und zahlreiche Repräsentanten gesellschaftlicher Gruppen in den europäischen Ländern zu einem naiven Antiamerikanismus, der jedoch in keiner Weise half, die Machtrelationen in der Welt zugunsten Europas zu verändern. Sie beschäftigten sich außerordentlich engagiert mit der Aktivität der Geheimdienste, ließen Berichte über „illegale Hafteinrichtungen" und „geheime CIA-Flüge" mit Gefangenen in Europa erstellen und meinten, damit die Weltpolitik entscheidend beeinflussen zu können. Und die bigotte Empörung in Europa anläßlich der seit Sommer 2013 bekannt gewordenen Abhörmethoden der National Security Agency (NSA) zeigten einmal mehr, wie unterschiedlich die Denkweisen zwischen Amerika und Europa (mit Ausnahme Großbritanniens) sind. In manchen europäischen Ländern schien allein schon die Existenz von Geheimdiensten im Ruch der Illegalität zu stehen. Die meisten Europäer bemerkten dabei gar nicht, daß der von vielen Politikern vertretene und von den Massenmedien unablässig verbreitete und fast in alle Schichten reichende Antiamerikanismus als eine Einladung an andere Mächte wirkte, die ohnehin vorhandenen politischen Differenzen in Europa zu vertiefen.

Auch das bewußt auf Abgrenzung zu den Vereinigten Staaten von Amerika zielende Engagement der Europäer für die Menschenrechte konnte Europa als eigenständigen und die Welt prägenden Machtpol nicht voranbringen. In der Europäischen Union herrschte trotz zunehmender Terroranschläge der Islamisten in aller Welt – auch in Europa – die Auffassung vor, daß man die damit verbundenen Gefahren begrenzen und letztlich auf dem Wege von Verhandlungen und durch Zugeständnisse einhegen könnte. Selbst die schweren Anschläge der Terrororganisation Al Qaeda auf New York und Washington am 11. September 2001 lösten nur für kurze Zeit Sympathie gegenüber Amerika aus. Die anschließende militärische Intervention in Afghanistan und die Vertreibung des Taliban-Regimes ist bis heute umstritten. Dazu trägt sicherlich auch der Umstand bei, daß das Engagement Amerikas und zahlreicher anderer westlicher Mächte in Afghanistan keine nachhaltige Lösung im westlichen Sinne brachte und schließlich mit einem Fehlschlag enden wird.

Auch die Finanzmarkt- und Bankenkrise der Jahre 2008/2009 mit ihren äußerst negativen Folgen betrachteten die Europäer im Wesentlichen als das Ergebnis unprofessioneller amerikanischer Politik. Dabei wurde immer wieder auf die gigantischen Schulden der USA und das unverantwortliche Verhalten amerikanischer Banken, sowie die mangelnde Bereitschaft der U.S.-Regierung zu einer wirksamen Kontrolle der Banken hingewiesen. Nicht nur in Regierungskreisen der Europäischen Union glaubte man nach diesen Erfahrungen, daß es für Europa besser wäre, eine gewisse Distanz zu Amerika zu halten. Aus der Sicht zahlreicher politischer Analysten und Wissenschaftler schienen die Vereinigten Staaten von Amerika den Höhepunkt ihrer Macht überschritten zu haben. Die Perspektive einer „unipolaren Welt" machte der Erwartung einer multipolaren Ordnung Platz. Und angesichts der wirtschaftlichen Krise verbreiteten die europäischen Medien das Bild eines schwachen Amerika, des Leidens seiner Bürger, der enormen Verschuldung, hoher Arbeitslosigkeit und anderer negativer Erscheinungen. Amerikas Chancen zur Wiedererlangung seiner Stärken und der für die Entwicklung des Landes enormen Bedeutung der Mentalität der Amerikaner widmete man keine Aufmerksamkeit. Auch die Tatsache, daß die wirtschaftliche Situation in vielen europäischen Ländern keineswegs besser war als in den USA, erwähnten die europäischen Medien kaum. Trotz des weitverbreiteten Gefühls in Europa, daß man vor allem wirtschafts- und sozialpolitisch den besseren Ansatz gefunden habe und dies auch weltweit als Modell vorstellen könne, mußten die Europäer doch erkennen, wie gering die Resonanz darauf war. Es stellte sich schließlich heraus, daß der europäische Wohlfahrtsstaat im Laufe der Jahre immer teurer wurde. Die Bürger Europas lebten nicht nur wesentlich länger als fünfzig Jahre zuvor. Sie hatten auch höhere und recht kostenträchtige Ansprüche entwickelt. Zudem nahm die steigende Arbeitslosigkeit einen erheblichen Teil der finanziellen Mittel der Staaten auf. Und man mußte lernen, daß sich die Erwartung konstanten und nachhaltigen Wirtschaftswachstums nicht erfüllte. Die Suche nach einem Ausweg aus dieser Situation blieb bis heute ohne durchschlagenden Erfolg. Betrachten wir die politische Entwicklung der letzten zwei Jahrzehnte, so hat die Europäische Union eine Richtung einzuschlagen versucht, die über eine bloße Wirtschafts-gemeinschaft deutlich hinausweist. Dies begann mit der Begründung der Währungsunion im Vertrag von Maastricht, fand seinen Ausdruck in den Verträgen von Amsterdam und Nizza und setzte sich mit der Aufnahme von zunächst zwölf weiteren Staaten in die Europäische Union fort. Auch der nachfolgende Verfassungsvertrag zielte auf eine institutionell und politisch besser handlungsfähige Union, sowie auf eine gewisse Er-weiterung der demokratischen Legitimation.

Die Tatsache, daß der Europäische Verfassungsvertrag bei den Refer-enden in Frankreich und in den Niederlanden im Mai und Juni 2005 nicht die notwendige Zustimmung fand, hat gleichwohl die tiefgreifenden Be-sorgnisse mit Blick auf die weitere Entwicklung des Staatenverbundes aufgezeigt. Nicht zuletzt war die ablehnende Haltung der Menschen zum Verfassungsvertrag eine Antwort auf die Vorgehensweise der be-treffenden Regierungen in der höchst umstrittenen Frage einer Auf-nahme der islamischen Türkei in die Europäische Union. Insbesondere der damalige französische Staatspräsident Jacques Chirac und der frühere deutsche Bundeskanzler Gerhard Schröder haben gegen die deut-liche Mehrheit der Bevölkerung in ihren Ländern mit ihren unreflektier-ten Bekenntnissen zu der Aufnahme des islamischen Staates Türkei die problematischen Entscheidungsprozesse vorgezeichnet, die zu der bis heute andauernden schwierigen Situation in der Europäischen Union führten.

In diesem Zusammenhang ist nicht nur bemerkenswert, daß sich die Regierungen einiger europäischer Länder in der Frage der Aufnahme der Türkei immer noch so verhalten, als habe es die Referenden in Frankreich und in den Niederlanden nicht gegeben. Auch die unterschiedlichen Auf-fassungen über die Finalität Europas, die fehlende Bereitschaft zahlrei-cher Politiker, die tatsächlichen Gegebenheiten in der Türkei zur Kennt-nis zu nehmen und die gefährlichen Folgen einer Aufnahme dieses isla-mischen Landes zu bedenken, erschweren es, der Entwicklung der Euro-päischen Union eine widerspruchsfreie Grundlage zu geben.

Eine derartige Grundlage konnte auch durch die nach langen Debatten unter den damals 27 Mitgliedsstaaten erreichte verkürzte Version des gescheiterten Verfassungsvertrages, den im Dezember 2007 unterzeichneten und zwei Jahre später in Kraft getretenen „Vertrag von Lissabon", nicht geschaffen werden. Das Dokument ist nicht Ausdruck der Selbstbestimmung eines europäischen Volkssouveräns, sondern geht auf einen Akt der Fremdbestimmung durch die Mitgliedstaaten zurück. Es steht damit fest, daß die Europäische Union einstweilen kein selbsttragendes, sondern ein weiterhin von den Mitgliedstaaten getragenes Gebilde ist. Sie verfügt nicht über das Recht, sich Kompetenzen zu nehmen. Ihren Organen fehlt – trotz aller Nachbesserungen – die demokratische Legitimation und Kompetenzfülle, wie sie die nationalstaatlichen Verfassungen vermitteln. Auch das Europäische Parlament als Teil der aktuellen Herrschaftsstruktur der Union ist nicht in der Lage, die fehlenden gesellschaftlichen Voraussetzungen eines demokratischen Prozesses auf der europäischen Ebene zu ersetzen.

Nicht zuletzt haben die tiefgreifenden Krisen der Europäischen Union, vor allem die Staatsschuldenkrise und die Wirtschaftskrise, wesentlich zu dem derzeit sichtbaren Rückschlag für den „europäischen Traum" beigetragen. Es ist unter derart widrigen Umständen durchaus verständlich, daß kritische und zum Teil sogar feindselige Haltungen in der Gesellschaft zunehmen. Die in den europäischen Ländern durchgeführten Umfragen zeigen klar, daß die einst recht positive Einschätzung der Europäischen Union einer kritischen Sicht gewichen war. Das Aufkommen europa-skeptischer und europa-feindlicher Parteien spiegelt diese Erfahrung ebenfalls wider. Eine Reform im Sinne der Übertragung weiterer Kompetenzen auf europäische Institutionen konnte dies nicht lösen. Im Gegenteil. Die Bürger mißtrauten den in diese Richtung gehenden Initiativen noch mehr. Sie glaubten nicht an die Fähigkeit der EU-Führung, die wirtschaftliche Krise zu bewältigen, die hohe Arbeitslosigkeit zu beseitigen und entsprechend ihren Interessen zu handeln. Diese innere Schwäche der Europäischen Union ist von vielen Politikern in Europa bis heute noch nicht so recht wahrgenommen worden.

Europas Schwanken in der Außenpolitik

Mit Blick auf die Formulierung gemeinsamer außenpolitischer Positionen hat die Europäische Union bis heute keine ins Gewicht fallenden Erfolge erzielen können. Zwar wuchs die Einsicht unter den führenden europäischen Politikern, daß Europa eine klar erkennbare Außenpolitik und ein entsprechendes strategisches Konzept brauchte. Mit den am 13. Dezember 2007 unterzeichneten Vereinbarungen von Lissabon wurde das Amt eines „Präsidenten des Europäisches Rates" geschaffen und der frühere belgische Premierminister Herman van Rompuy hierfür ausersehen. Gleichzeitig übernahm Lady Catherine Ashton das neue Amt des „Hohen Repräsentanten der Union für die Außen- und Sicherheitspolitik". Darüber hinaus wurde ein europäischer diplomatischer Dienst, der EU External Active Service (EEAS), gegründet. Es fand sich angesichts der großzügigen Bezahlung und der begrenzten Dienstpflichten auch rasch genügend Personal, um den Aufbau dieser zusätzlichen Behörde und die Einrichtung der nachgeordneten EU-Botschaften voranzutreiben. Eine angemessene Antwort auf die klassische Frage nach der gemeinsamen außenpolitischen Entscheidungsfähigkeit Europas war dies jedoch nicht. Den beiden führenden Repräsentanten der EU gelang es nicht, die Außenbeziehungen des Staatenverbundes zu neuer Geltung zu bringen, und ihre im Herbst 2014 bestellten Nachfolger, der ehemalige polnische Regierungschef Donald Tusk und die frühere italienische Außenministerin Federica Mogherini dürften dies ebenso wenig erreichen.

Die EU-Botschafter in verschiedenen Hauptstädten der Welt konnten nunmehr zwar deutlich machen, daß die Europäische Union existiert, aber viel weiter reichte ihre Kompetenz nicht. Ihre Aufgaben und ihre Handlungsfähigkeit waren nicht klar definiert. Eine Europäische Außenpolitik, die es nicht gab, ließ sich schließlich kaum erklären. Die Regierungen der EU-Mitgliedsstaaten hatten auch nicht die Absicht, ihre außenpolitischen Interessen an die neue EU-Bürokratie zu übertragen.

Die unterschiedlichen, zum Teil sogar gegensätzlichen Interpretationen der Beschlüsse von Lissabon machten vielmehr klar, wie wenig sich seitdem geändert hat. Während einige Regierungen argumentierten, daß man das Recht, im außenpolitischen Bereich Entscheidungen entsprechend den eigenen nationalen Interessen zu treffen, mehr oder weniger an die Europäische Union übergeben habe, meinten die meisten Politiker in Europa, daß mit Blick auf die außenpolitische Entscheidungsmacht überhaupt nichts von den nationalen Regierungen an die Union übertragen worden sei. In der Tat zeigt das außenpolitische Verhalten der EU-Länder seit der Konferenz von Lissabon, daß im Grunde alles beim alten geblieben war. Weder in Großbritannien, in Frankreich und in Deutschland, noch in den osteuropäischen EU-Ländern dachte man daran, sein genuines Recht auf eine eigenständige Außenpolitik zugunsten einer EU-Institution aufzugeben. Die Regierungen hatten lediglich ihre Bereitschaft erklärt, ihr Handeln auf dem Gebiet der Außen- und Sicherheitspolitik zu koordinieren und die Partner zu konsultieren, bevor man auf der internationalen Bühne zu Aktionen schreiten würde, die eventuell mit den Interessen der Europäischen Union hätten kollidieren können. Auch die in Lissabon getroffene Vereinbarung von Mehrheitsbeschlüssen auf zwölf Feldern der Außenpolitik führte hier nicht weiter.

Die Koordination außenpolitischen Handelns auf europäischer Ebene blieb auch nach der Konferenz von Lissabon weitgehend eine Wunschvorstellung. Zumeist waren es nur wenige EU-Länder, die sich jeweils zusammenfanden, so etwa in dem französisch-britischen Abkommen, die Verteidigungsanstrengungen miteinander abzustimmen. Eine deutsche Initiative zur substantiellen nuklearen Abrüstung fand dagegen weder bei Großbritannien, noch bei Frankreich den notwendigen Widerhall. Beide Nuklearmächte dachten nicht daran, sich in diese Angelegenheiten hineinreden zu lassen. Und auf der Ebene der EU wurde diese Frage gar nicht erst diskutiert.

Das Fehlen einer gemeinsamen Haltung und selbst der Mangel an Koordination in der Außenpolitik ist bis in die jüngste Zeit hinein auch in den Beziehungen Europas zu Russland und China deutlich geworden. Vor allem mit Blick auf das machtpolitisch wieder aufstrebende und immer selbstbewußter auftretende Russland ließen sich die unterschiedlichen Sichtweisen und Interessen der EU-Staaten nicht harmonisieren. Insbesondere der bis zum Herbst 2014 amtierende Präsident der EU-Kommission, José Manuel Barroso, sowie Deutschland und Frankreich suchten zunächst eine strategische Partnerschaft und eine enge Verflechtung mit Russland. Großbritannien und vor allem die osteuropäischen Länder teilten den mit dieser Politik verbundenen Optimismus nicht. Doch ließen sich die Befürworter der engen Beziehung Europas zu Russland lange Zeit nicht von ihrer Politik abbringen. Sie schrieben die vorsichtige und zurückhaltende Vorgehensweise insbesondere der osteuropäischen Länder deren negativer historischer Erfahrung zu und meinten lange Zeit, daß man es mit einem „neuen Russland" zu tun habe, das sich schließlich doch immer stärker an europäischen Werten orientieren werde. Manche Politiker und Analysten in Frankreich und Deutschland glaubten ursprünglich sogar daran, daß Russland der NATO beitreten würde, wenn das westliche Bündnis sich entgegenkommender verhielte. Sie ignorierten dabei die Tatsache, daß sowohl die Führungselite in Russland, als auch die große Mehrheit der russischen Gesellschaft die NATO unverändert als Hauptgegner betrachten.

Russlands Interesse ist es seit dem Beginn des Auftretens Wladimir Putins, den im Zuge des Zusammenbruchs des Sowjetimperiums erlittenen Machtverfall wieder rückgängig zu machen und als Großmacht auf die Weltbühne zurückzukehren. Der politische Preis für dieses Unterfangen sollte nach Auffassung der russischen Führungselite nicht zu hoch sein. Die Einführung demokratischer Verhaltensweisen nach europäischen Maßstäben steht nicht auf diesem Programm. Sie entspricht im Übrigen auch nicht den russischen Traditionen und spiegelt auch nicht das Denken der großen Mehrheit der russischen Bevölkerung wider. Das Land verlangte nach einer starken Führung.

Wie die tatsächliche Entwicklung Russlands schon vor den jüngsten Parlaments- und Präsidentenwahlen zeigte, erwiesen sich die auf eine enge strategische Partnerschaft hoffenden Auffassungen führender europäischer Politiker und mancher Regierungen als Wunschdenken. Der seit Frühjahr 2014 schwelende Konflikt um die Ukraine belegt dies einmal mehr.

Vergegenwärtigt man sich die Position der Europäischen Union im internationalen System im Allgemeinen und die Beziehungen dieses „Staatenverbundes sui generis" zu Russland im Besonderen, so kann man über das Denken mancher Entscheidungsträger in Europa nur staunen.

Denn nicht selten treffen wir in einigen Mitgliedstaaten der Europäischen Union, vor allem auch in Deutschland, auf die ausgeprägte Tendenz, die eigene Machtposition zu überzeichnen und bedeutsame Veränderungen in anderen Ländern falsch einzuschätzen. Solche Fehlperzeptionen beginnen schon damit, den Tatbestand zu verdrängen, daß die Europäische Union auch heute, mehr als zwei Jahrzehnte nach dem Zerfall des Sowjetimperiums, ohne die Rückendeckung oder das aktive Engagement der USA nichts Entscheidendes in der internationalen Politik bewirken kann.

In der Neigung zum Streit über wichtige politische Fragen und dem wenig durchdachten Bestreben, sich von den Vereinigten Staaten von Amerika weitgehend abzusetzen, waren manche Entscheidungsträger in Europa sogar versucht, sich Russland anzudienen. Bei aller kritischen Würdigung amerikanischer Politik in jüngster Zeit, für die es angesichts schwerer Fehler vielfach Anlaß gibt, ist das inkonsistente Verhalten europäischer Politiker mit Blick auf Russland problematisch. Dieses Verhalten hat die Position Europas deutlich geschwächt und offenbart, daß die Europäer derzeit in wichtigen Fragen nicht fähig sind, eine gemeinsame Außen- und Sicherheitspolitik zu betreiben. Der politischen Führung Russlands ist dies nicht entgangen. Sie nutzt geschickt den mangelnden Realitätssinn vieler Politiker, die charakteristischen Grundstimmungen in den Gesellschaften sowie das unterschiedliche Interessenprofil in den einzelnen europäischen Staaten und versucht, die Gegensätze in Europa zu vertiefen und die antiamerikanischen Ressentiments zu verstärken. Vor allem in Frankreich und Deutschland bietet der von einigen gesellschaftlichen und politischen Gruppen sowie einem Teil der Medien beharrlich geförderte Antiamerikanismus willkommene Ansatzpunkte für die russische Führungselite, um ihre machtpolitischen Interessen durchzusetzen. Dies ist nicht zuletzt im Zuge der besonders in Deutschland geäußerten Kritik an den Abhörmethoden der National Security Agency (NSA) der USA seit dem Sommer 2013 deutlich geworden. Dabei gelang es der russischen Regierung dank der Gewährung von Asyl für den früheren Mitarbeiter der NSA, Edward Snowden, der die Praktiken des amerikanischen Geheimdienstes offengelegt hatte und nunmehr von den zuständigen Behörden der USA wegen Landesverrats angeklagt wird, nicht nur ein sehr brauchbares politisches Werkzeug in die Hand zu bekommen. Die politische Führung Russlands nutzte auch den mangelnden Realismus und die Naivität einiger Politiker in Deutschland, um die deutsch-amerikanischen Beziehungen nachhaltig zu beschädigen und das transatlantische Bündnis zu schwächen. Manche deutsche Politiker und Journalisten waren sich dabei nicht zu schade, mit dem russischen Geheimdienst FSB zusammenzuarbeiten, um ihre individuellen Interessen zu verfolgen. Darüber hinaus versuchen die führenden russischen Politiker immer wieder, sich einzelne Länder herauszupicken und auszuprobieren, wie ernst es den Staaten der Europäischen Union mit ihrer häufig beschworenen Solidarität ist. Die enge Kooperation mit Griechenland seit der Machtübernahme durch die linksextreme Regierung Alexis Tsipras in Athen zeigt dies besonders eindrucksvoll.

Vielen europäischen Politikern scheint nicht bewußt zu sein, in welche gefährliche Lage die Europäische Union angesichts eines erneut imperialen Russland gerät, das nicht nur die Modernisierung der Wirtschaft vorantreibt, Hochtechnologie und Waffentechnik entschlossen fördert, seine eigenen Nuklearstreitkräfte zügig modernisiert und für den in überschaubarer Zukunft zu erwartenden Erwerb des Nuklearmachtstatus durch das despotische Mullah-Regime im Iran wesentlich mitverantwortlich ist, sondern auch zielstrebig seine Ressourcen an Erdöl und Erdgas als politische Machtinstrumente einsetzt. Vor dem Hintergrund der prekären weltweiten Versorgungssituation mit Erdöl und Erdgas ist die Neigung mancher Politiker in Europa, die wachsende Abhängigkeit von russischen Energielieferungen in der Öffentlichkeit herunterzuspielen, außerordentlich risikoreich.

Gewiß wird niemand die Notwendigkeit bestreiten, daß die Europäische Union ihre Beziehungen zu Russland insbesondere nach der Erfahrung mit dem Konflikt um die Ukraine auf eine solide Grundlage stellen muß. Doch können wir bei dem Bemühen, ein sinnvolles und stabiles Verhältnis mit Russland zu etablieren, immer wieder die Zerstrittenheit der Europäer beobachten. Zudem führt nichts an dem Tatbestand vorbei, daß die Europäische Union nicht über hinreichende Machtquellen verfügt, um Russland auf gleicher Augenhöhe begegnen und die eigenen Interessen wahren zu können.

Das machtpolitisch aufstrebende Russland „einhegen" zu wollen, ist angesichts der Zielbewußtheit, der Flexibilität und der zunehmenden Handlungsmöglichkeiten der Führungselite in Moskau realitätsfern. Die Russen sind nicht unbedingt auf die Unterstützung der Europäer für die Modernisierung ihres Landes angewiesen. Sie können das nötige Know-how auch aus anderen Teilen der Welt erhalten. Der Ende Mai 2014 von Staatspräsident Wladimir Putin vollzogene Paradigmenwechsel in den Wirtschaftsbeziehungen – Richtung Asien – belegt sehr klar, mit welchem Wandel die Europäer hier rechnen müssen. Im Übrigen verfügt Russland über ein veritables eigenes personelles Potential, um die erwünschte Modernisierung des Landes zu erreichen. Die Vorstellung einiger europäischer Regierungen, man könne in Russland die Durchsetzung westlicher Werte erzwingen, wird vielmehr Illusion bleiben. Der Kernstaat des früheren Sowjetimperiums entwickelt sich in eine völlig andere Richtung. Über die problematische Herangehensweise einiger europäischer Politiker an diese Frage gibt es zu Recht Streit innerhalb Europas. Vor allem die geschichtsbewußten Briten wenden sich gegen einen allzu anschmiegsamen, die Distanz zu den USA vergrößernden Kurs in der Russland-Politik. Besonders aber in Polen, in Tschechien und in den baltischen Staaten herrscht mit Blick auf die Russland-Politik der Europäischen Union große Skepsis. Die Regierungen dieser Länder sind in ihrer kritischen Haltung durch die unverblümte Einmischung Russlands in ihre politischen Angelegenheiten, die offenen Drohungen gegenüber der Ukraine und Georgien, die Pressionen gegenüber Litauen und den Streit über die Unabhängigkeit des Kosovo immer wieder bestätigt worden. Nicht zuletzt die auf massiven Druck Russlands von der damaligen politischen Führung der Ukraine am 21. November 2013 vollzogene Abwendung von einer Annäherung an die Europäische Union und der anschließende Konflikt um die Orientierung dieses Landes haben klar gemacht, welche geopolitische Weichenstellung zum Schaden Europas hier vorgenommen wurde.

Eine ähnliche Gespaltenheit europäischer Politik können wir auch mit Blick auf China beobachten. Abgesehen von den eher wie Pflichtübungen aussehenden kritischen Bemerkungen europäischer Politiker zu Chinas Menschenrechtspolitik orientieren sich die einzelnen EU-

Staaten vorrangig an ihren jeweiligen nationalen Wirtschafts- und Handelsinteressen. Gleichwohl können wir feststellen, daß weder Deutschland, noch Frankreich im Vergleich zu anderen Staaten irgendwelche Vorteile aus ihrem Streben nach engeren Beziehungen zu Russland oder China erhalten hätten. Das aus Russland bezogene Erdöl und Erdgas wurde keineswegs preiswerter geliefert als für andere Staaten. Und die Wirtschaftsbeziehungen der führenden EU-Staaten zu China waren nicht weniger kompliziert als für die übrigen Länder. Selbst die Hoffnung auf leichteren Zugang zu den sogenannten „seltenen Rohstoffen", über die China reichlich verfügt, erwies sich als trügerisch. Der Zugang zu diesen wichtigen Rohstoffen war in den letzten Jahren sogar schwieriger und teurer geworden, nachdem China zahlreiche Vorkommen vor allem in Afrika und Lateinamerika aufgekauft hatte.

Die gespaltene Orientierung und das Schwanken in der Außenpolitik Europas fallen mit Blick auf die transatlantischen Beziehungen besonders auf. Wenngleich die USA den Wiederaufbau Europas nach dem Zweiten Weltkrieg unterstützt und lange Zeit die Rolle der Schutzmacht übernommen hatten, entwickelte sich in vielen europäischen Ländern ein erstaunlicher Antiamerikanismus. Diese Haltung beschränkte sich keineswegs auf die Regierungszeit von George W. Bush, der durch seine undurchdachte und gelegentlich rigorose Außenpolitik viel Kritik der Europäer auf sich zog. Auch während der Zeit der Clinton-Administration war der Antiamerikanismus sehr ausgeprägt. Und die anfangs genährte Hoffnung, daß sich diese spezifische europäische Haltung mit der Übernahme der amerikanischen Regierung durch Barack Obama ändern werde, erfüllte sich nicht. Das Phänomen des Antiamerikanismus ist offenbar tiefer verwurzelt und komplexer, als viele politische Beobachter meinen.

Hatte die Europäische Union jahrzehntelang von der Macht und dem Engagement der USA profitiert, so glaubte man angesichts der abnehmenden Stärke Amerikas in der Weltpolitik während der Epoche der Obama-Administration eigene Wege gehen zu sollen. Dem Gedanken, welchen Sinn es machen sollte, sich im Zuge einer immer schwieriger werdenden Weltlage in wichtigen Bereichen von Amerika deutlich abzusetzen, wurde wenig Aufmerksamkeit gewidmet. Die offensichtlich zunehmenden äußeren Bedrohungen und die Gefahr von militärischen

Konflikten hätten eigentlich zu größeren Anstrengungen führen müssen, die rhetorisch viel beschworene gemeinsame Außen- und Sicherheitspolitik zu etablieren und mit Substanz zu versehen. Doch ist davon kaum etwas zu sehen.

Vor dem Hintergrund wachsender Herausforderungen hätte es eigentlich nahe gelegen, die transatlantischen Beziehungen wieder neu zu beleben. Mit einer gemeinsamen Strategie wäre es sicherlich möglich gewesen, die eigenen Interessen in der Welt weitgehend durchzusetzen. Nach der schwierigen und konfliktreichen Regierungszeit von U.S.-Präsident George W. Bush und dem Wahlsieg von Barack Obama schien diese Perspektive auch zunächst Realität werden zu können. Doch zum einen folgte U.S.-Präsident Barack Obama keineswegs den Vorstellungen, die sich in Europa über das politische Handeln in der Welt herausgebildet hatten. Zum anderen blieben die Europäer tief gespalten und in vielen wichtigen Bereichen der Politik Illusionen verhaftet.

Schon zur Mitte der ersten Amtsperiode von U.S.-Präsident Obama war klar geworden, daß die USA in der internationalen Politik nach anderen Kriterien vorgingen, als die Europäer dies für richtig hielten. Weder gab es neue Ansätze zum Multilateralismus, noch waren die USA bereit, sich in der Finanzpolitik oder in der Klimaschutzpolitik an europäischen Maßstäben zu orientieren. Während die amerikanische Regierung ihre wirtschaftlichen Probleme durch zusätzliche Ausgaben zu lösen suchte und die ohnehin schon hohen Staatsschulden noch höher trieb, entschlossen sich die Europäer zu einer teilweise rigorosen Sparpolitik. Wollten die Europäer die Politik zur Verbesserung des Klimaschutzes vorantreiben, so weigerte sich die Obama-Administration, die damit verbundenen Auflagen zu akzeptieren. Andererseits war eine starke amerikanische Führung in Europa unerwünscht.

Die Gespaltenheit der europäischen Nationen vor allem in Fragen der Außenpolitik trug in Washington mit dazu bei, die Aufmerksamkeit anderen Regionen der Welt zuzuwenden. Der rasante machtpolitische Aufstieg Chinas und die wirtschaftliche Dynamik der übrigen asiatischen Länder schien der U.S-Regierung Anlaß genug, sich dort stärker zu engagieren. Zwar suchte man zusammen mit einigen führenden Staaten der Europäischen Union eine diplomatische Regelung für die gefährlichen Konflikte im Nahen Osten, insbesondere für den Atomkonflikt mit dem

Iran, zu finden. Doch auch hier stellte sich schnell heraus, daß die Europäer – vielleicht mit Ausnahme der Briten – nicht bereit waren, als ultima ratio die militärische Option ins Kalkül zu ziehen. Sie blieben ausschließlich auf eine diplomatische Lösung fixiert, ohne zu bedenken, was dies bei dem Verhandlungsgeschick der iranischen Diplomatie bedeuten würde. Auf die mit der Weiterführung des iranischen Nuklearprogramms verbundene mögliche Verschärfung der Krisensituation im Nahen Osten und eine militärische Austragung des Konflikts mit dem Iran mit allen seinen Folgen auch für die Wirtschaft sind die Europäer nicht vorbereitet. Und anders als die Amerikaner maß man in Europa den Wirkungen des mit den Rebellionen in verschiedenen Ländern der islamischen Welt auftretenden „arabischen Frühlings" eine Bedeutung zu, die in der politischen Wirklichkeit keinen Widerhall fand.

Wie zerstritten die Europäer im Hinblick auf bedeutsame Fragen der Außenpolitik sind, ist nicht zuletzt am 28. Mai 2013 bei der Entscheidung der Europäischen Union deutlich geworden, das Waffenembargo gegen Syrien auslaufen zu lassen. Nachdem die Regierungen der EU-Staaten sich nicht auf eine Verlängerung des bestehenden Sanktionsregimes gegen Syrien einigen konnten, blieb das Handeln den einzelnen Nationen überlassen. Der tiefe Riß in der komplizierten Frage der Waffenlieferungen an die Rebellen zwischen Frankreich und Großbritannien auf der einen und den übrigen EU-Staaten auf der anderen Seite hat der Europäischen Union jeden Einfluß auf das Geschehen im Nahen Osten genommen. Hier bestimmen nunmehr der Iran und die mit beachtlicher Stärke auftretende Terrormiliz IS (Islamischer Staat) das Gesetz des Handelns.

Europas aktuelle Wirtschaftslage

Auf den ersten Blick mögen die Wirtschaftsdaten der Europäischen Union für das Jahr 2015 – trotz der Nachwirkungen der weltweiten Finanzmarkt- und Bankenkrise sowie der hohen Staatsverschuldung einiger EU-Länder – beeindruckend erscheinen. So beträgt das Bruttoinlandsprodukt (BIP) der Europäischen Union mit ihren 507 Millionen Einwohnern in 28 Mitgliedsstaaten immerhin etwas mehr als 16 Billionen

US-Dollar. Es reicht damit fast an das BIP der USA mit ihren 314 Millionen Einwohnern heran und ist deutlich höher als das BIP Chinas (12 Billionen US-Dollar) mit seinen 1,3 Milliarden Einwohnern. Doch läßt sich dieser Faktor offenbar nicht ohne weiteres in globale politische Gestaltungsmacht und Handlungsfähigkeit ummünzen. Zudem fällt im Vergleich zu den Vereinigten Staaten von Amerika, aber inzwischen auch gegenüber China, Russland, Japan und Indien die weitaus geringere Dynamik in der Wirtschaft, im Bildungswesen und in der Forschung ins Gewicht.

So zeigen mehrere Studien der EU-Kommission, daß Europa als Ganzes weit davon entfernt ist, zu den dynamischen Weltregionen zu gehören. Dies liegt nicht nur darin begründet, daß in anderen Teilen der Welt die wirtschaftliche Entwicklung schneller verläuft. Die Europäer haben vielmehr ihre Wettbewerbsfähigkeit auch durch eine deutlich sichtbare „De-Industrialisierung" eingebüßt. Lag der Anteil der Industrie an der Wertschöpfung in Europa um das Jahr 2000 bei 20 Prozent, kamen Ende des Jahres 2014 nur noch 15 Prozent des Bruttoinlandsprodukts (BIP) der EU-Länder aus der Industrie. Eine Wende ist nicht in Sicht. Vor allem in den südeuropäischen Ländern schreitet die De-Industrialisierung voran. Mangelndes Vertrauen von Unternehmern und Investoren in Politik und Verwaltung bremst derzeit alle Bemühungen aus. Der Zugang zu Krediten gestaltet sich weiterhin als äußerst schwierig, und die ohnehin schon sehr hohen Energiepreise in Europa werden durch eine problematische Klimaschutzpolitik einmal mehr steigen und die Chancen zur Verbesserung der Wettbewerbsfähigkeit zusätzlich vermindern. Die Wirtschaft der meisten Staaten Europas befindet sich zudem bereits seit mehr als drei Jahren in einer Rezession, und es sieht nicht danach aus, daß die Regierungen der europäischen Länder wirksame Rezepte für eine Überwindung dieser schwierigen Lage anbieten können. Vielmehr rechnet selbst die EU-Kommission für das Jahr 2016 nicht mit einem klaren Aufschwung der Wirtschaftsleistung der Union. Die damit einher gehende Unsicherheit veranlaßt große Investoren in zunehmendem Maße, aus den europäischen Ländern Geld abzuziehen und in die USA oder nach Asien zu verlagern. Und schließlich haben die in der tiefgreifenden Staatsschuldenkrise sichtbaren Widersprüche in den Leistungsbilanzen und Mentalitäten zwischen den einzelnen Nationen gezeigt, daß die Europäische Union keineswegs auf solidem Grund steht. Insbesondere die Währungsunion der Euro-Länder hat sich als ein brüchiges Bauwerk erwiesen.

So weisen die meisten Euro-Länder dank ihrer über viele Jahre fehlgeleiteten Wirtschafts- und Finanzpolitik nicht nur extrem hohe Staatsschulden auf. Der derzeitige Schuldenstand der EU-Staaten beläuft sich auf fast 12 Billionen Euro. Die Rezession der Wirtschaft macht auch die Sanierung der Staatsfinanzen immer schwieriger. Ein neuer stabiler Aufwärtstrend ist in der wirtschaftlichen Entwicklung der Europäischen Union nicht zu erkennen. Vor allem Griechenland (Schuldenstand: 180 Prozent der Wirtschaftsleistung), Portugal (Schuldenstand: 130 Prozent), Spanien (Schuldenstand: 100 Prozent) und Italien (Schuldenstand: 138 Prozent) bereiten der Europäischen Union große Sorge. Am stärksten wird der Einbruch in Zypern ausfallen. Dort rechnet die EU-Kommission mit einem Rückgang der Konjunktur um 10 Prozent. Aber auch Frankreich (Schuldenstand: 94 Prozent) hat sich in eine Lage hineinmanövriert, aus der man nur noch mit harten Maßnahmen herauskommen kann. In allen diesen Euro-Staaten kündigen sich schwere soziale Verwerfungen an.

Die Währungsunion ist weiterhin einem starken Zerfallsdruck ausgesetzt. Betrachtet man den krampfhaft wirkenden Versuch, die Euro-Zone am Leben zu erhalten, so fallen einige Widersprüche ins Auge. Denn der Zwang der hoch verschuldeten Euro-Länder, ihre Haushalte zu sanieren, Ausgaben zu streichen, zu sparen sowie das Lohn- und Rentenniveau zu senken, kostet automatisch Wachstum und vermindert die Fähigkeit, Waren aus anderen Ländern zu importieren. Dies betrifft relativ schnell auch die Wirtschaft in den weniger stark verschuldeten Ländern, wie z.B. Deutschland. Auch die Gefahr, daß sich die Gläubigerländer bei dem Bemühen, die Staatsschuldenkrise zu lösen, immer weiter von einer Stabilitätsunion entfernen, ist recht groß. Daß die Europäische Union in dieser ohnehin schon schwierigen Situation am 1. Juli 2013 ein weiteres Land, nämlich Kroatien, aufgenommen hat, macht die Sorgen nicht geringer. Kroatien befindet sich seit 2009 in einer schweren Rezession und hat in den letzten vier Jahren 11 Prozent an Wirtschaftskraft verloren. Die Staatsschulden haben sich seitdem verdoppelt und werden im laufenden

Jahr 60 Prozent des Bruttoinlandsprodukts erreichen. Das größte Problem aber ist die hohe Arbeitslosigkeit von 19 Prozent, bei den Jugendlichen sogar mehr als 50 Prozent. Und die weit verbreitete Korruption ähnelt den Verhältnissen in Griechenland. Hinzu kommt, daß auch die globale Wirtschaft langsamer wächst und die Exportmöglichkeiten europäischer Staaten vermindert. Ob die von den Vereinigten Staaten von Amerika und der Europäischen Union am 8. Juli 2013 begonnenen Verhandlungen über ein Freihandelsabkommen (Transatlantic Trade and Investment Partnership = TTIP) diese schwierige Situation entscheidend verändern können, läßt sich kaum vorhersagen. Es gibt nicht nur starke ideologisch motivierte Widerstände insbesondere der zahlreichen Globalisierungsgegner in Amerika und Europa gegen dieses Zukunftsprojekt. Auch einzelne Staaten, vor allem Frankreich, stehen traditionell dem Freihandel skeptisch gegenüber. Sie neigen eher dazu, die partiellen Interessen einzelner Wirtschaftsbereiche durch Ausnahmen zu sichern. Zwar würde ein transatlantischer Wirtschaftsraum, auf den etwa ein Drittel der weltweiten Handelsströme entfallen und der ein Handelsvolumen in Höhe von fünf Billionen Euro pro Jahr generiert, eine breite Basis bieten, um vielen EU-Ländern die Chance zu größeren Exporten zu geben. Doch könnte sich nach Abschluß eines solchen Abkommens der Warenaustausch innerhalb der Europäischen Union verringern. Mit signifikanten Verbesserungen in Europa sollte man also nicht rechnen. Selbst in China und in anderen asiatischen Ländern hat die Wachstumsrate deutlich abgenommen. Nicht zuletzt können wir beobachten, daß jene EU-Länder, die nicht zur Euro-Zone gehören, ebenfalls in hohem Maße von der Schulden- und Wirtschaftskrise betroffen sind. So liegt der Anteil der Gesamtverschuldung in Großbritannien derzeit trotz der harten Sparmaßnahmen der konservativen Regierung unter Premierminister David Cameron bei über 80 Prozent. Eine Prognose des IWF deutet sogar darauf hin, daß es kaum gelingen dürfte, das strukturelle Defizit bis zum Jahre 2017 völlig abzubauen. Für die britische Regierung wird es zudem immer schwieriger, den harten Sparkurs bei der Bevölkerung zu rechtfertigen.

Auch im Hinblick auf die Wettbewerbsfähigkeit bieten die Staaten der Europäischen Union ein besorgniserregendes Bild. Im jährlichen Wettbewerbsbericht des Weltwirtschaftsforums (WEF) für 2013 lagen lediglich Finnland, Deutschland, Schweden, die Niederlande und Großbritannien unter den ersten zehn von 148 Ländern. Die südlichen EU-Staaten landeten nicht einmal unter den ersten 30. Spanien findet sich auf Platz 35, gefolgt von Italien (49), Portugal (51) und Griechenland (91).

Die wirtschaftliche Schwäche der Europäischen Union insgesamt läßt sich ebenso an den Exportzahlen ablesen. So gingen Europas Exporte nach einer Studie der Welthandelsorganisation (WTO) im Jahre 2012 wertmäßig um vier Prozent auf 6,37 Billionen US-Dollar zurück. Zugleich sanken die Importe um sechs Prozent auf 6,62 Billionen US-Dollar. In allen anderen Regionen der Welt hingegen stiegen die Ex- und Importe deutlich an. In dieser Situation auch noch die chinesischen Solarmodul-Hersteller mit Strafzöllen zu belegen und einen Handelskrieg zu wagen, wie dies die EU-Kommission am 4. Juni 2013 beschlossen hatte, erschien von vornherein abwegig. Immerhin liefern die chinesischen Solar-Unternehmen Produkte im Wert von ca. 20 Milliarden Euro pro Jahr nach Europa. So überraschte es nicht, daß die am 27. Juli 2013 erreichte „Einigung" mit China zum Solar-Streit sehr nachteilige Folgen für die europäischen Solar-Firmen haben werden. Denn die Chinesen dürfen weiterhin ihre Solar-Produkte zu Dumping-Preisen auf den europäischen Markt bringen. Angesichts der Abhängigkeit der Europäer von offenen Märkten und der Machtposition Chinas auch in diesem Teil des Welthandels dürfte die unüberlegte Maßnahme der EU-Kommission Tausende von Arbeitsplätzen in Europa kosten. Die am 2. Dezember 2013 von der EU verhängten Strafzölle gegen jene chinesischen Unternehmen, die sich nicht an die im Sommer 2013 erreichte „Einigung" halten, werden die Situation nicht verbessern können. Der Anfang Juni 2014 von dem europäischen Solar-Branchenverband vorgelegte Bericht an die EU-Kommission bestätigt dies auf eindrucksvolle Weise.

Europas militärische Schwäche

Auch auf dem Gebiet der militärischen Macht bietet Europa ein widersprüchliches Bild. Als das Sowjetimperium zusammengebrochen und der Kalte Krieg beendet war, glaubten viele Europäer, daß das Zeitalter militärischer Konflikte vorüber und die Weltpolitik künftig durch internationale Kooperation und Diplomatie gekennzeichnet sein würde. Auch zahlreiche europäische Politiker nahmen an, daß sich die Welt nun eher an humanitären Maßstäben orientieren werde. Autoritäre und aggressive Regime würden an Boden verlieren und durch demokratische Regime ersetzt werden. Unter solchen Rahmenbedingungen erschien es nicht notwendig, umfangreiche und kostspielige Streitkräfte zu unterhalten. Die restliche Welt – so hoffte man – würde sich allmählich wie Europa entwickeln und Konflikte auf friedliche Weise regeln. Im Übrigen hatte man ja die NATO, zu der viele Staaten Europas gehören. Doch diese Erwartungen wurden bald enttäuscht.

Die Geschichte erlaubte keinen Urlaub und lehrte uns, daß die lange Friedensperiode in Europa als eine Ausnahme angesehen werden muß. Die Welt war nach dem Ende des Kalten Krieges kein sicherer Platz geworden. In manchen Weltregionen nahm die Anzahl militärischer Konflikte zu. Selbst Europa blieb davon schließlich nicht verschont. Die völkerrechtlich problematische militärische Intervention im Zusammenhang mit dem Zerfall des früheren Jugoslawien während der 90er Jahre des vergangenen Jahrhunderts stellte die Europäer vor erhebliche Probleme, und es erwies sich schnell, daß Europa nicht in der Lage war, diese Probleme allein zu lösen. Es kam zudem immer häufiger vor, daß ökonomische, politische und religiöse Konflikte in militärische Auseinandersetzungen mündeten. Neue Spannungen und Konflikte im Nahen Osten und das Aufkommen des islamistischen Terrorismus forderten die Europäer einmal mehr in bis dahin unbekannter Weise heraus. Und schließlich setzte sich die Verbreitung nuklearer Waffen weiter fort. So mußte man sich auch in Europa wieder stärker den Fragen der Sicherheit und Verteidigung zuwenden.

In einer Zeit, in der die NATO immer schwächer wurde und die Mitgliedstaaten große Probleme hatten, die Aufgaben des Bündnisses und der Militärorganisation der veränderten Lage anzupassen und einvernehmlich neu zu definieren, erschien es erst recht schwierig, ein gemeinsames sicherheitspolitisches und strategisches Konzept für Europa zu entwerfen und mit der entsprechenden Substanz zu füllen. Zwar wurden einige neue Beratungsgremien geschaffen, Konferenzen und Seminare abgehalten, die sich mit der Organisation einer gemeinsamen Europäischen

Verteidigung beschäftigten. Der im Jahre 2003 verabschiedeten und im Jahre 2009 aktualisierten Europäischen Sicherheitsstrategie standen jedoch keine signifikanten militärischen Kräfte zur Verfügung. Im Hinblick auf die Streitkräfte mußte man im wesentlichen auf die NATO zurückgreifen, deren Verhältnis zur EU auf einer Konferenz in Washington und erneut in Lissabon im Jahre 2010 geklärt wurde.

Angesichts des niedrigen Stellenwertes, den Fragen der Sicherheit und Verteidigung in Europa trotz vielfältiger Herausforderungen in jüngster Zeit haben, überraschte es nicht, daß für die Streitkräfte der EU-Länder weniger großangelegte militärische Operationen, sondern lediglich friedenssichernde Missionen, Schutz gegen Piraterie und illegale Immigration, etc. im Mittelpunkt der Überlegungen standen. Aber selbst für solche Aktionen reichten die zur Verfügung stehenden Kräfte oft nicht aus. Viele Initiativen zur Zusammenfassung der Kräfte und für gemeinsames Handeln verliefen im Sande. Sogar innerhalb der NATO ließ sich nicht immer Einigkeit erzielen, wenn der Einsatz von Streitkräften zur Debatte stand. Man zog sich dann auf eine „Koalition der Willigen" zurück, wie das Beispiel des völkerrechtlich umstrittenen Irak-Krieges im Frühjahr 2003 zeigt. Und mit Blick auf die nach dem Zusammenbruch des Sowjetimperiums in die EU aufgenommenen osteuropäischen und baltischen Staaten hatte für deren Regierungen die von den USA geführte NATO als Rückversicherung gegen die Machtpolitik des neuen Russland Vorrang. Der NATO trauten die Osteuropäer in dieser Frage eher als den vagen Versicherungen, die man aus der Europäischen Union erhielt, zumal Frankreich und Deutschland häufig dazu neigten, den russischen Interessen zu weit entgegenzukommen. Auch heute noch wird der größte Teil (ca. 72 Prozent) der Lasten für die Verteidigung Europas von den Vereinigten Staaten von Amerika über deren Engagement im Rahmen der NATO getragen. Für die eigene Sicherheit die Verantwortung zu übernehmen, ist den Europäern bislang nicht gelungen. Trotz der Auflagen des Vertrags von Lissabon findet eine nachhaltige Koordination der Streitkräfteplanungen der 28 EU-Staaten kaum statt. Ein sicherheitspolitisches Gesamtkonzept fehlt. Und im Hinblick auf die aktuellen Verteidigungsausgaben können wir feststellen, daß die 28 Staaten der Europäischen Union derzeit zusammen nur knapp die Hälfte der finanziellen

Ressourcen ausgeben, die von den USA für militärische Zwecke aufgewendet werden. Angesichts der ohnehin großen Schwierigkeit, in den nationalen Parlamenten höhere Ausgaben für die Verteidigung durchzusetzen und der Folgen der Finanz- und Wirtschaftskrise wurden die Militäretats weiter drastisch reduziert. Dieser Prozeß setzt sich nun schon seit vielen Jahren fort. Aber damit ist der Militäretat der EU-Staaten immer noch fast doppelt so hoch wie in China, dreimal so hoch wie in Russland und sechsmal so hoch wie in Japan. Rein zahlenmäßig haben die Europäer mit ca. 1,7 Millionen Soldaten etwa so viel Personal unter Waffen wie China. Doch muß man wohl auch danach fragen, wo sich diese Kräfte befinden, was sie leisten können oder überhaupt sollen.

Am Beispiel Europas wird deutlich, daß die Höhe der Verteidigungsausgaben allein nicht viel aussagt. Offenbar erkaufen sich die Europäer mit den großen finanziellen Ressourcen verhältnismäßig wenig militärische Stärke. Sie verschwenden den Großteil der Geldmittel, um jedem einzelnen Staat ein militärisches Instrumentarium – mit eigenem Ministerium, Generalstab, weiteren Stäben, vielen Ämtern, Behörden und Teilstreitkräften sowie zahlreichen, sehr unterschiedlichen Waffensystemen – zu ermöglichen und darüber hinaus eine jeweils eigene, hoch subventionierte Rüstungsindustrie zu erhalten. Die Europäische Verteidigungsagentur, die eigentlich die Rüstungsprojekte koordinieren und die Beschaffung vereinheitlichen soll, hat sich bislang als nahezu nutzlos erwiesen. Die Streitkräfte der EU-Länder haben nach wie vor ein Sammelsurium von unterschiedlichen Waffen – von Flugzeugen, Schiffen und Panzern bis zu den Handfeuerwaffen. Eine sinnvolle militärische Kooperation und die Zusammenfassung von Kräften und Ressourcen finden nur sporadisch statt. Die Harmonisierung der Militäretats nach den Maßgaben der beschlossenen gemeinsamen Europäischen Sicherheitsstrategie gibt es bisher nur in Ansätzen. So überrascht es nicht, daß die USA in die militärische Forschung und Entwicklung dreimal so viel investieren wie die 28 EU-Staaten und in der Militärtechnologie führend bleiben. Vor dem Hintergrund dieser Tradition und dem damit verknüpften „alten Denken" konnte die Europäische Union bis heute kein bedeutsamer militärischer Machtfaktor werden. Mit ihrer tradierten Vorgehensweise erreichen die EU-Staaten insgesamt nur ca. 10 bis 15 Prozent der militärischen Fähigkeiten der USA.

Nicht viel anders als im engeren militärischen Bereich sieht das unterschiedliche Denken und Handeln zwischen Amerika und Europa auf dem Felde des modernen Cyberwar und der geheimen Nachrichtenbeschaffung aus. Angesichts des enormen Engagements Russlands und Chinas auf diesen Gebieten und der globalen Bedrohung des Djihadismus unternehmen die USA große Anstrengungen, um ihren strategischen Interessen Rechnung zu tragen und ihre Rolle als Weltmacht zu unterstreichen. Die Einrichtung eines Cyber Command und der gigantische Ausbau der technischen Kapazitäten der National Security Agency (NSA) in Fort Meade (Maryland) spiegeln dies wider. Kein Reglement mit den im Zuge der Abhör-Affäre seit dem Sommer 2013 recht aufgeregten Europäern über einen gewissen Datenschutz wird die Amerikaner künftig davon abhalten, ihr nachrichtendienstliches Instrumentarium beständig zu verbessern und zielbewußt einzusetzen. Anders als die Europäer (mit Ausnahme Großbritanniens) haben die Amerikaner bereits verstanden, welche machtpolitischen Möglichkeiten die neuen technischen Entwicklungen eröffnen. Sie werden auch noch lernen, diese spezifischen Instrumente besser zu kontrollieren und geschickter zu nutzen.

Es ist unter Fachleuten unstrittig, daß die Europäische Union als globaler Akteur in der Lage sein müßte, eine aktive, auf die realen Herausforderungen zugeschnittene Sicherheits- und Verteidigungspolitik zu betreiben. Schließlich erstreckt sich das Feld der Gefährdungen von den südlichen und östlichen Grenzen des Staatenverbundes über den Nahen und Mittleren Osten und Afrika bis zu den wichtigen Seeverbindungslinien im Indischen Ozean. Wenngleich die europäischen Sicherheitsinteressen in zahlreichen Verträgen und Beschlüssen der Europäischen Union angesprochen wurden, folgte daraus nicht der notwendige Durchbruch zum Handeln. Bis heute agierten einzelne EU-Staaten, in erster Linie Frankreich und Großbritannien, auf eigene Rechnung und mußten in der Regel bald erkennen, daß ihre finanziellen Mittel und die militärischen Instrumentarien nicht ausreichten. Zu Recht bezeichnete der frühere amerikanische Verteidigungsminister Robert Gates diesen Zustand der Europäischen Union als „kollektive militärische Irrelevanz".

In der Tat ließ sich das von der EU im Jahre 1999 beschlossene Vorhaben einer ständigen Eingreiftruppe von 50.000 bis 60.000 Soldaten und einer Durchhaltefähigkeit von einem Jahr auch nach dem Aufwuchs des Staatenverbundes auf nunmehr 28 Mitglieder nicht verwirklichen. Das nach dem Scheitern der EU-Eingreiftruppe verfolgte Konzept der „Battlegroups" kam in der ursprünglich gedachten Form ebenfalls nicht zustande. Das als Analysezentrum und als Organ zur Strategieentwicklung geplante und notwendige EU-Hauptquartier konnte nicht durchgesetzt werden. Im Übrigen können wir bis heute beobachten, daß die Staaten der Europäischen Union durchschnittlich nicht mehr als 4 Prozent ihrer bewaffneten Kräfte in militärischen Konflikten oder Friedensmissionen einzusetzen pflegen.

Die dezidierte Abneigung der meisten europäischen Staaten, militärische Mittel zur Durchsetzung politischer Ziele und Interessen anzuwenden und die gerade in besonders kritischen Situationen gezeigte Unfähigkeit, zu einem gemeinsamen außen- und sicherheitspolitischen Handeln zu finden, macht die Begrenzung des europäischen Einflusses immer wieder fühlbar. Die Europäer sind nicht einmal in der Lage, einigen Hundert Piraten vor den Küsten Somalias wirksam Paroli zu bieten. Stattdessen werden – vor allem in Deutschland – absurde Debatten darüber geführt, ob man die Sicherung der Handelswege auch mit militärischen Mitteln erzwingen darf. Zudem haben der Verlauf der Krise um den Bürgerkrieg in Libyen vom März bis Oktober 2011 und das Verhalten der einzelnen europäischen Länder gezeigt, wie schwierig es im konkreten Fall ist, über die Sicherheitsinteressen Europas einen Konsens zu erreichen und dann mit den erforderlichen bzw. verfügbaren militärischen Kräften zu handeln.

An der Reaktion der Europäer auf das entschlossene Vordringen islamistischer Terrorgruppen in den westafrikanischen Staat Mali während des Jahres 2012 konnte man erneut ablesen, wie schwach die Fähigkeit der europäischen Regierungen ausgeprägt ist, die Bedrohung überhaupt zu erkennen. Dort war ein international gut vernetztes und vom Golfemirat Qatar finanziell unterstütztes Terrorregime etabliert worden, das seine Macht mit militärischen Aktionen auf die gesamte westafrikanische Region auszuweiten suchte. Die Führer dieser islamistischen Gruppen hatten mit ihren zahlreichen Kämpfern die nach dem Zusammenbruch einiger Despotien entstandenen Bewegungsspielräume und frei werdenden Waffenarsenale zielstrebig genutzt und bedrohten in zunehmendem Maße auch Europa. Eine gemeinsame Strategie der Europäischen Union und der entsprechende Einsatz von Streitkräften gegen die ausgezeichnet bewaffneten und gut trainierten islamistischen Truppen kam nicht zustande, obwohl der Prozeß des Vordringens der Islamisten in die Länder des westlichen und nördlichen Afrika längst zu beobachten war. Eine Vielzahl islamistischer Terrororganisationen, die sich dem Djihadismus verschrieben haben, agiert inzwischen von Somalia über den Sudan, dem in einigen Regionen (z.B. Bengasi) wohl unkontrollierbaren Libyen, in Tunesien, Algerien, Marokko, Mauretanien, in Nigeria, in Niger, im Tschad und eben auch in Mali. Auf Bitten der malischen Regierung entschloß sich Frankreich am 13. Januar 2013 zu einem riskanten militärischen Alleingang und wurde erst nach und nach von Großbritannien, den USA, Kanada, den Niederlanden und schließlich auch von Deutschland unterstützt. Bezeichnend war dabei einmal mehr, daß der ziemlich kleine deutsche Beitrag erst nach einigem Zögern zustande kam und in den ersten Stellungnahmen hochrangiger Vertreter der Bundesregierung in Berlin besonders betont wurde, auf keinen Fall „Kampftruppen" zu entsenden. In einem solchen Fall von deutscher Seite zuerst die pazifistische Grundströmung in Deutschland zu bedienen und sich mit juristischen Spitzfindigkeiten der Unterstützung Frankreichs weitgehend zu entziehen, weist darauf hin, in welchem schlimmen Zustand sich das außen- und sicherheitspolitische Denken in dem wirtschaftlich leistungsfähigsten Staat der Europäischen Union befindet. Zudem handelte es sich bei der deutschen Beteiligung nicht einmal um eine direkte Unterstützung der französischen Streitkräfte, da mit den zwei angebotenen Transall-Flugzeugen (plus eine Reserve-Maschine) lediglich Truppen der afrikanischen Nachbarstaaten transportiert werden sollten. Und für die Mandatierung des Einsatzes einiger Tankflugzeuge zur Luftbetankung französischer Jagdbomber brauchten die Bundesregierung in Berlin und der Deutsche Bundestag fast einen Monat. Von der im Deutschen Bundestag Mitte Januar 2013 erneut beschworenen gemeinsamen Sicherheitspolitik bleibt man damit weit entfernt. Im Übrigen beschränkt sich die Europäische Union – obwohl sie durch das Vordringen des islamistischen Terrorismus immer stärker bedroht wird – auf die Zusage, den Truppen Malis Ausbildungshilfe zu leisten. Sie überläßt damit den Islamisten, die im Norden Malis – einem Gebiet doppelt so groß wie die Bundesrepublik Deutschland – ein neues Aufmarschgebiet des weltweiten Terrorismus geschaffen haben, weiterhin das Gesetz des Handelns und zeigt auf diese Weise vor aller Welt, daß sie die islamistische Herausforderung nicht angemessen beantworten kann.

Die zunächst mit ihren ersten Operationen erfolgreichen französischen Streitkräfte werden auf längere Sicht den im Rahmen der asymmetrischen Kriegführung der islamistischen Truppen, deren raschen Vorstößen gegen wechselnde Einsatzorte und deren Beweglichkeit kaum folgen können. Schon der gut vorbereitete Terrorangriff der Islamisten gegen ein BP-Erdgasfeld in Algerien mit der üblichen Geiselnahme von Zivilisten Mitte Januar 2013 hat deutlich gemacht, wie umfassend die Bedrohung Europas ist. Die ca. 4.000 französischen Soldaten und die etwa 12.000 Mann starken UN-Truppen, die seit dem 1. Juli 2013 in Mali stationiert sind, können dieses Land nicht langfristig sichern. Die Djihadisten unterhalten weiterhin geheime Netzwerke in den Städten und sind in der Lage, ihre Angriffe und Sabotageakte aus der kaum kontrollierbaren Nordregion Malis vorzutragen. Ob die Partnerstaaten Frankreichs in der Europäischen Union dem militärischen Engagement im Zuge des wohl längeren Konflikts die notwendige stärkere Unterstützung bieten werden, steht dahin. Das Beispiel des seit Ende 2013 wiederum von Frankreich geführten Militär-Einsatzes in der Zentralafrikanischen Republik lehrt vielmehr, daß die Europäer nicht in der Lage sind, ihre Politik entscheidend zu ändern. Angesichts der erneut vor aller Welt gezeigten unkoordinierten Außen- und Sicherheitspolitik der EU wirkt es besonders deplaciert, wenn führende europäische Politiker weiter von „Mehr Europa" reden. Den in Westafrika agierenden Islamisten ist sicher nicht entgangen, daß sich die europäischen Partner Frankreichs mehr oder weniger vor größerem Engagement drücken. Und mit einer erneuten militärischen Intervention der USA müssen die Islamisten nach den amerikanischen Fehlschlägen der jüngeren Vergangenheit und Präsident Obamas öffentlich bekundeter Abneigung gegen einen neuen Krieg nicht rechnen. Das Engagement der USA in Nordwestafrika wird sich wohl auf den Einsatz einiger Drohnen und logistische Unterstützung beschränken.

Anstatt die eigenen militärischen Machtressourcen gemeinsam zu entwickeln und überlegt einzusetzen, pflegen manche Regierungen und

zahlreiche Repräsentanten gesellschaftlicher Gruppen in Europa ein na-
ives Politikverständnis, das in keiner Weise hilft, die Machtrealitäten in
der Welt zugunsten Europas zu verändern. Sie orientieren sich vielfach
am Prinzip Hoffnung, an einer diffusen Form von „Soft Power", und meinen, damit die internationale Politik entscheidend beeinflussen zu können. Dabei reduzieren sie den einst von Joseph Nye, dem ehemaligen De-
kan der Kennedy School of Government in Harvard (USA) eingeführten
Begriff „Soft Power" auf wenige, zumeist unbedeutende Elemente, nur
um ja nicht in die Nähe von Attributen zu gelangen, die es notwendig
gemacht hätten, entsprechende Machtressourcen zu entwickeln und anzuwenden. Darüber hinaus bemerken die meisten Europäer gar nicht,
daß die von vielen Politikern vertretene, von den Massenmedien unablässig verbreitete und inzwischen weit über die politische Linke hinaus in
fast alle Schichten reichende abweisende Haltung gegenüber Amerika
und der tief verwurzelte habituelle Pazifismus als eine Einladung an andere Mächte wirkt, die ohnehin vorhandenen politischen Differenzen
zwischen den Staaten der Europäischen Union zu vertiefen. Die Übernahme der Regierung in Washington durch Barack Obama konnte diese
Tendenz nur kurzzeitig mildern. Nachdem U.S.-Präsident Obama schon
während seiner ersten Amtszeit gezeigt hat, daß die amerikanische Politik ungeachtet der Bereitschaft zu multilateralem Handeln traditionelle
Weltmachtpolitik bleibt, können wir die übliche Reserviertheit bei vielen Europäern beobachten. So konnte es auch nicht überraschen, daß der
Appell von U.S.-Vizepräsident Joe Biden und U.S.-Senator McCain auf
der Münchner Sicherheitskonferenz Anfang Februar 2013, die Europäer
sollten mehr Verantwortung übernehmen und dafür auch mehr Geld für
ihre Streitkräfte vorsehen, folgenlos verhallte.

Europas begrenzte Machtressourcen

Zwar hat die Europäische Union in den letzten Jahren versucht, auf dem
Felde der Diplomatie eine gemeinsame Haltung zu entwickeln und in der
internationalen Arena zu praktizieren. Doch eine bedeutsame Quelle der
Macht ist bisher nicht daraus geworden.

Auch das Engagement für die Menschenrechte und das Werben für eine demokratische Regierungsweise nach westlichem Muster haben Europa als eigenständigen und die Welt prägenden Machtpol nicht vorangebracht. Das Verhalten anderer Mächte zeigte demgegenüber, welche Vorgehensweisen eher zum Erfolg führen. Die am strengen Islam orientierten Länder des Nahen und Mittleren Ostens folgen keineswegs den europäischen Vorstellungen über die Beachtung der Menschenrechte. Und das wieder aufstrebende, auf Expansion ausgerichtete Russland sowie das auf ökonomischem Gebiet eine erfolgreiche Form der kontrollierten Marktwirtschaft praktizierende China stellen trotz der derzeit noch begrenzten Kapazitäten schon heute die Europäische Union machtpolitisch in den Schatten. Die Regierungen in Moskau und Peking lassen sich von der vor allem von den Europäern angemahnten Beachtung der Menschenrechte und des Völkerrechts in keiner Weise beeindrucken. Sie haben ihre jeweils eigene geopolitische Vision und gehen unbeirrt und oft mit rigoroser Härte ihren auf machtpolitischen Aufstieg und innere Stabilität ausgerichteten Weg. Der ausgeprägte Utilitarismus der Führungseliten dieser beiden modernen Nationalstaaten hebt sich deutlich von den politischen Einstellungen und dem Verhalten der Europäer ab. Sie können zudem darauf verweisen, daß es auch in der Europäischen Union Staaten gibt, die es mit dem Demokratie-Kodex nicht so genau nehmen. So praktiziert der ungarische Regierungschef Viktor Orban in seinem Lande eine Politik, die sich kaum mit den von der Europäischen Union vertretenen Werten der Demokratie vereinbaren läßt. Die mit den Stimmen der Regierungsmehrheit am 11. März 2013 im ungarischen Parlament durchgesetzten Verfassungsänderungen, die u.a. die Macht des Obersten Gerichts des Landes deutlich einschränken, verletzen das für eine Demokratie so wichtige Prinzip der Gewaltenteilung. Die für ein demokratisches Gemeinwesen so bedeutsamen „checks and balances" gehören in Ungarn der Vergangenheit an. Künftig wird die Judikative in Ungarn als dritte Gewalt kaum noch Möglichkeiten haben, die Exekutive zu überwachen. Die Regierung Orban kann nunmehr in fast unbeschränkter Weise all das durchsetzen, was ihrer Vorstellung von der nationalen Revolution entspricht. Die Praxis der Nomenklatura, also die Besetzung zahlreicher wichtiger Posten mit den eigenen Leuten und die Beherrschung der öffentlich-rechtlichen Medien lassen der Opposition im

Lande de facto keine Chance. Viktor Orbans Politik zielt mit nahezu allen ihren Maßnahmen auf eine Machtergreifung, die etwas Endgültiges an sich hat. Dieses – gelegentlich als „Orbanisierung" bezeichnete – Vorgehen nimmt anderen gesellschaftlichen Kräften systematisch die Chance, einen Regierungswechsel herbeizuführen. Und als ebenso problematisch muß man die Tatsache ansehen, daß Ungarns rechtskonservative Regierung am 15. März 2013 hohe staatliche Auszeichnungen an Personen vergeben hat, die für ihre antisemitischen und rechtsextremen Positionen bekannt sind. In diesem Zusammenhang ist zudem bemerkenswert, daß die zentralen Institutionen der Europäischen Union keine wirksamen Instrumente haben, um rechtsstaatliche Defizite in einem Mitgliedsland zu ahnden. Umso besorgniserregender erscheint die Entwicklung Ungarns, nachdem Viktor Orban bei den Wahlen am 6. April 2014 erneut die Zweidrittelmehrheit erreichen konnte. Der Sonderweg dieses Landes wird noch dadurch unterstrichen, daß die rechtsextreme Partei Jobbik, die für ihren militanten Nationalismus und für ihre antisemitische Haltung bekannt ist, mit 21 Prozent ihr Wahlergebnis vom Jahre 2010 deutlich übertraf.

Die Begrenztheit der Machtressourcen und die mangelnde Dynamik Europas fallen besonders gegenüber China auf. Seit dem Beginn der Reformen im Jahre 1978 ist das Bruttoinlandsprodukt Chinas jährlich um fast 10 Prozent gewachsen – eine Entwicklung, die in der modernen Wirtschaftsgeschichte ohne Beispiel ist. Die wirtschaftlichen Beziehungen zwischen Europa und China haben sich in dieser Zeit erheblich vertieft und der Politik gegenüber diesem Land ihren Stempel aufgedrückt. Dabei wurde immer deutlicher, daß die Europäer China als Absatzmarkt mehr brauchen, als die Chinesen Europa. Den Chinesen ist zudem nicht entgangen, daß sich die Europäische Union in einer schweren Krise befindet. Die militärische Bedeutung dieses Staatenverbundes ist eng begrenzt, und die politischen Interessen der einzelnen Mitgliedsstaaten lassen sich nur selten wirksam koordinieren. Von daher haben die gelegentlichen Ermahnungen führender europäischer Politiker im Hinblick auf die Beachtung der Menschenrechte und die Einführung demokratischer Reformen in China kaum Gewicht.

Der begrenzte Einfluß der Europäischen Union im Weltstaatensystem wird auch vor dem Hintergrund des Verhaltens im Kontext der Vereinten Nationen sichtbar. Zwar tragen die europäischen Länder mehr als alle anderen Staatengruppen zum Budget der Weltorganisation bei. Doch werden die Forderungen und Interessen der Europäer damit keineswegs in entsprechender Weise beachtet. Und die Versuche der Europäer, den Menschenrechten über die Vereinten Nationen mehr Geltung zu verschaffen, scheitern regelmäßig an dem Widerstand anderer Länder. Die Europäische Union muß es sogar hinnehmen, daß der Rat für Menschenrechte der Vereinten Nationen von Staaten dominiert wird, deren despotische Regime ständig die Menschenrechte verletzen und jede Kritik zurückweisen. Ein Drittel der Mitglieder dieses Gremiums der Vereinten Nationen gehört zur Organisation der Islamischen Länder, die darauf bestehen, daß ihre Rechtssysteme ohne Fehler sind und aus religiösen Gründen auch gar nicht geändert werden dürfen.

Die geringe Wirkkraft der europäischen Menschenrechtspolitik und des Werbens für die Einführung demokratischer Verhaltensweisen nach westlichem Verständnis hat sich zudem im Zuge der Rebellionen in den arabischen Ländern am Mittelmeer gezeigt. Da hilft es auch nichts, wenn zahlreiche europäische Politiker und die meisten Vertreter der Medien die seit Frühjahr 2011 in der islamischen Welt ablaufenden Veränderungen als „Arabischen Frühling" bezeichnen. Anders als man in Europa einer staunenden Öffentlichkeit immer wieder zu suggerieren versucht, leiteten die zumeist von Repräsentanten der jungen Generation ausgelösten Rebellionen keine Hinwendung zur Demokratie und zur Beachtung der Menschenrechte in der islamischen Welt ein. Die Einführung von formalen demokratischen Strukturen, von freien und geheimen Wahlen bis zur Bildung von handlungsfähigen Institutionen, konnte von den am besten organisierten Gruppen, nämlich den radikal-islamischen Kräften, genutzt werden. Sie wissen, was sie wollen und sind es gewöhnt, auf der Grundlage einer klaren politischen bzw. religiösen Überzeugung zu handeln.

Zwar gelang es den von europäischen Politikern und Medien ermutigten Demonstranten eine enorme Dynamik zu entfalten. Doch gingen die radikal-islamischen Kräfte nach den Umbrüchen und Wahlen in fast allen arabischen Ländern am Mittelmeer als Sieger hervor. Insgesamt leiteten die Aufstände in der arabischen Welt – trotz ihres unterschiedlichen Verlaufs – einen deutlichen Aufschwung des Islamismus ein. Aus realistischer Perspektive haben die Rebellionen in den arabischen Ländern keineswegs die demokratischen Kräfte westlichen Zuschnitts gestärkt, sondern zu einer Entwestlichung der Gegenküste am Mittelmeer geführt. Dies drückt sich nicht nur in der zielstrebigen Islamisierung der Länder – etwa beim Rückgriff auf die Scharia als lebensregulierenden Gesetzeskanon oder bei der Neu-Ausrichtung des islamischen Bildungswesens – mit zunehmender Deutlichkeit aus. Auch als identitätsstiftendes Wertesystem in klarer Abgrenzung zum demokratischen Westen erhält das Bekenntnis zum strengen Islam immer größeres Gewicht.

Wenngleich einige europäische Staaten – etwa durch ihr militärisches Engagement in Libyen – mitgeholfen haben, die alten Machtstrukturen zu beseitigen und die neuen Regime zu etablieren, kann Europa keinen Profit aus ihrem Einsatz ziehen. Stattdessen sind es die reichen arabischen Golfstaaten, die sich die Gelegenheit nicht entgehen ließen, die Umbrüche für ihre machtpolitischen Ziele zu nutzen. Vor allem Qatar, Abu Dhabi und Saudi-Arabien unterstützen – oft in scharfer Konkurrenz zueinander – die wirtschaftlich schwachen arabischen Länder am Mittelmeer mit Milliardensummen und mit Hilfe des Nachrichten-Netzwerks „Al-Djasira" und sorgen dafür, daß die europäischen Staaten keine Ansatzpunkte für eine politisch-ideologische Kontrolle über große Teile der arabischen Welt gewinnen können. Die reichen, streng islamisch regierten Golfstaaten verbinden mit ihrem resoluten Engagement keineswegs die Zielsetzungen der Freiheit und der Demokratie, sondern ein durchweg islamisches Staatsmodell und die unbefragte Herrschaft des strengen Islam mit allen seinen kulturellen und politischen Auswirkungen auf die Menschen.

Das Bild dieser epochalen Entwicklung in der arabischen Welt wird durch den Prozeß der Islamisierung der Türkei vervollständigt. Der ehrgeizige und charismatische türkische Politiker Recep Tayyip Erdogan hat bei seinen Besuchen und Reden in Ägypten, in Tunesien und Libyen immer wieder deutlich gemacht, daß er den nach den Rebellionen in diesen Ländern sichtbaren Aufschwung des strengen Islam begrüßt. Auch als identitätsstiftendes Wertesystem in klarer Abgrenzung zum demokratischen Westen erhält das Bekenntnis zum strengen Islam zunehmendes Gewicht. Dabei können wir beobachten, daß selbst die jüngere Generation in den islamischen Ländern am Mittelmeer immer weniger das westliche Wertesystem als verbindlichen Maßstab versteht, sondern dem islamisch geprägten Wertesystem höheres Gewicht zuerkennt.

Wie wenig die Europäer mit Blick auf die Beachtung der Menschenrechte bislang ausrichten konnten, wird in der Tatsache deutlich, daß es nicht gelang, einen gegen den sudanesischen Präsidenten Omar al-Bashir wegen brutaler Menschenrechtsverletzungen im Juli 2008 verhängten Haftbefehl des Internationalen Strafgerichtshofs durchzusetzen. Das Strafverlangen hatte keine Konsequenzen, weil die Staaten der Arabischen Liga und der Afrikanischen Union Solidarität mit dem Präsidenten des Sudan zeigten. Er konnte ungehindert in viele Länder reisen. Dabei ist besonders bemerkenswert, daß Omar al-Bashir auch vom damaligen türkischen Regierungschef Erdogan freundlich empfangen wurde, dem Repräsentanten eines Landes also, das viele europäische Politiker in die Europäische Union aufnehmen wollen.

Die begrenzte Macht der Europäischen Union kommt nicht nur in den Fehlschlägen der europäischen Menschenrechtspolitik zum Ausdruck. Sie wird auch in der ganzen Welt wahrgenommen. Angesichts der starken Abhängigkeit der europäischen Staaten von Erdöl- und Erdgasimporten aus nicht-demokratisch regierten Ländern und der ebenso sichtbaren Abhängigkeit von Exporten industrieller Waren in Länder, die durch zahlreiche Verstöße gegen die Menschenrechte aufgefallen sind, hat die Europäische Union kaum konkrete Möglichkeiten, gegen diese Länder vorzugehen.

Selbst auf dem einst in Europa so herausragenden Gebiet der Wissenschaft und Technologie ist der Staatenverbund deutlich zurückgefallen. Neben China führen Japan, das sich – von vielen Europäern unbemerkt und ungeachtet großer wirtschaftlicher Probleme – technologisch längst wieder zurückgemeldet hat, und Indien den Europäern vor, wie „neues Denken" vor allem in dem bedeutsamen wissenschaftlich-technologischen Bereich die eigene Position im Weltstaatensystem verbessern kann.

Vor diesem Hintergrund auf die quantitative Erweiterung des Staatenverbundes zu setzen und dabei die Aufnahme der islamischen, kulturell in keiner Weise zu Europa passenden Türkei ins Auge zu fassen, zeigt nicht nur einen eklatanten Mangel an Geschichts- und Kulturverständnis. Ein derartiges Ansinnen spiegelt auch eine Wirklichkeitsverweigerung wider, die jeden kühl abwägenden Analysten erstaunen muß. Diese irrationale Erweiterungspolitik wird auf Dauer die Europäische Union von innen heraus gefährden und den Niedergang des Staatenverbundes beschleunigen.

Gewiß hat Europas allmählicher Machtverlust nicht erst mit der vielfältigen und tiefgreifenden Krise begonnen, die uns gegenwärtig so intensiv beschäftigt. Es ist eine Entwicklung, die vor mehr als einem Jahrzehnt begann, weil andere Länder immer stärker und rascher in den entscheidenden Bereichen erfolgreich waren, während es sich die Europäer in ihrer veralteten, auf die moderne Welt längst nicht mehr passenden Wohlfahrts-Ideologie bequem gemacht hatten und den Aufbau wichtiger Machtressourcen unterließen.

Programmierter Machtverlust Europas

Die Gründe für den Niedergang Europas und die zahlreichen Krisen, denen die Europäische Union konfrontiert ist, sind äußerst vielfältig. Sie lassen sich keineswegs auf einige Fehlentscheidungen der politischen Entscheidungsträger in den Hauptstädten der Mitgliedsländer oder in Brüssel zurückführen, sondern haben vielmehr tiefere Wurzeln. Gewiß haben die meisten europäischen Nationen die Lektionen zweier furchtbarer Weltkriege gelernt und viel unternommen, weitere militärische Konflikte untereinander undenkbar zu machen. Dennoch blieb die Loyalität der Menschen in Europa den Nationen verhaftet. Wenngleich diese spezielle Bindung auch im Laufe der Zeit schwächer wurde und die Bereitschaft deutlich abnahm, hierfür Opfer zu bringen, erweist sich diese Bindung doch als wesentlich stärker als die Verbundenheit mit der „Europäischen Idee". Einen „Europäischen Nationalismus" gibt es nicht und er wird sich auch nicht entwickeln. Schon von daher war es ein falscher Ansatz, eine „Europäische Verfassung" zu verlangen.

In Wirklichkeit geht die politische Entwicklung in eine ganz andere Richtung. Sie deutet eher auf eine Stärkung der zentrifugalen Kräfte, auf weitere Aufspaltung selbst der bisher als innerlich stark betrachteten Nationen hin. Die zunehmenden Konflikte z.B. zwischen Flamen und Wallonen in Belgien oder zwischen Katalanen und Spaniern belegen dies immer wieder. Dieser bedeutsame Trend läßt sich auch nicht mit dem Hinweis überspielen, daß alle Bevölkerungsgruppen ihren Platz in der Europäischen Union finden würden. Wenn die konkret faßbaren und einen gewissen Zusammenhalt zeigenden Bevölkerungsgruppen nicht einmal in ihrem bisherigen nationalen Bereich harmonisch einzuordnen waren, warum sollten sie dann um so leichter in einem größeren Rahmen – etwa in der Europäischen Union – aufgehen und deren Kohärenz fördern können?

Ebensowenig wird es helfen, unter dem Stichwort „Mehr Europa" eine grundsätzliche Änderung der Verhältnisse zu beschwören. Dieses

Stichwort ist eine Leerformel, hinter der die Benutzer ihre jeweiligen Interessen als kollektives Ansinnen zu verbergen pflegen. Die einen, wie z.B. die Europäische Kommission, verstehen darunter mehr Geld und mehr politische Kompetenzen. Die anderen, etwa die südeuropäischen EU-Länder und Frankreich, wollen größere und schnellere Finanztransfers. Folgt schon die bisherige Entwicklung der Europäischen Union recht widersprüchlichen Impulsen, so weisen die rückwärts gewandten politischen Einstellungen einflußreicher gesellschaftlicher Gruppen in vielen europäischen Ländern und klare Fakten auf eine wenig erfreuliche politische Zukunft des Alten Kontinents hin. Es sind vor allem neun bedeutsame Problembereiche, die einen Niedergang Europas im Vergleich zu anderen Machtkomplexen in der Welt erwarten lassen.

Demographischer Wandel

Auf den dramatischen demographischen Wandel in Europa haben führende europäische Wissenschaftler schon während der 90er Jahre des vergangenen Jahrhunderts eindringlich hingewiesen. Doch blieben die Reaktionen auf die vorgelegten Daten stets sehr vage. Sie offenbarten auch eine gewisse Ratlosigkeit und endeten vielfach in innenpolitischem Streit. Eine sinnvolle und zielstrebige Politik im Hinblick auf die Bevölkerungsentwicklung fand nicht statt. In der Politik und in der Wirtschaft sieht man zwar die Herausforderung. Es ist jedoch nicht zu erwarten, daß die Europäer künftig in der Lage sein könnten, dieses Problem auch nur annähernd zu lösen. Angesichts des längst im Gange befindlichen demographischen Wandels wird die Bevölkerung in Europa unaufhaltsam weiter abnehmen. Während die europäische Durchschnittsfamilie vor fünfzig Jahren noch drei Kinder hatte, sind es heute statistisch nur 1,4. Jedoch wären 2,2 Kinder pro Familie nötig, um den Bestand der Bevölkerung zu sichern und zu erreichen, daß die Funktionsfähigkeit des Wirtschaftssystems auf dem erforderlichen hohen Niveau bewahrt und die Altersversorgung der nicht mehr im Berufsleben stehenden Menschen garantiert werden kann. Bei dem derzeitigen Trend wird die Bevölkerung Europas weiter vergreisen. Liegt das Durchschnittsalter der Europäer derzeit bei 37 Jahren (in den USA bei 36), wird es 2030 schon bei 41 Jahren angelangt sein. Die Bevölkerung der USA wird dagegen im

Jahre 2030 durchschnittlich nur wenige Monate älter sein als heute. Dieser Trend wird in den USA durch eine bewußte, auf geringes Alter, hohe Qualifikation und Lernbereitschaft zielende Zuwanderungspolitik noch unterstützt.

Alle Anzeichen deuten darauf hin, daß die Europäische Union nicht in der Lage sein wird, den demographischen Wandel zu meistern. Nach einer Studie der OECD vom Juni 2012 sind nahezu alle europäischen Länder von dem demographischen Niedergang betroffen, und es sieht nicht so aus, daß sich dieser problematische Trend ändern könnte. Die gravierendste Folge dieser Entwicklung liegt darin, daß den Volkswirtschaften der europäischen Staaten schon recht bald die zur Aufrechterhaltung der Wirtschaftsleistung notwendige Zahl von qualifizierten Arbeitskräften fehlen wird. Der demographische Wandel dürfte bereits in wenigen Jahren auf den Arbeitsmarkt durchschlagen. Die geburtenstarken Jahrgänge werden sich dann in den Ruhestand verabschieden, und der Nachwuchs, der aus den Schulen kommt, wird bei weitem nicht ausreichen, die Personallücken zu schließen. Große Probleme drohen zudem auch den Sozialkassen. Dieses Problem mit einer maßvollen Erhöhung des Renteneintrittsalters wenigstens zu mildern, erweist sich erfahrungsgemäß als politisch sehr schwierig, wie der Widerstand gegen die Rente mit 67 in mehreren Ländern zeigt. Aus wissenschaftlicher Sicht müßte man noch ein höheres Renteneintrittsalter, etwa die Rente mit 70, vorsehen, um die negativen Wirkungen auf den Arbeitsmarkt und vor allem auf die Sozialkassen wenigstens etwas abzufedern. Doch dies erscheint nicht durchsetzbar. Eine deutliche Verminderung des Wohlstands großer Teile der Gesellschaft in Europa sowie lang anhaltende und heftige Verteilungskonflikte sind damit vorprogrammiert. Auch im Hinblick auf den notwendigen Nachwuchs für die Streitkräfte als Machtfaktor hat diese abzusehende demographische Entwicklung tiefgreifende Konsequenzen. Es wird dann – schon mangels Personal – nicht mehr möglich sein, die bereits in den vergangenen zwei Jahrzehnten erheblich verkleinerten Armeen in den europäischen Ländern aufrechtzuerhalten. Die Truppenstärken werden weiter reduziert werden müssen.

Die Gründe für den beständigen Rückgang der Geburtenraten in den Ländern des Alten Kontinents sind vielfältig. Über mehrere Jahrzehnte hinweg veränderte Einstellungen zum Leben, die Möglichkeiten zur individuellen Geburtenkontrolle durch die neuen Mittel der Empfängnisverhütung, aber auch die abnehmende Bereitschaft der jungen Menschen, die mit der Elternschaft verbundene Verantwortung zu tragen, haben hier eine Rolle gespielt. Noch wichtiger scheint in diesem Kontext der Wunsch der Frauen in den europäischen Ländern zu sein, ohne Einschränkung am beruflichen Leben teilzunehmen und ihre persönliche Karriere nicht durch längere Unterbrechungen zu gefährden. Wie stark diese Lebenseinstellungen bislang gewirkt haben, läßt sich daran erkennen, daß vor allem die Frauen in hochqualifizierten Berufen, etwa im Bereich der Wissenschaft, besonders häufig kinderlos blieben. Es gibt keine Anzeichen dafür, daß sich dieser Trend ändern könnte. Darüber hinaus dürfte für die sinkenden Geburtenraten die Tatsache eine entscheidende Rolle spielen, daß die Institution der Familie ihren früheren Stellenwert verloren hat. Sie gilt als altmodisch und wird in vielen Ländern Europas von starken gesellschaftlichen Gruppen mit festgefügten ideologischen Vorstellungen mit allen Mitteln bekämpft. Die unsägliche Debatte in Deutschland über das Betreuungsgeld und die Krippenplatzpflicht zeigt dies ebenso wie die in vielen europäischen Ländern immer stärkere Herabsetzung der klassischen Ehe im Vergleich zu anderen Partnerschaftsformen. Man kann sich nicht einmal auf die höchsten Gerichte der großen europäischen Länder, wie z.B. Frankreich und Deutschland verlassen, wenn es gilt, ein so bedeutendes Kulturgut wie die klassische Ehe zu verteidigen. Die Mehrheit der Verfassungsrichter scheint den Kern dieses Kulturguts nicht zu erkennen und paßt sich ohne Not den stets präsenten Vertretern des sogenannten „Zeitgeistes" an. Und diejenigen Bürger, die an dem Modell der klassischen Familie festhalten und deren wichtige Funktion für das Wohlergehen der Gesellschaft verstanden haben, werden nicht selten diffamiert.

Die Tatsache, daß die wissenschaftlichen Erkenntnisse keinen Zweifel an der herausragenden Bedeutung der klassischen Familie für das Erwachsenwerden der Söhne und Töchter sowie für das Rollenverständnis von Vater und Mutter haben, wird zumeist geleugnet. Selbst die höchstrichterlichen Entscheidungen in mehreren Ländern der Europäischen Union über diese Problematik bieten hier keinen Schutz mehr. Die Richter kennen zwar die Verfassungs- und Gesetzestexte, übersehen aber immer häufiger, daß zu einem angemessenen Urteil mehr gehört, als diese Texte nach juristischen Prinzipien auszulegen. Sie lassen dabei nahezu regelmäßig elementare psychologische und pädagogische Erkenntnisse und Standards außer Acht. So spiegeln zahlreiche Urteile einen bemerkenswerten Mangel an Bildung jener Personen wider, die qua Amt für die Weiterentwicklung der Gesellschaft in Europa wichtige Weichen stellen.

In den meisten Fällen werden jene Kinder, die in nicht-traditionellen Partnerschaften aufwachsen, schwere Beziehungsprobleme haben und kaum in der Lage sein, ihre eigene Identität und eine normale Partnerschaft zu entwickeln. Die von diesen – fälschlicherweise als „fortschrittlich" bezeichneten – Veränderungen erfaßten Gesellschaften werden instabiler werden und dazu führen, daß sich der negative demographische Trend weiter verfestigt. Darüber hinaus bestätigen jüngste Umfragen immer wieder, daß viele Frauen das gesellschaftliche Mutter-Ideal fürchten. Sie wollen aber auch nicht als altmodisch gelten. Viele junge Menschen schrecken vor den Bindungen, Problemen und Pflichten, die eine Familie mit sich bringt, zurück. Es ist dabei bemerkenswert, daß sich diese Entwicklung zu einer Zeit vollzieht, in der die materiellen Voraussetzungen für die Erziehung von Kindern sehr viel besser sind, als jemals zuvor. De facto sind es vor allem soziale und kulturelle Rahmenbedingungen, von der Individualisierung der Gesellschaft bis zu den Flexibilitätsanforderungen, die junge Menschen davon abhalten, Eltern zu werden. Diese Tatsache unterstreicht zudem, in welcher Stimmung die Europäer in die nächsten zwei Jahrzehnte blicken.

Gewiß sind die veränderten Lebenseinstellungen der Menschen in Europa nicht vom Himmel gefallen. Insbesondere die von einflußreichen Intellektuellen und der Generation der 68er über mehrere Jahrzehnte hinweg sehr stark mitbestimmte Politik hat wesentlich zu dem charakteristischen gesellschaftlichen Wandel beigetragen. Die „Frankfurter Schule" lieferte hierfür weit über Deutschland hinaus die ideologische Begründung. Und wie man an der aktuellen öffentlichen Debatte in den europäischen Ländern, insbesondere auch in Deutschland ablesen kann, dürfte sich dieser Trend fortsetzen. Den meisten Menschen in Europa ist der damit verbundene kulturelle Niedergang nicht bewußt. Die nachfolgenden Generationen werden die Rechnung dafür bezahlen müssen. Denn der von der Politik forcierte Niedergang des Stellenwerts der klassischen Familie und der Mangel an einer ausreichenden Zahl von Kindern wird unerbittliche Konsequenzen haben. Mit den familienpolitischen Maßnahmen der letzten Jahre, z.B. finanziellen Zusatzleistungen, Steuererleichterungen und der Errichtung von Kindergärten läßt sich dieser Trend nicht mehr stoppen. Die bisherigen Erfahrungen mit solchen Maßnahmen in verschiedenen europäischen Ländern belegen dies. Gemäß den Statistiken von „Eurostat" wird die einheimische Bevölkerung in den europäischen Ländern schon in den nächsten zwei Jahrzehnten abnehmen, wobei die Abnahmequote mit jedem Jahr an Momentum gewinnen dürfte. Lediglich die Geburtenrate der muslimischen Bevölkerung in Europa folgt diesem Trend nicht. Dies sorgt dafür, daß sich die Zusammensetzung der Bevölkerung in Europa deutlich verschieben und vor allem in den städtischen Ballungsräumen zusätzliche Spannungen nach sich ziehen wird. In vielen Städten und Regionen werden die muslimischen Bewohner künftig die Mehrheit der Bevölkerung stellen.

Man kann den derzeit und auch in überschaubarer Zukunft sich vollziehenden Wandel in der Zusammensetzung der europäischen Bevölkerung nicht mit der Entwicklung gleichsetzen, die wir aus den Jahrzehnten nach dem Zweiten Weltkrieg kennen. Die damals zu beobachtenden Verschiebungen in der Bevölkerungsstruktur Europas ergaben sich aus den politischen und territorialen Veränderungen. Vor allem Deutsche, die aus den früheren Ostgebieten verdrängt wurden, aber auch Jugoslawen, Italiener und schließlich Türken, die als Arbeitskräfte in westeuropäischen Ländern willkommen waren, schlossen sich diesen Migrationsströmen an. Es handelte sich dabei allerdings weitgehend um eine Binnenwanderung, die aber – abgesehen von den muslimischen Türken – keine kulturellen Probleme mit sich brachte. Zudem ging man davon aus, daß viele dieser Migranten wieder in ihre Heimatländer zurückkehren würden, wenn man sie nicht mehr als Arbeitskräfte gebraucht hätte. Doch die Entwicklung verlief anders. Die meisten dieser Menschen blieben in den westeuropäischen Ländern.

Die zweite Migrationswelle nach Europa nach dem Zweiten Weltkrieg war die Folge des Zusammenbruchs des Britischen Weltreichs und des Französischen Kolonialreichs.

So kamen zahlreiche Inder und Pakistanis nach Großbritannien, während Frankreich viele Menschen aus Nordafrika aufnahm. Auch mit Blick auf diese Migrationswelle glaubte man zunächst, daß dies eine vorübergehende Erscheinung sein würde. Doch blieben die meisten Migranten in Europa. Sie zogen sogar Verwandte und Freunde nach. Dies führte dazu, daß sich etwa seit Mitte der 70er Jahre des vorigen Jahrhunderts

fremde Gemeinschaften in Europa etablierten. Die Folgen dieser Entwicklung und die deutlich höhere Geburtenrate in den fremden Gemeinschaften werden bis heute von den europäischen Regierungen unterschätzt. Es kommt hinzu, daß die von zahlreichen kriminellen Schlepperbanden illegal nach Europa geschleusten Menschen das Problem verschärft haben und wohl auch künftig weiter verschärfen werden. Bisher hat die Europäische Union keine annehmbare Lösung dieses Problems gefunden, und der politische Streit darüber läßt auch nicht erwarten, daß sich diese Situation in absehbarer Zukunft ändern könnte. Und schließlich hat die Zahl der Migranten, die in Europa Aufnahme suchen, deutlich zugenommen. Wenngleich die auf diese Weise nach Europa drängenden Menschen zumeist wegen der extrem schlechten wirtschaftlichen Verhältnisse oder wegen der Kriegshandlungen ihr Heimatland verlassen, hat ihre Zahl für die künftige Zusammensetzung der Bevölkerung in Europa doch ein erhebliches Gewicht. Politische Flüchtlinge kommen derzeit vor allem aus dem Nahen und Mittleren Osten und aus Afghanistan. Ihre Zahl dürfte mit den gewaltsamen Konflikten in der arabischen Welt und erst recht nach der erneuten Machtübernahme der Taliban in Afghanistan weiter stark ansteigen. Darüber hinaus dürfte der Zustrom von Migranten aus Afrika über das Mittelmeer noch deutlich zunehmen.

Nicht zuletzt ist im Zusammenhang mit den nach Europa kommenden Migranten das Faktum bedeutsam, daß diese Menschen grundsätzlich – unabhängig davon, ob sie politische Flüchtlinge sind oder nicht – von einflußreichen gesellschaftlichen Gruppen und Organisationen in den europäischen Ländern in juristischer und politischer Hinsicht unterstützt werden. Diese Organisationen instrumentalisieren dabei insbe-

sondere die Menschenrechte, wenn es darum geht, staatliche Maßnahmen gegen eine Aufnahme der Migranten abzuwehren oder zu unterlaufen. Die unvermeidbaren Folgen des Verhaltens dieser engagierten Gruppen und Organisationen für die künftige Zusammensetzung der Bevölkerung und die dadurch entstehenden Probleme werden dabei weitgehend
übersehen.

Das von den Menschenrechtsgruppen und anderen Organisationen
immer wieder gehörte Argument, die Zahl der Migranten nach Europa
sei angesichts des enormen Umfangs der Bevölkerung Europas von derzeit 507 Millionen Menschen sehr gering, mag auf den ersten Blick überzeugend klingen. Doch verbietet sich hier eine statische Betrachtungsweise. Allein in Afrika leben heute bereits mehr als 1,4 Milliarden Menschen, von denen viele die Sehnsucht teilen, nach Europa zu gelangen.
Zudem wird sich die afrikanische Bevölkerung in den kommenden zehn
Jahren verdoppeln und neue Migrationsbewegungen auslösen. Dabei verdient der unter den Migranten sehr hohe Anteil an Menschen aus der islamischen Welt nähere Betrachtung. Entsprechend den amtlichen Schätzungen der europäischen Regierungen leben in Deutschland derzeit ca.
4,5 Millionen Muslime, in Frankreich 7 Millionen, in Großbritannien 4
Millionen, in den Niederlanden 1 Million, in Belgien 1 Million, in Dänemark 0,5 Millionen, in Schweden 0,5 Millionen, in Italien 1,5 Millionen,
in Spanien 1,5 Millionen, in Griechenland 0,5 Millionen und in Österreich
ebenfalls 0.5 Millionen. Die Zahl der Muslime in Europa mag derzeit gegenüber der Gesamtzahl der Bevölkerung gering erscheinen. Leben derzeit etwa 25 Millionen Muslime in der Europäischen Union, so dürften
es im Jahre 2030 wohl weit mehr als 50 Millionen sein. Wenngleich die
muslimischen Gemeinschaften kein monolithischer Block sind, könnten
sie künftig in der Politik der europäischen Länder eine machtvolle Rolle
spielen. Die rasche Zunahme der muslimischen Bevölkerung und die gravierenden Folgen für die Zusammensetzung der Bevölkerung in Europa
lassen sich nicht bestreiten. Auch im Straßenbild europäischer Städte, in
den Schulen und Kindergärten fällt dieser Tatbestand immer mehr auf.
Bedeutsam ist in diesem Zusammenhang weniger das äußere Erscheinungsbild. Wichtiger erscheint vielmehr der Umstand, daß für die meisten Muslime die Religion und die damit verbundenen Traditionen einen

hohen Stellenwert besitzen. Die enorm angewachsene Zahl der Moscheen in den Ländern der Europäischen Union während der vergangenen zwei Jahrzehnte spiegelt dies wider. So stieg die Zahl der Moscheen in Frankreich in den letzten 20 Jahren von 270 auf 2600, in Deutschland gab es im Jahre 1990 ca. 750 Moscheen. Heute zählen wir bereits 2900. In Großbritannien wurden im Jahre 1990 ca. 500 Moscheen registriert. Derzeit zählt man dort 2000 Moscheen. In manchen europäischen Städten, von Birmingham bis Marseille und Lyon, sieht man schon heute mehr Moscheen als christliche Kirchen. Dabei muß man berücksichtigen, daß es verhältnismäßig mehr praktizierende Muslime gibt als Christen. Zwar ist auch unter den Muslimen der Trend zu beobachten, daß bei den höher Gebildeten und den beruflich besonders Erfolgreichen unter ihnen die Bindung an die Religion geringer erscheint. Doch die große Masse der Muslime ordnet sich sehr stark in den von den Imamen und Predigern vorgegebenen Verhaltenskodex ein.

Der mit der strengeren religiösen Ausrichtung der Imame und Prediger verbundene Trend zur gesellschaftlichen Abgrenzung der muslimischen Bevölkerung läßt sich längst nicht mehr leugnen und dürfte in den kommenden Jahrzehnten sicher anhalten. Er wird in der Zusammensetzung der Bevölkerung vor allem in den europäischen Städten immer deutlicher in Erscheinung treten. Viele Moscheen – vor allem in Deutschland, Frankreich und Großbritannien – haben sich in diesem Kontext zu gut organisierten Komplexen mit sozialen Diensten, insbesondere Schulen und Kindergärten sowie einem eigenen Rechtssystem entwickelt, die ständig weiter ausgebaut werden. Der Einfluß der Muslimbruderschaft und der Salafisten in diesen „Parallelwelten" hat in jüngster Zeit erheblich zugenommen und dürfte künftig noch stärker werden. Ihre Repräsentanten kümmern sich besonders um die in Europa geborenen Jugendlichen, die in manchen Städten bereits heute etwa 40 Prozent der jungen Generation stellen. Da sich diese Jugendlichen der Integration in die Aufnahmeländer häufig entziehen, zumeist eine schlechte Bildung und Ausbildung erfahren, im weiteren Verlauf ihres Lebens aber eine wesentlich höhere Geburtenrate aufweisen als die gleichaltrigen Jugendlichen der alteingesessenen Europäer, wird sich die Struktur der Bevölkerung in den kommenden Jahrzehnten rascher verändern, als viele Politiker in Europa heute noch glauben. Es wird dabei ein neues Proletariat entstehen, das viele neue Probleme mit sich bringt.

Während das Bild der streng muslimisch geprägten Gemeinschaften derzeit besonders aus den Banlieues in Frankreich, manchen Teilen von London und Birmingham, von Stockholm, Göteborg und Malmö oder Berlin und Köln bekannt ist, werden sich die damit verbundenen Probleme der gesellschaftlichen Abgrenzung, der Arbeitslosigkeit und der Armut weiter ausbreiten. Die europäischen Länder haben dieser Entwicklung kaum etwas entgegenzusetzen und werden wohl auch jene Muslime durch Auswanderung verlieren, die in Schule und Beruf erfolgreich waren und den streng muslimisch geordneten Gemeinschaften von Anfang an ferngeblieben waren. Über die veränderte Zusammensetzung der Bevölkerung hinaus wird die rapide Alterung der Gesellschaft in Europa große soziale Probleme mit sich bringen. Die zunehmende Altersarmut und die Schwierigkeit, die wachsende Zahl alter Menschen in menschenwürdiger Weise zu versorgen, beschäftigen uns schon heute. Vor dem Hintergrund der Tatsache, daß die steuer- und beitragszahlende Bevölkerung in Europa seit einigen Jahren beständig abnimmt und die extrem niedrigen Geburtenraten der alteingesessenen Bevölkerung sowie die steigende Lebenserwartung der Menschen den Generationenvertrag aus den Angeln heben, ist der Gedanke aufgekommen, die damit verknüpften Folgen mit einer zielstrebigen Zuwanderungspolitik nach dem erfolgreichen Muster der USA, Kanadas oder Australiens aufzufangen. Doch scheint dies den Europäern nicht zu gelingen. Die in jüngster Zeit seitens der EU-Staaten betriebene massive Werbung verhallt bei den Hochqualifizierten außerhalb Europas ungehört. Die weltweit verfügbaren Fachkräfte orientieren sich anders, als man in Europa hofft. Sie sehen die Europäische Union zu Recht nicht als attraktiven und aufstrebenden, die freie Entfaltung der Menschen fördernden Staatenverbund an. Sie fühlen sich vielmehr von zahlreichen Einschränkungen, bürokratischen Hemmnissen und negativen innergesellschaftlichen Perspektiven abgestoßen und wenden sich mit ihren zumeist hohen Qualifikationen in andere Regionen der Welt.

Inzwischen ist den Regierungen der EU-Staaten durchaus klar geworden, daß sich die Probleme der negativen demographischen Entwicklung nicht mit einer großzügigen Zuwanderungspolitik, die etwa Fragen der Qualifikation und der kulturellen Bindungen ausklammert, lösen lassen werden. Wenn der unvermeidbare Bevölkerungsrückgang auch nur teilweise aufgefangen werden soll, benötigt die Europäische Union jährlich weit mehr als eine Million Zuwanderer, die in den Wirtschaftsprozeß eingegliedert werden müssen. Diese enorm hohe Zahl der Zuwanderer würde große gesellschaftliche Spannungen verursachen, die zum einen aus der Zahl selbst, zum anderen aus dem Tatbestand hervorgehen, daß die meisten Zuwanderer aus dem muslimischen Kulturkreis kommen und mit ihrer Präsenz die Zahl der nicht ausreichend ausgebildeten und auch kaum motivierten Menschen nur vergrößern würden. Zudem wird es für die Regierungen der EU-Staaten angesichts der derzeit hohen Arbeitslosigkeit in der Europäischen Union kaum möglich sein, der Bevölkerung die Notwendigkeit umfangreicher Zuwanderung zu erklären. Schließlich kann man nicht leugnen, daß den Europäern selbst die Energie fehlt, die aktuellen Integrationsprobleme zu verkraften.

Gewiß gibt es in der Europäischen Union nur wenige Länder, die man als ethnisch homogen bezeichnen könnte. Die früher in den meisten Ländern lebenden Minderheiten waren zudem von ihrer äußeren Erscheinung, ihrer Mentalität und ihrer Herkunft nicht so weit entfernt von der alteingesessenen Bevölkerung. Sie bemühten sich darum, in ihrem Beruf Erfolg zu haben und sich in die vorgefundene Gesellschaft vollständig einzuordnen und entsprechend den Wertvorstellungen der Aufnahmeländer zu leben. Dies änderte sich seit den 70er Jahren des vergangenen Jahrhunderts in immer stärkerem Maße. Und heute zeigt ein Blick in die Schulen und Kindergärten Europas, daß die demographische Entwicklung auf dem Alten Kontinent in eine dramatisch veränderte Richtung geht. Ein enorm hoher Anteil der in den europäischen Ländern lebenden Minderheiten hegt andere Wertvorstellungen und Lebensweisen als die alteingesessenen Europäer. So wird Europa schon nach einer Generation völlig anders aussehen als heute.

Darüber hinaus können wir beobachten, daß die im Vergleich zu den alteingesessenen Europäern sehr hohe Geburtenrate der bereits in Europa lebenden muslimischen Bevölkerung das demographische Problem einmal mehr verschärft. Der damit kaum aufzuhaltende Wandel in der Zusammensetzung der Gesellschaft in den europäischen Ländern dürfte nicht nur die innergesellschaftlichen Spannungen dramatisch erhöhen, sondern langfristig auch dazu führen, daß angesichts des deutlich niedrigeren Niveaus in der Bildung und der beruflichen Qualifikation der Muslime die Fähigkeit Europas abnimmt, im internationalen Wettbewerb mitzuhalten. Besonders in den wirtschaftlich führenden Staaten Europas, wie z.B. Deutschland, Frankreich und Großbritannien wird dieser Aspekt des demographischen Wandels immer stärker zu spüren sein. Vor diesem Hintergrund dürfte es also nicht möglich sein, das Demographie-Problem der Europäischen Union auf dem Wege der Zuwanderung zu lösen. Gleichwohl wird die Zuwanderung – vor allem von Muslimen – nach Europa weiterhin stattfinden und die innergesellschaftlichen Konflikte erheblich verschärfen.

Mangelhafte Integration der Zuwanderer

In der Tat stellt die Integration großer Gruppen von Zuwanderern in die jeweilige Gesellschaft der 28 EU-Staaten ein schwieriges Problem dar. Es wäre dabei zu kurz gegriffen, diese Frage nur unter wirtschaftlichen Gesichtspunkten zu betrachten. Zum einen läßt sich die Zuwanderung nicht so präzise und wirksam steuern, daß sie den spezifischen Interessen der Aufnahmeländer entspricht. Zum anderen fallen in diesem Prozeß soziale, humanitäre und kulturelle Fragen ins Gewicht. Dabei sind es vor allem die tief verwurzelten kulturellen Bindungen, die es auch künftig erheblich erschweren, manche Gruppen von Zuwanderern in die jeweilige Gesellschaft einzuordnen und von ihnen zu verlangen, die Werthaltungen und Lebensformen in Europa zu respektieren.

Die Zuwanderung großer Menschengruppen nach Europa ist im Grunde nichts Neues. Sie gehört gleichwohl zu den auffälligsten Phänomenen unserer Epoche. Dabei sind die Herkunft der Menschen aus fremden Kulturen, ihre oft recht starke religiöse Bindung, ihre unterschiedliche Fähigkeit und Bereitschaft zur Integration und ihre charakteristischen Lebensgewohnheiten, aber auch die uneinheitliche Aufnahmepraxis der EU-Staaten wichtige Faktoren, die das Erscheinungsbild der Zuwanderung im westlichen Teil Europas kennzeichnen und wachsende

Probleme bereiten. Insbesondere erscheint die Tatsache bedeutsam, daß die Zuwanderer in fast allen Ländern der Europäischen Union zumeist aus der islamischen Welt kommen und in der Regel eine städtische Wohnbevölkerung bilden werden, die sich in bestimmten Ballungsräumen konzentriert.

Die demographischen Perspektiven europäischer Städte, in denen immer mehr Menschen nicht-europäischer Herkunft leben oder geboren werden, bereiten zunehmend Sorge. Dabei spielen die Verhaltensweisen von Zuwanderern mit religiös bestimmten Traditionen eine herausragende Rolle. Während die Hindus, Buddhisten und die Alewiten relativ rasch und reibungslos die neue Umgebung annehmen und die Grundlagen der europäischen Kultur bejahen, neigen viele arabische, türkische, kurdische und afrikanische Muslime sehr stark dazu, ihre religiös-kulturelle Identität zu betonen und sich deutlich von den gewachsenen Bindungen der einheimischen Bevölkerung abzugrenzen. Ihr Beharren auf der eigenen religiös-kulturellen Identität hat wesentlich dazu beigetragen, „Parallelgesellschaften" entstehen zu lassen. Dabei erscheint es auf den ersten Blick nur natürlich, daß die Neuankömmlinge die Nähe jener Menschen suchen, die ihrem eigenen Kulturkreis angehören, ihre Sprache sprechen und ihre religiösen Bindungen teilen. Es ist gleichwohl bemerkenswert, daß die muslimischen Zuwanderer wesentlich länger als andere Migranten in ihren jeweiligen Gemeinschaften bleiben oder es sogar strikt ablehnen, sich den Lebensweisen der alteingesessenen Bevölkerung ein Stück weit anzunähern. Ihre Sprachfähigkeit bleibt in der Regel gering. In vielen Zuwanderer-Familien wird nicht darauf gedrängt, daß die Jugendlichen die jeweilige Landessprache beherrschen und höhere Qualifikationen erwerben. Man schickt die Jungen zusätzlich in die Moscheen, um den Koran zu studieren, während den Mädchen oft verboten wird, nach ihrem 16. Lebensjahr die Schule zu besuchen oder sich gar für die Universität zu qualifizieren. Von den Repräsentanten der islamischen Verbände in den europäischen Ländern ist keine hinreichende Unterstützung zu erwarten, wenn die jeweiligen Regierungen versuchen, die Integration der Zuwanderer voranzubringen. Ihnen fehlt oft die Loyalität zu den einzelnen Ländern Europas. Diese Situation wird sich eher noch verschlimmern. Die Vertreter der türkischen Muslime in Europa fühlen sich vielmehr berufen, den türkischen Nationalismus zu stärken. Sie werden von der türkischen Regierung hierzu sogar aufgefordert.

So hat der frühere türkische Regierungschef Recep Tayyip Erdogan während seiner Reden vor 20.000 Türken am 10. Februar 2008 in Köln, am 27. Februar 2011 in Düsseldorf und am 24. Mai 2014 erneut in Köln freimütig bekannt, daß die europäische Form der Integration, die er als „Anpassung" und als „kulturelle Repression" versteht, ein „Verbrechen gegen die Menschlichkeit" sei. Damit machte Erdogan nicht nur klar, daß er die Existenz von „Parallelgesellschaften" befürwortet. Der führende türkische Politiker und derzeitige Präsident des islamischen Landes zeigte damit auch, daß er unter dem Begriff „Integration" oder „Menschenrechte" etwas völlig anderes versteht als wir Europäer. Diese Haltung unterstrich Erdogan auch anläßlich der Feiern zum 50. Jahrestag des deutsch-türkischen Anwerbeabkommens am 2. November 2011 in Berlin. Sein Vorwurf an die deutsche Seite, „wer Deutschkenntnisse zur wichtigsten Voraussetzung erklärt, verletzt die Menschenrechte", belegt einmal mehr, daß Erdogan das Wesen der Integration verkennt und einem gefährlichen Nationalismus das Wort redet. Mit seiner Rede anläßlich der Eröffnung der neuen türkischen Botschaft in Berlin am 30. Oktober 2012 hat Erdogan den nationalistischen Anspruch erneut untermauert. Er forderte „seine Landsleute" in Deutschland zwar auf, intensiv Deutsch zu lernen, gab ihnen aber auch zu verstehen, daß ihre wichtigsten Orientierungspunkte in den Werken türkischer Schriftsteller zu finden seien, die einem mächtigen türkischen Staat das Wort redeten. Wie zielstrebig Erdogan die Idee des streng islamisch geprägten Nationalismus verfolgt, wird in der Gründung des „Amtes für Auslandstürken" im Jahre 2010 deutlich. Das vom stellvertretenden Regierungschef geführte Amt hat die Aufgabe, ein zentral von Ankara geleitetes Netzwerk von Organisationen entstehen zu lassen, das Millionen von Türken in aller Welt zu einer schlagkräftigen Diaspora formen soll.

Wenngleich die Probleme der Integration muslimischer Bevölkerungsgruppen und Zuwanderer angesichts der Konzentration der Politik auf die Fragen der dramatischen Schulden- und Wirtschaftskrise in Europa etwas in den Hintergrund traten, werden sie sich doch nicht ausblenden lassen. Die Tatsache, daß die Integration wesentlicher Teile der muslimischen Bevölkerung in die europäische Gesellschaft nicht gelungen ist und angesichts der fehlenden Voraussetzungen auch gar nicht gelingen kann, sondern die Existenz von „Parallelgesellschaften" mit ihrem enormen Konfliktpotential vor allem in den Ballungsräumen immer wieder sichtbar wird, dürfte die öffentliche Debatte in Europa künftig noch stärker beschäftigen. Die Aufstände junger männlicher Muslime in den Banlieues von Paris, Marseille und Lyon, sowie in den Vorstädten von London, Birmingham, Stockholm und Malmö zeigen seit dem Jahre 2005 einen bedenklichen Trend an. Der hier entstandene Kult der Gewalt und des Verbrechens hat inzwischen so stark ausgeprägte Formen angenommen, daß es künftig immer schwieriger werden dürfte, Recht und Ordnung wiederherzustellen. Die charakteristischen Vorgänge in den Ballungsräumen mit einer zunehmenden Zahl von Muslimen weisen uns zudem auf gravierende soziale Probleme hin, die uns wohl langfristig begleiten werden.

Gewiß gibt es unter den schon längere Zeit in der Europäischen Union lebenden Muslimen und den Zuwanderern zahlreiche Menschen, die berufliche Erfolge vorweisen können. Unter ihnen befinden sich Ärzte, Architekten, Professoren, Lehrer, Publizisten, Rechtsanwälte, Politiker und Unternehmer. Dennoch läßt sich längst nicht mehr leugnen, daß die durch Zuwanderung und hohe Geburtenraten rasch wachsenden muslimischen Bevölkerungsgruppen in vielen Ländern der Europäischen Union große Probleme bereiten werden, weil nur relativ wenige Angehörige dieser Gruppen einen substantiellen Beitrag für das Wirtschafts- und Sozialsytem der betroffenen Länder leisten können. Denn nahezu zwei Drittel der nach Europa kommenden muslimischen Zuwanderer verfügen weder über eine abgeschlossene Schulbildung noch über eine ausreichende berufliche Qualifikation. Sie siedeln vor allem in den Großstädten, wo es bereits einen großen muslimischen Bevölkerungsteil gibt und bilden eine neue Unterschicht, deren Angehörige immer weniger die Chance haben, aus dem circulus vitiosus von Armut, Gewalt und fehlenden sozialen Perspektiven auszubrechen. Abgesehen davon, daß es bisher kaum pragmatische Ansätze gibt, diese spezifischen „Parallelgesellschaften" zurückzudrängen und die sozialen Probleme zu lösen, können wir etwa seit dem Jahre 2009 die Tendenz feststellen, daß selbst in den eher für ihre Toleranz bekannten Ländern wie Schweden, Dänemark, den Niederlanden und Norwegen politische Parteien immer größeren Zuspruch erhalten, die sich gegen die Zuwanderung insbesondere aus der islamischen Welt aussprechen. Die heute schon zu beobachtende soziale Dynamik im muslimischen Teil der Bevölkerung wird die Zukunft vieler Länder der Europäischen Union nachhaltig prägen. Vor allem die programmierten Mißerfolge der jungen Generation der Muslime in Schule und Beruf fallen hier ins Gewicht. Einem beachtlichen Teil der jungen Generation wird es auch künftig nicht gelingen, die Schule mit einem ordentlichen Abschluß zu verlassen oder die berufliche Ausbildung mit einer nutzbaren Qualifikation zu beenden. Die Gründe für diese problematische Entwicklung liegen nicht darin, daß es an Geld oder an Chancen fehlt. Vielmehr geben zahlreiche muslimische Eltern ihren Kindern kein Vorbild und keine hinreichende Unterstützung, um die Aufgabe der Integration in die Gesellschaft zu meistern.

So wünschenswert und notwendig eine gute Schulbildung und der anschließende berufliche Erfolg muslimischer Zuwanderer auch ist, dürfen wir dennoch nicht erwarten, daß damit eine Radikalisierung dieser Menschen und die Ausbreitung des strengen Islam in Europa gebannt werden könnte. Sogar die meisten Aktivisten des „heiligen Krieges" (Djihad) gegen den Westen kommen nicht aus den armen und ungebildeten Schichten. Sie waren und sind oft Angehörige der recht gut ausgebildeten Mittelschichten, die sich aber von dem westlichen Lebensstil abgestoßen fühlen und ihre stark religiös geprägte Lebensauffassung durchsetzen wollen. Sie lehnen es ab, sich zu integrieren und werden dabei von ihren zumeist streng islamisch orientierten geistlichen Führern ermutigt.

Diese charakteristische Entwicklung muß nicht unbedingt dazu führen, daß sich die dem radikalen Islam zuneigenden Muslime in Europa dem von zahlreichen unterschiedlichen Terrorgruppen propagierten „heiligen Krieg" gegen den Westen anschließen. Die überwältigende Mehrheit der nach Europa zugewanderten Muslime will nicht in terroristische Aktivitäten verwickelt werden. Es ist jedoch erwiesen, daß ca. fünf bis zehn Prozent dieser Zuwanderer ihre Sympathie für die „Djihadisten" ausgedrückt haben und viele gewaltbereite Muslime aus jenen

Gruppen hervorgehen, die sich der extrem strengen Ausrichtung des Islam verbunden fühlen. Die in jüngster Zeit auftretenden Auseinandersetzungen mit diesen Gruppen in fast allen Ländern Europas zeigen, wie schwierig es ist, diesen Trend unter Kontrolle zu bringen. Zwar pflegen sich die führenden Repräsentanten dieser Gruppen von terroristischen Anschlägen zu distanzieren. Eine Kooperation mit den staatlichen Sicherheitsbehörden wird von ihnen jedoch zumeist abgelehnt. Sie weigern sich in der Regel, Informationen zu geben, die den staatlichen Sicherheitsbehörden helfen könnten, obwohl sie wissen, daß nur wenige Terroristen genügen, um großen Schaden anzurichten.

Nicht zuletzt tragen die Bildungsbemühungen in den von Muslimen kontrollierten Schulen immer nachhaltiger dazu bei, die Abgrenzung zu den übrigen gesellschaftlichen Gruppen in den europäischen Ländern zu fördern. Dort wird nicht nur die Überlegenheit der islamisch geprägten Kultur herausgestellt, sondern der offenen Auseinandersetzung mit den westlichen Lebensweisen das Wort geredet. Zahlreiche türkische und arabische Fernsehsender unterstützen diesen Trend und beeinflussen ihre Zuschauer zunehmend auch in Bereichen, die in der täglichen Politik eine große Rolle spielen. Dabei werden Christen und Juden als Feinde bezeichnet und die Terroristen, die mit ihren brutalen Anschlägen am 11. September 2001 auf New York und Washington die westliche Welt erschüttert haben und den demokratischen Staat Israel bekämpfen, als große Helden verehrt.

Die allmähliche Herausbildung fremder ethnischer und kultureller Strukturen, erst recht aber gewaltsame Auseinandersetzungen führen bei vielen europäischen Bürgern zu Abwehrreaktionen, denen die Politiker zumeist ratlos gegenüberstehen. Dieser Trend erhält immer wieder neue Nahrung, da angesichts zunehmender Konflikte und politischer Umbrüche in Afrika, im Nahen Osten und in Asien eine große Zahl von Migranten aus der Dritten Welt nach Europa drängt. In diesem Kontext von einer Massenmigration und Überfremdung zu sprechen, erscheint den meisten Politikern zwar noch als eine Überzeichnung. Doch dank der von vielen Bürgern und großen gesellschaftlichen Gruppen geteilten Wahrnehmung einer bereits stattfindenden Massenmigration aus Ländern der Dritten Welt und der negativen Folgen dieser Entwicklung überrascht es nicht, daß in fast allen Staaten der Europäischen Union der

Streit um Restriktionen im Mittelpunkt der öffentlichen Debatten steht. Immerhin ist die europäische Mehrheitsbevölkerung niemals dazu befragt worden, ob sie große Gruppen von Zuwanderern in ihrer unmittelbaren Nachbarschaft aufnehmen will. Sie muß sich stattdessen ebenso beständige wie absurde Vorwürfe von Politikern, Intellektuellen und Journalisten anhören, daß die Schuld für die mangelnde Integration der Zuwanderer in erster Linie bei den europäischen Gesellschaften liegt. Nur wenige Kommentatoren wenden sich mit ihren Aussagen gegen die Repräsentanten des Mainstreams – wohl wissend, daß sie nicht viel gegen fest gefügte Ideologien ausrichten können, die sich in manchen gesellschaftlichen Milieus vor allem in Frankreich, Deutschland, Italien und Österreich herausgebildet haben. Der Streit über die Fragen der Zuwanderung wird sich in Zukunft noch verschärfen und eine Regelung der damit verbundenen Probleme in immer größere Ferne rücken lassen.

Darüber hinaus gelingt es einer wachsenden Zahl von illegalen Zuwanderern, die mit Hilfe von skrupellosen Schlepperbanden nach Europa kommen, in den von ihnen bevorzugten EU-Staaten unterzutauchen. Die Unfähigkeit der europäischen Länder, dieses Problem einvernehmlich zu regeln, dürfte auch in Zukunft eine Quelle des Streits zwischen den Regierungen bleiben. Die Zahl der illegalen Zuwanderer wird derzeit in Deutschland, Frankreich, Italien, Spanien und Großbritannien auf jeweils mehr als 500.000 und für Europa insgesamt auf etwa vier Millionen geschätzt. Die unablässig nachdrängenden illegalen Zuwanderer haben aber nicht nur eine neue Lohnsklaverei in einigen europäischen Ländern entstehen lassen. Mit den Migranten, die in Europa ihren Lebensunterhalt erwerben wollen, entwickelten sich auch neue Dimensionen der organisierten Kriminalität – von Drogenhandel über Prostitution bis zur Geldwäsche. Und schließlich gelangen auf dem Wege der illegalen Zuwanderung in einzelnen Fällen nachweislich auch Islamisten nach Europa, die zu gegebener Zeit von despotischen Regimen und Terrororganisationen eingesetzt werden können.

Die mit der illegalen Zuwanderung verknüpfte Entwicklung trägt sicher dazu bei, daß in mehreren europäischen Ländern jene politischen Parteien, für die sich die Bezeichnung „rechtspopulistisch" eingebürgert hat, einen wachsenden Zuspruch erhalten. Die Ergebnisse der Wahlen zum Europäischen Parlament am 25. Mai 2014 und der danach folgenden

Parlamentswahlen in einigen EU-Ländern weisen dies klar aus. Der schon heute beachtliche politische Einfluß dieser Gruppen, die sich vor allem gegen die weitere Zuwanderung von muslimischen Migranten wenden, dürfte in den kommenden Jahren noch zunehmen. Die Trends deuten klar darauf hin, daß solche politischen Parteien in einigen EU-Ländern eine Stärke gewinnen werden, die es nahelegt, sie an der Regierungsmacht zu beteiligen. Die Erfahrungen mit der Argumentation und der Vorgehensweise dieser Parteien, die bereit sind, die genuinen Lebensinteressen der einheimischen Bevölkerung in der Frage der Zuwanderung vor allem von Muslimen wirksam zu vertreten, zeigen uns bereits heute, auf welche politischen Konflikte sich die Europäische Union einstellen muß. So dürften Parteien wie die Front National in Frankreich, die Vlaams Belang in Belgien, die United Kingdom Independence Party in Großbritannien, die Alleanza Nazionale und die Lega Nord in Italien, die PVV in den Niederlanden, die FPÖ in Österreich, die Folkeparti in Dänemark, die Wahren Finnen in Finnland, die Demokratische Partei in Schweden und die Goldene Morgenröte in Griechenland auch künftig weiteren Zulauf erhalten. Die von dem Chef der PVV in den Niederlanden, Geert Wilders und von der Vorsitzenden der Front National in Frankreich, Marine Le Pen ins Leben gerufene Allianz gegen die EU-Kommission in Brüssel wird die Debatten innerhalb der Europäischen Union zusätzlich beflügeln. Es ist dabei weniger die Feindschaft gegenüber dem Islam, die den Widerstand gegen die Zuwanderung hervorruft, sondern die Sorge vieler Menschen in den europäischen Ländern, eines Tages „Fremde im eigenen Land" zu sein. Diese Menschen teilen nicht den Optimismus, der von führenden europäischen Politikern und vom Mainstream der veröffentlichten Meinung mit Blick auf die Zuwanderung verbreitet wird. Ihre Haltung dürfte sich in Zukunft noch weiter verfestigen, da sich die europäischen Länder nicht in der Lage sehen, die Integration der bereits in Europa lebenden Muslime zu erreichen und das Problem der illegalen Zuwanderung zu lösen. Für die Zukunft sind tiefgreifende soziale Spannungen und von zunehmender Gewalt begleitete Konflikte in einzelnen Ländern Europas vorprogrammiert.

In den kontroversen Debatten über diesen speziellen Aspekt der Zuwanderung und den getroffenen Maßnahmen spiegeln sich ein mangelnder Realismus vor allem im Hinblick auf die Begrenzbarkeit dieser Form der Migration und eine gewisse Unsicherheit der Europäer wider. In der Tat gilt es zu bedenken, daß bei der illegalen Zuwanderung vieler Menschen nicht allein die Realität kultureller Andersartigkeit der Migranten bedeutsam ist und Konflikte mit der einheimischen Bevölkerung insbesondere in regionalen Ballungsräumen und in vielen Städten heraufbeschwören kann. Ein ernstes Problem stellt auch die Tatsache dar, daß die weitaus meisten Zuwanderer nichts mitbringen, was ihnen bei der Integration in die Aufnahmeländer helfen könnte. Es kommen fast ausschließlich gering qualifizierte und zumeist gering qualifiziert bleibende Zuwanderer nach Europa. Ihre Motivation, die Lebensverhältnisse in ihren Aufnahmeländern zu akzeptieren und zu lernen, ist sehr gering. Auch die von außen angebotene Hilfe scheitert in den meisten Fällen. Die Migranten verbleiben in der Regel in ihren jeweiligen Milieus. Eine Kommunikation oder ein fruchtbarer Austausch mit der einheimischen Bevölkerung findet kaum statt. Und die Sprachkenntnisse der Migranten bleiben oft rudimentär. Vor diesem Hintergrund ist eine deutlich sichtbare Ghettobildung unausweichlich. Sie wird noch durch den enormen Einfluß der geistlichen Führer sowie die politischen, religiösen und kulturellen Botschaften der arabischen und türkischen Fernsehsender verstärkt.

Die Folgen der anhaltenden Migration nach Europa, von denen mittlerweile alle europäischen Länder mehr oder weniger stark betroffen sind, können eigentlich nicht länger ignoriert werden. Mit dem sicherlich weiteren drastischen Anstieg der Zahl und des Anteils der ausländischen Bevölkerung in den EU-Staaten dürfte sich in den vor uns liegenden Jahren die Frage des Zuzugs, der Integration und der Macht der politisch aktiven Minderheiten in neuer Qualität präsentieren. Es sieht nicht so aus, daß die EU-Staaten auf die damit verknüpften Herausforderungen angemessene Antworten finden werden. Wie die außerordentlich kontroversen Debatten über die Frage der Zuwanderung in den Ländern der Europäischen Union belegen, gibt es offenbar große Schwierigkeiten, die mit der Einordnung der Migranten verbundenen ethnisch-kulturellen Veränderungen bewußt anzunehmen.

Die in den Staaten der Europäischen Union geführten hitzigen Debatten zeigen zudem, daß zahlreiche politische Entscheidungsträger dazu neigen, selbst kaum bestreitbare Fakten der Zuwanderungsproblematik nur ungern zur Kenntnis nehmen. Sie folgen eher den Argumentationsweisen der in der Öffentlichkeit stets präsenten Vertreter der „politischen Korrektheit", ohne zu bedenken, daß mit deren ideologischen Festlegungen kein Erfolg bei der Integration muslimischer Zuwanderer zu erzielen ist. Und es ist zu erwarten, daß es auch künftig nicht gelingen wird, die Integrationspolitik auf eine solide Basis zu stellen.

Es kommt noch hinzu, daß angesichts der künftig zu erwartenden Zunahme der Anzahl unausgebildeter Menschen in den EU-Ländern nicht nur die Lücke zwischen den unteren und mittleren sozialen Schichten erheblich größer werden dürfte. Auch die Löhne und Lebensverhältnisse der zur Unterschicht zählenden einheimischen Bürger könnten ziemlich rasch weiter nach unten gezogen werden. Diese schon heute innerhalb der Europäischen Union zu beobachtende Tendenz wird durch die Entwicklungen in klassischen Einwanderungsländern bestätigt. So zeigen z.B. die in den USA gemachten – wissenschaftlich belegten – Erfahrungen, daß die Aufnahme zahlreicher unausgebildeter Zuwanderer soziale Konflikte verursachen kann, wenn es nicht gelingt, diese Menschen rasch in den Qualifikations- und Wirtschaftsprozeß zu integrieren. Insofern überrascht es nicht, daß man in den USA immer stärker darauf zielt, die Zuwanderung strikt zu regulieren. Die unterschiedliche Betroffenheit, geschichtliche Erfahrung und Verhaltensweise der EU-Staaten im Hinblick auf die Zuwanderung macht es zudem schwierig, in der Europäischen Union zu einer hinreichenden Harmonisierung der Zuwanderungspolitik zu gelangen. Einen gemeinschaftlichen Ansatz für die Regelung dieser bedeutsamen Frage gibt es nicht. Vielmehr können wir die fragwürdige Praxis beobachten, daß einige EU-Staaten ihre Probleme auf Kosten der anderen zu lösen versuchen.

Die unaufhaltsame illegale Zuwanderung vor allem aus Afrika und Asien dürfte die Europäische Union von innen heraus zunehmend gefährden. Es wird beinahe täglich aufs Neue bestätigt, daß die Regierungen der europäischen Länder mit ihren recht zögerlichen und oft widersprüchlichen Maßnahmen der facettenreichen Zuwanderungsproblematik nicht gerecht werden. Der Blick auf die öffentliche Diskussion in Europa und die Debatten im Europäischen Parlament offenbaren immer wieder, daß die Suche nach einer praktikablen Lösung der mit der Zuwanderung verknüpften Probleme im Widerstreit der Interessen innerhalb der Gesellschaften und zwischen den europäischen Staaten stecken bleibt. Angesichts der unterschiedlichen ideologischen Festlegungen einflußreicher gesellschaftlicher Gruppen und der meisten europäischen Regierungen haben die Europäer große Schwierigkeiten, die Problematik der Zuwanderung sachlich zu erörtern und eine tragfähige Grundlage für sinnvolles politisches Handeln zu schaffen.

Es dürfte wohl kaum gelingen, die Kontrolle über die Zuwanderung zurückzugewinnen. Zwar liegt es im wohlverstandenen Interesse der europäischen Staaten, eine begrenzte Zuwanderung zu fördern. Eine Steuerung im Sinne der Aufnahme hoch qualifizierter Zuwanderer dürfte es jedoch auch in Zukunft kaum geben. Vielmehr werden wir weiterhin beobachten können, wie konsequent zahlreiche Repräsentanten zumeist einflußreicher politischer Parteien und gesellschaftlicher Organisationen den illegalen Zuwanderern die Illusion vermitteln, daß alle Menschen aufgenommen werden, die sich von einer Migration nach Europa ihr wirtschaftliches Heil versprechen. Sie sehen dabei gar nicht, welche gravierenden Konsequenzen diese charakteristische und inzwischen fest etablierte Zuwanderung für Europa nach sich ziehen werden. Die meisten Politiker, Publizisten und Intellektuellen in Europa, sowie die veröffentlichte Meinung in den Massenmedien befinden sich dabei in einem eklatanten Gegensatz zu den Tatsachen und den Wahrnehmungen in der Bevölkerung. Eine Anpassung an die Realitäten ist unter den Repräsentanten der Politik und der Medien nicht zu erkennen. Vielmehr muß die Art und Weise, wie diese politischen und gesellschaftlichen Kräfte das Interesse verfolgen, ihre spezifische Sicht der Zuwanderungsproblematik gegen die große Mehrheit der Bevölkerung durchzusetzen, zusätzliche Konflikte hervorrufen. Wie in manchen anderen Bereichen auch, etwa in der Wirtschafts- und Sozialpolitik, stellen zahlreiche politische und gesellschaftliche Gruppen regelmäßig Forderungen auf Kosten Dritter, die durch keine demokratische Legitimation gedeckt sind und deren Verwirklichung die Stabilität der wirtschaftlich nur begrenzt leistungsfähigen Staaten in Europa gefährden können.

Vor allem aber bleibt die Tatsache bedeutsam, daß die Zuwanderer in ihrer Mehrzahl Muslime sind, die sich in zunehmendem Maße der Integration in die säkularen Verfassungsstaaten trotz aller Anstrengungen der Aufnahmeländer verweigern. Die bewußte Förderung dieses Verhaltens durch die zahlreichen muslimischen Geistlichen wird diesen Trend noch verstärken. Schon heute ist bei einem Gang durch verschiedene europäische Großstädte – von London bis Paris, von Brüssel bis Wien und von Berlin bis München – sichtbar, wie stark sich die Zusammensetzung der Bevölkerung verändert hat. Hier findet offenbar ein Transformationsprozeß statt, der vielen Regierungen in Europa noch gar nicht bewußt geworden ist. Inzwischen fordern die führenden Repräsentanten muslimischer Verbände und insbesondere die muslimischen Geistlichen die Europäer immer häufiger auf, diese Entwicklung hinzunehmen. Und manche von ihnen sprechen sogar offen die Erwartung aus, daß der Alte Kontinent in absehbarer Zeit islamisch sein wird. In der Tat läßt sich nicht bestreiten, wie massiv die Siedlungsräume der muslimischen Bevölkerung in den Ballungsgebieten Europas gewachsen sind. Die zunehmende Anzahl der Muslime und das politisch bewußte Auftreten ihrer führenden Repräsentanten werden Europa schneller verändern als viele Europäer heute ahnen. Denn anders als ein Teil der Migranten in früherer Zeit, etwa in den 50er und 60er Jahren des vorigen Jahrhunderts, werden die heutigen Zuwanderer nicht in ihre Herkunftsländer zurückkehren. Sie haben auch nicht die Absicht, ihre sozialen, politischen und kulturellen Einstellungen den im Zuge der Aufklärung entwickelten europäischen Gewohnheiten anzupassen. Sie werden vielmehr ihre Lebensweise durchzusetzen suchen. Schon heute entstammt in den europäischen Ballungsräumen fast die Hälfte der jungen Generation muslimischen Elternhäusern. In wenigen Jahren werden zahlreiche Städte Europas weitgehend ihren traditionellen Charakter verloren haben und durch die muslimische Mehrheitsbevölkerung geprägt sein. Europa wird daher im Laufe der vor uns liegenden zwei Jahrzehnte einen völlig anderen Charakter erhalten. Die mangelhafte Integration, das geringe Bildungsniveau, die hohe Arbeitslosenquote und die entsprechend große Armut dieses Teils der Bevölkerung wird die innergesellschaftlichen Konflikte vertiefen und erheblich zur Schwächung der Europäischen Union beitragen.

Kulturrelativismus

Die Aufnahme zahlreicher Zuwanderer aus fremden Ländern und Kulturen hätte nicht zwangsläufig die Tendenz zum Niedergang des Alten Kontinents verstärken müssen. In der Debatte über die Auswirkungen der Zuwanderung wird zumeist übersehen, daß die Aufnahme zahlreicher Menschen durchaus positive Wirkungen haben kann. Dies setzt allerdings voraus, daß die Aufnahmeländer – im konkreten Fall die Staaten der Europäischen Union – unisono mit Blick auf ihre eigene Kultur selbstbewußt und stark genug auftreten, um die Integration der Migranten und ihrer Nachkommen zu erreichen. Doch in Europa ist diese Aufgabe mißlungen. Hier fehlt es an dem nötigen Engagement für das eigene Wertesystem, an dem Selbstvertrauen, das der Vertretung dieser Werte und der darauf fußenden Gesetze zugrunde liegen muß. Es ist in diesem Zusammenhang bemerkenswert, daß die Aufnahme großer Gruppen von muslimischen Zuwanderern in anderen Regionen der Welt, wo es zur Normalität gehört, die eigene Kultur zu verteidigen, durchaus erfolgreich verlief. Anders als dort ließ man in der Europäischen Union zu, daß die muslimischen Zuwanderer die Integration vermeiden und Parallelgesellschaften bilden konnten. Diese problematische Entwicklung wird man im Wesentlichen wohl dem Tatbestand zuschreiben müssen, daß in Europa ein Kulturrelativismus Platz gegriffen hat, der insbesondere den muslimischen Zuwanderern das Gefühl vermittelte, sich über alles hinwegsetzen zu können, was zu ihren Lebensvorstellungen nicht paßte.

Die tiefen Gegensätze zwischen den islamischen Wert- und Rechtsvorstellungen und dem freiheitlich-demokratischen Wertesystem in den Staaten der Europäischen Union haben angesichts der wachsenden Zahl von Muslimen in Europa erheblich an Gewicht gewonnen. Dies gilt erst recht vor dem Hintergrund der Tatsache, daß die derzeit in den Mitgliedsstaaten der Europäischen Union lebenden etwa 25 Millionen Muslime (davon etwa 7 Millionen in Frankreich, jeweils etwa 4 Millionen in Großbritannien und Deutschland, etwa 1,5 Millionen in Spanien und in Italien) immer häufiger einer strengen Auslegung des Koran folgen und es ablehnen, sich vorbehaltlos in die säkularisierten Gesellschaften des Alten Kontinents zu integrieren und die jeweiligen Verfassungen der einzelnen Länder als für sich bindend anzuerkennen. Der Einfluß politisch bewußter geistlicher Führer, die sich unter Verweis auf Koran und Sunna gegen die Prinzipien und Forderungen der freiheitlichen Demokratie wenden, nimmt offensichtlich weiter zu. Sie sehen in der Dominanz westlicher Werte und des freiheitlichen Lebensstils die Gefahr der Abwendung der Muslime von der Religion und den Verlust ihrer religiös geprägten Kultur. Folgerichtig propagieren die Prediger eine spezifische Form des Islam, die keine Kompromisse, keine Anpassung erlaubt, sondern die strikte Beachtung der religiösen Schriften verlangt. Koran und Sunna bilden nach Auffassung der islamischen Gelehrten gemeinsam das jenseits aller Geschichte geltende, nicht hinterfragbare Wissen, dessen Kenntnis Allah, wie es im sogenannten Thronvers (Sure 2, 255) heißt, den Menschen zugedacht hat. Es kann daher aus der Sicht der Sachwalter der strengen Auslegung des Koran nicht in Betracht kommen, auf den Anspruch zu verzichten, im Besitz der einzig gültigen Wahrheit zu sein.

Die Sorge der Repräsentanten der strengen Form des Islam in Europa gilt in diesem Kontext nicht nur dem Verlust der Deutungshoheit des Diesseits und der Gefährdung der kulturellen Identität der Muslime. Sie befürchten auch, daß der Islam die immer wieder geforderte kritische historische Auseinandersetzung und die Relativierung seiner „Wahrheit" nicht ertragen würde und die Bindung der Menschen an die Religion gelockert werden könnte. Die Muslime in Europa befinden sich dabei in einem Konflikt zwischen dem Universalitätsanspruch des Religiösen im Islam und dem Universalitätsanspruch der aus den Wurzeln des jüdisch-christlichen Abendlandes hervorgegangenen freiheitlichen Kultur. Eben dies hat der frühere iranische Staatspräsident Mohammed Chatami (1997-2005) bereits im November 2005 im Berliner Wissenschaftskolleg deutlich hervorgehoben, als er klarstellte, daß Säkularität „ein historisch partikularer Zustand jüdisch-christlich geprägter Gesellschaften" sei, der auf die islamische Gesellschaft nicht übertragen werden könne. Zwar sei ein Dialog der Kulturen möglich. Einen Dialog der Religionen könne es aber nicht geben, da „der Islam die Wahrheit" sei und diese Wahrheit unbedingt verteidigt werden müsse.

Erstaunlicherweise nimmt man es in Europa hin, daß die in den europäischen Ländern entstandenen islamischen Organisationen alles daransetzen, ihrer strengen Interpretation des Koran Geltung zu verschaffen und die muslimische Welt von allen Entwicklungen abzuschotten, die sie für gefährlich halten. Die in diesem Sinne engagierten Lehrer und Prediger kämpfen mit zunehmendem Erfolg gegen die Verwestlichung der Muslime und gegen den universalen Geltungsanspruch politischer Prinzipien der freiheitlichen Demokratien. Sie sind inzwischen zu einem dynamischen Faktor in den europäischen Gesellschaften geworden. Wenngleich sich dieser Trend im Islam bereits in den 70er Jahren des vergangenen Jahrhunderts abzeichnete, haben nur wenige Wissenschaftler, wie etwa der Orientalist Bernard Lewis mit seinem Essay „The Return of Islam" von 1976, auf dieses bedeutende Phänomen hingewiesen. Ihre Stimmen blieben jedoch außerhalb eines kleinen Teils der Wissenschaft und Publizistik ungehört.

In Europa findet bis heute die Tatsache wenig Beachtung, mit welcher Entschlossenheit und mit welchem Geschick die Repräsentanten der strengen Interpretation des Islam ihre Ziele zu erreichen suchen. So werden die mit den freiheitlichen Verfassungen gegebenen Spielräume konsequent genutzt, um den Rechtsstaat mit seinen eigenen Mitteln zu bezwingen und Schritt für Schritt die mit der Religion begründeten Forderungen durchzusetzen. Mit bemerkenswerter Beharrlichkeit vertreten die muslimischen Geistlichen und Verbandsfunktionäre ihren Anspruch auf die Verbreitung ihrer strengen Lehren, die Gewährung von Sonderrechten und die Bewegungsfreiheit ihrer Organisationen. Sie lehren und tun genau das Gegenteil von dem, was die Integration der Muslime in die europäischen Gesellschaften verlangt. Sogar die Forderung, die Rechtsgrundlagen der europäischen Demokratien an die islamrechtlichen Vorschriften gemäß der „Scharia" anzupassen, wird längst erhoben. Und wenn sich Widerstand regt, ist man mit dem Vorwurf der „Diskriminierung" schnell bei der Hand – wohl wissend, daß man hierfür Zuspruch von zahlreichen Intellektuellen, Politikern und Publizisten erhält. Selbst auf die Unterstützung von kirchlichen Würdenträgern können die Repräsentanten der strengen Form des Islam in Europa zählen. So hatte der Erzbischof von Canterbury Anfang 2008 in einer Rede vor britischen Juristen vorgeschlagen, mindestens Teile der „Scharia" gelten zu lassen. Er setzte sich damit nicht nur über fundamentale Prinzipien im britischen Rechtssystem hinweg, beispielsweise die Gleichheit vor dem Gesetz, sondern legte auch in bemerkenswerter Arroganz offen, daß ihn das

Schicksal der Schwächsten im muslimischen Teil der Gesellschaft kaum interessiert.

Dank derart bedenklicher Rahmenbedingungen in Europa und ihrer gut ausgebildeten Juristen scheuen jene islamischen Verbände, die eine radikale Form des Islam vertreten, längst nicht mehr vor einem Rechtsstreit zurück, wenn es gilt, religiös bestimmte Zentren und Internate zu betreiben oder gegen journalistische Kritik vorzugehen. Selbst die Meinungs- und Pressefreiheit stellt man in Frage, wie schon die teilweise gewalttätigen organisierten Reaktionen auf die dänischen Mohammed-Karikaturen sowie auf den wissenschaftlichen Vortrag Papst Benedikts XVI. in Regensburg deutlich machten. Das Vorgehen der meisten führenden Vertreter des organisierten Islam in Europa zeigt in diesem Zusammenhang immer wieder, daß sie den Koran und die darauf beruhenden Rechtsvorschriften höher einstufen als die Verfassungen der europäischen Länder. Sie lehnen es ab, sich mit der jüdisch-christlich geprägten Tradition der Toleranz und der Religionsfreiheit in Europa zu arrangieren und eine differenzierte Betrachtung der Religion zuzulassen. Und angesichts der vielfach zu beobachtenden Weigerung der Europäer, ihre eigene Identität und die in einem Jahrhunderte währenden Ringen erreichten Errungenschaften der Aufklärung zu verteidigen, darf man sich in Europa nicht wundern, daß die von der Überlegenheit des Islam überzeugten Muslime jeden Respekt verlieren. Dies zeigte sich erneut in der willfährigen Reaktion der Europäer auf die islamistische Lesart von Meinungs- und Kunstfreiheit, der zufolge diese nicht für die Darstellung des Propheten Mohammed oder anderer islamischer Glaubensinhalte gelten dürfe, von der sich die Muslime beleidigt oder gedemütigt fühlen könnten. Die Eilfertigkeit, mit der die meisten europäischen Politiker und Publizisten im September 2012 versucht haben, den primitiven amerikanischen „Schmähfilm“ über den Propheten Mohammed verbieten zu lassen, konnte die inszenierten Gewaltexzesse in den islamischen Ländern keineswegs verhindern. Vielmehr hat das „Appeasement“-Verhalten der Europäer das Erpressungspotential islamistischer Kräfte erheblich erhöht.

Die Zerstrittenheit und die häufig zu beobachtende Ratlosigkeit der Europäer in ihrem Verhältnis zum Islam spiegeln wider, wie wenig in weiten Kreisen der Gesellschaft verstanden worden ist, daß wir einer historisch bedeutsamen Herausforderung gegenüberstehen, die keineswegs auf die besonders ins Auge fallenden Terrorakte einiger islamischer Fundamentalisten beschränkt bleibt. Sie ist vielmehr grundsätzlicher Natur. Bislang hat noch keine europäische Nation eine ausreichende Antwort auf die Herausforderung einer gut organisierten, rasch wachsenden und entschlossenen muslimischen Minderheit gefunden, die einen mit den Werten der Demokratie und den Prinzipien des freiheitlichen Verfassungsstaates kaum zu vereinbarenden „islamischen Lebensstil" erzwingen will. Viele Europäer wollen offenbar nicht wahrhaben, daß die Repräsentanten der radikalen Form des Islam meinen, was sie sagen, wenn sie jeden Ansatz historischen Hinterfragens ablehnen und die Muslime in Europa dazu drängen, der strengen Auslegung des Koran zu folgen und dem damit verbundenen Lebensstil die Treue zu halten. Im Zuge der politischen Auseinandersetzung über diese Problematik fallen nicht nur die ausgeprägte Beratungsresistenz zahlreicher Politiker und die geringe Lernbereitschaft in den Medien sowie in manchen gesellschaftlichen Gruppen auf. Sie lassen sich lieber von Intellektuellen leiten, die sich anmaßen, die Welt erklären zu können, aber de facto von den tatsächlichen Vorgängen sehr geringe Kenntnisse haben. Es zeigt sich hierbei auch ein erheblicher Mangel an Geschichtsbewußtsein und an politisch-strategischem Denken in Europa, aus dem die Repräsentanten der strengen Form des Islam Vorteile ziehen. Ihnen kommt die Tendenz der Europäer zur Selbsttäuschung und zur Relativierung ihrer kulturellen Werte sehr entgegen.

Die politisch bewußten und kenntnisreichen, zum islamischen Fundamentalismus neigenden geistlichen Führer in Europa sehen an den innereuropäischen Debatten recht gut, wo sie ansetzen müssen, um die eigenen politischen Ziele zu erreichen. Sie profitieren dabei offensichtlich von dem ausgeprägten Kulturrelativismus und der häufig absurden Argumentation zahlreicher Intellektueller, Politiker und Publizisten, die Schuld für die Probleme des Zusammenlebens den europäischen Gesellschaften und jenen geschichtsbewußten Politikern zuzuweisen, die bereit sind, die Herausforderung anzunehmen. Die oft grotesken Vorwürfe seitens vieler Repräsentanten der Politik und der Medien an die Adresse der verfassungstreuen und an den Traditionen der europäischen Aufklärung festhaltenden Eliten sind aber nicht nur naiv und fahrlässig, sondern in hohem Maße gefährlich. Denn die Vertreter des Kulturrelativismus verharren gleichsam in einer „zweiten Realität", einem geschlossenen System von Ideologemen, und merken gar nicht, wie sehr sie Europa von innen heraus schwächen. Selbst schreckliche Gewalttaten von Muslimen, wie beispielsweise die bestialische Ermordung des niederländischen Filmregisseurs Theo van Gogh am 2. November 2004 auf offener Straße in Amsterdam und die Morddrohungen gegen engagierte Demokraten in vielen europäischen Ländern konnten die Vertreter des Kulturrelativismus bisher nicht von ihren realitätsfernen Vorstellungen abbringen. Sie vergrößern durch ihr Zurückweichen, durch die Leugnung konkreter Gefahren und die Verneinung berechtigter Interessen der großen Mehrheit der Europäer – einschließlich der aufgeklärten und integrierten Muslime – das ohnehin hohe Erpressungspotential jener machtbewußten Funktionäre der strengen Form des Islam, die sich der vorbehaltlosen Einordnung in die säkularen europäischen Gesellschaften widersetzen. Angesichts des äußerst fragwürdigen Verhaltens einer großen Zahl von Intellektuellen, Politikern und Publizisten im Hinblick auf die Verteidigung des freiheitlichen Verfassungsstaates und der darauf beruhenden Erfolge des organisierten strengen Islam in Europa müssen wir davon ausgehen, daß die islamischen Verbände immer stärker an der Identität des freiheitlich-demokratischen Europa rütteln werden. Längst gibt es trotz der intensiven Bemühungen um Integration viele Bereiche, in denen die in Europa lebenden Muslime nicht nur ihr „Anderssein" gegen die Verfassung und die Gesetze ihrer Gastländer praktizieren und damit den innergesellschaftlichen Frieden gefährden. In vielen Städten hat die Stärke radikaler islamischer Gemeinschaften sogar schon das kritische Maß überschritten, bei dem für die Annahme von Prinzipien und Werten der Mehrheitskultur offenbar die Anreize fehlen. Darüber hinaus streben islamische Organisationen auch im Bereich der Außen- und Sicherheitspolitik Ziele an, die sich nicht mit den vitalen europäischen Interessen vereinbaren lassen. Vor diesem Hintergrund ist es umso bedauerlicher, daß der politisch engagierte strenge Islam in Europa heute – wie einst der Kommunismus – auf viele Menschen zählen kann, die das Gefahrenpotential dieser Bewegung nicht erkennen. Doch gibt es dabei einen wesentlichen Unterschied: Während diese Leute einst auftraten, als der Kommunismus seinen Elan schon verloren hatte, wirken die heute in dieser Hinsicht agierenden Kräfte in einer Epoche, in der die islamischen Organisationen ihre Dynamik erst noch entfalten.

Der ausgeprägte Kulturrelativismus und die gleichzeitig auftretende enorm hohe Mobilisierungsfähigkeit vieler muslimischer Geistlicher und Prediger bergen in der Tat große Gefahren für Europa. Die Repräsentanten der strengen Form des Islam haben nicht nur in Fragen der Religion klare Vorstellungen, die offensiv vertreten werden. Sie propagieren auch in allen politischen Fragen eine deutliche Position, die sich zumeist gegen die genuinen Interessen der Europäer richten. Ihre Publikationen und ihre Reden sind voll von antidemokratischen und antisemitischen Aussagen, der Verehrung muslimischer Selbstmordattentäter und vielfach wiederholten Aufforderungen an die Gläubigen, das in den europäischen Ländern in vielen Jahrhunderten gewachsene und tradierte politische System zu überwinden. Dank des in Europa vorherrschenden Kulturrelativismus wird das in den Aktivitäten der geistlichen Führer des strengen Islam und deren Gemeinschaften liegende Gefahrenpotential immer noch unterschätzt. Die in den letzten Jahren spürbare Schwächung der Demokratie und der schleichende Verlust der Deutungshoheit über das, was die freiheitlich-demokratischen Verfassungen und die Errungenschaften der Aufklärung ausmachen, kennzeichnen die neue Situation, die den westlichen Universalismus auf eine ungewohnte Probe stellt. Die Europäer haben jedenfalls die Auseinandersetzung mit der islamischen Herausforderung bislang nicht bestanden, und es gibt keinen Hinweis darauf, daß dies in absehbarer Zukunft anders sein könnte.

Die geistigen Ermüdungserscheinungen in Europa und der damit eng verknüpfte Kulturrelativismus werden weitreichende Konsequenzen haben. Die Europäer werden damit leben müssen – allein schon aufgrund der Tatsache, daß die muslimischen Zuwanderer in Europa bleiben und sich künftig erst recht in ihren rasch wachsenden Gemeinschaften fest etablieren werden.

Dominanz der Ideologie des Wohlfahrtsstaates

Abgesehen von den Problemen, die sich durch das Fehlen einer angemessenen Antwort auf die islamisch-fundamentalistische Herausforderung ergeben, zeigen die Europäer auch im Bereich der Wirtschafts- und Sozialpolitik einen deutlichen Mangel an freiheitsorientiertem Denken. Gewiß war es eine große und nachhaltig wirkende Leistung mehrerer Nachkriegsgenerationen in Europa, demokratisch strukturierte Gesellschaften zu schaffen und dabei die Extreme von Reichtum und Armut in Grenzen zu halten. Soziale Maßnahmen vielfältiger Art und die Zügelung der Marktwirtschaft sollten die innergesellschaftlichen Spannungen, die im Europa der Vorkriegszeit vorherrschten und für Konflikte sorgten, künftig vermeiden. Mehrere Jahrzehnte haben diese Bemühungen in den Staaten Europas – wenn auch mit unterschiedlichem Erfolg – dazu beigetragen, den sozialen Frieden zu sichern und auch die zwischenstaatlichen Beziehungen auf eine neue Grundlage zu stellen. Dies konnte allerdings nur gelingen, weil die Vereinigten Staaten von Amerika einen sehr wirksamen Schirm militärischer Macht über uns Europäer aufspannten und bezahlten. Und obwohl die Staaten der Europäischen Union heute immer weniger Geld für ihre Streitkräfte ausgeben, um sich selbst zu schützen und der Außenpolitik ein nützliches Instrument an die Hand zu geben, ist das wohlfahrtsstaatliche System an die Grenzen seiner Bezahlbarkeit gekommen. Seine politische Ökonomie beruhte nämlich auch auf einem permanenten und substantiellen Wirtschaftswachstum. Diese Grundlage gibt es schon lange nicht mehr. Zwar wird dieser Tatbestand noch immer von vielen Politikern, Publizisten und Intellektuellen verdrängt. Doch wird von Tag zu Tag in Europa fühlbarer, daß die in den letzten Jahren tonangebenden Generationen vor allem in den südeuropäischen Ländern durch ihre fehlgeleitete wohlfahrtsstaatliche Politik die Zukunft ihrer Kinder verspielt haben. Auch die wenigen zaghaften sozialpolitischen Veränderungen werden den Trend nicht stoppen können. Vielen Menschen ist nicht bewußt, daß Europa mit seinen 507 Millionen Bürgern derzeit etwa sieben Prozent der Weltbevölkerung umfaßt, aber für 50 Prozent der weltweiten Sozialausgaben steht. Sie glauben, es gebe eine Garantie dafür, daß die Demokratien immer in der Lage sein werden, für das Wohl ihrer Bürger Sorge zu tragen. Die Notwendigkeit, sich den kommenden Herausforderungen der Globalisierung zu stellen, spricht kaum jemand an. Das Festhalten am alten wohlfahrtsstaatlichen System wird jedoch dazu beitragen, daß Europa seine Wettbewerbsfähigkeit auf dem Weltmarkt verliert. Dies wird die ohnehin schon schwierige Lage des Staatenverbundes einmal mehr verschlimmern.

In vielen Ländern der Europäischen Union geht die Tendenz dahin, den Bürgern die Zukunftsperspektiven aus den eigenen Händen zu nehmen und sie entsprechend dem Leitmotiv der Gleichheit immer stärker staatlichen Regulierungen zu unterwerfen. Dieses Problem ist durchaus nicht neu. Schon der französische Historiker Alexis de Tocqueville (1805 – 1859) hatte den egalitären Etatismus als Bedrohung der Freiheit erkannt und in seinem berühmten Werk „De la démocratie en Amérique" die Orientierung am Prinzip der Gleichheit als äußerst problematisch kritisiert.

Ein Blick auf die aktuelle politische Landkarte Europas zeigt, wie weit der Siegeszug der etatistischen Denkweise schon geht, die den Bürger zum Empfänger staatlich verteilter Wohlfahrt macht und seinen Willen zur eigenständigen Daseinsvorsorge beständig reduziert. Vor allem in der Euro-Zone scheint es schwierig zu sein, aus der weitverbreiteten staatsbezogenen Haltung auszubrechen. Dort wird die einseitig an den Prinzipien der Gleichheit und der Verantwortungslosigkeit für sich selbst orientierte Denkweise von vielen Politikern und einem Großteil der Journalisten immer stärker propagiert und dem Staat die Aufgabe zugewiesen, die Bürger von allen möglichen Gefahren abzuschotten.

Die Auseinandersetzung um die Rolle des Staates und das Verhalten der Bürger mit Blick auf die Wirtschaft, die Strukturen des Arbeitsmarktes und die sozialstaatlich ausgerichtete Politik hat in der Europäischen Union angesichts der ungelösten Krisen eine enorme Intensität angenommen. Es läßt sich in diesem Zusammenhang kaum bestreiten, daß sich der Wille und die Fähigkeit der Europäer zur Langfristorientierung in der gegenwärtigen Epoche deutlich abgeschwächt haben. Alles deutet darauf hin, daß dieser Trend anhalten wird. Dabei verweigern sich die meisten Europäer den von der Globalisierung gesetzten Fakten und folgen immer noch jenen Intellektuellen und Politikern, die ihnen uneinlösbare Versprechungen machen und die utopische Vorstellung von einer neuen Weltmacht nähren. Der gesellschaftliche Einfluß der im Denken des 19. Jahrhunderts Zurückgebliebenen bewirkt, daß die Unfähigkeit zur Eingrenzung des überkommenen Wohlfahrtsstaates festgeschrieben wird. Selbst zaghafte Ansätze zur dringend notwendigen Veränderung werden in manchen Staaten der Europäischen Union – z.B. in Deutschland und Frankreich – in rigoroser Weise diffamiert und meist recht schnell wieder zurückgenommen. Dabei erlauben sich auch zahlreiche Vertreter der Massenmedien eine Ignoranz der Wirtschaft gegenüber, die vor dem Hintergrund der vielfach angebotenen Expertise von Wissenschaftlern und ökonomischen Entscheidungsträgern erstaunlich ist. In diesem Kontext können wir beobachten, daß oft sogar die Legitimität demokratischer Entscheidungsprozesse und das Prinzip der repräsentativen Demokratie in Frage gestellt werden. Doch dürften die Auswirkungen der wirtschaftlichen Krise künftig noch schärfer zutage treten und für weitere Konflikte sorgen.

An dem Verhalten der europäischen Staaten in der Schuldenkrise können wir ablesen, wie realitätsfern die meisten Regierungen in Europa handeln. Nachdem viele Länder über mehrere Generationen hinweg für den schuldenfinanzierten Wohlfahrtsstaat mehr Geld ausgegeben als sie über die ohnehin schon hohen Steuern eingenommen haben, sucht man weiter nach Wegen, um den notwendigen Korrekturen zu entkommen. Vor allem nach der Machtübernahme der Sozialisten in Frankreich nach den Wahlen im Mai/Juni 2012 und seit dem zunehmendem Widerstand gegen die geforderte Reformpolitik in Griechenland, in Portugal, in Spanien und Italien drängen starke Kräfte in der Europäischen Union zur Vergemeinschaftung der Schulden, zu Euro-Bonds und anderen höchst problematischen Maßnahmen. Zwar sehen viele Akteure durchaus die Risiken der außer Kontrolle geratenen Fiskalpolitik und zeigen dabei auf das besonders bedrängte Griechenland, doch steht das europäische Wohlfahrtsmodell insgesamt auf dem Prüfstand. In diesem Zusammenhang erscheint es zudem besonders prekär, daß mit dem Machtwechsel in Frankreich und mit dessen Schwäche das alte Thema der herausragenden wirtschaftlichen Leistungsfähigkeit Deutschlands erneut auf die Tagesordnung gekommen ist. Glaubte man dieses politisch-psychologische Problem mit der Abschaffung der D-Mark und der Einführung einer Gemeinschaftswährung gelöst zu haben, so zeigt sich nun, daß die unterschiedlichen Herangehensweisen der einzelnen Nationen, sowie die Heterogenität der wirtschaftlichen Verhältnisse und der Lebensart in den europäischen Ländern die Frage der Macht nur auf eine andere Ebene verschoben hat. Mit ihrem wirtschaftlich gut begründeten Streben nach Schuldenabbau, mehr Haushaltsdisziplin und nachhaltigen Strukturreformen sieht sich die Regierung der Bundesrepublik Deutschland harter Kritik seitens der südeuropäischen Länder und gelegentlich sogar einer gewissen Feindseligkeit ausgesetzt.

Bei dem Versuch der von der Schuldenkrise besonders stark betroffenen Länder, den unangenehmen Reformen zu entfliehen und die Lasten auf andere abzuwälzen, wird zudem die Leistungsfähigkeit Deutschlands weit überschätzt. Man blendet dabei geflissentlich aus, daß die finanziellen Mittel erst erwirtschaftet werden müssen und übersieht, daß auch Deutschland Schulden in Billionenhöhe hat. Die Neigung, notwendige Reformen zu verschieben und mit den enormen Schulden zu leben, ist groß. Die ideologischen Fixierungen der meisten Regierungen in der Euro-Zone erweisen sich als so tief verankert, daß auch die Lehren aus dem griechischen Drama nichts fruchten. Zwar haben die Regierungen der EU-Staaten einen Fiskalpakt geschlossen. Sie lassen es aber zu, daß seine mögliche Wirkung in der Praxis verpufft. Man hält trotz der immer wieder gegebenen Versprechen, die Staatsschulden zügig zu verringern und Reformen einzuleiten, an der althergebrachten Sozialpolitik fest. Und selbst in der Bundesrepublik Deutschland wird es keine der im Deutschen Bundestag vertretenen politischen Parteien wagen, von den wohlfahrtsstaatlichen Usancen abzuweichen. Mit der Bildung der Großen Koalition aus CDU, CSU und SPD nach den Bundestagswahlen vom 22. September 2013 wird das wohlfahrtsstaatliche Denken und Handeln sogar weiter zunehmen. Dieser Trend zu einer „rückwärtsgewandten Politik" ist bereits anläßlich der Übergabe des Gutachtens zur Wirtschaftsentwicklung am 13. November 2013 zu Recht vom Sachverständigenrat kritisiert worden. Die Nachgiebigkeit der Unionsparteien gegenüber den extremen sozialpolitischen Forderungen des kleineren Koalitionspartners bei der Festlegung des Programms für die aktuelle Legislaturperiode lenkt die Politik in die falsche Richtung. Ein sinnvolles strategisches Konzept auch mit Blick auf Europa enthält dieses Programm nicht. Darüber hinaus dürfte es die Bundesregierung in Berlin angesichts der von ihr im eigenen Lande forcierten Sozialleistungen und der staatlichen Eingriffe in das Arbeitsrecht künftig schwerer haben, das Verhalten anderer Mitgliedsstaaten der Europäischen Union zu beanstanden. Die auch auf Deutschland ausstrahlende negative Entwicklung der Wirtschaft in den Krisenstaaten der Europäischen Union wird derzeit noch von der Bundesregierung in Berlin durch Zweckoptimismus überdeckt. Doch wird sich dies nicht mehr lange durchhalten lassen.

Die nationalstaatlich motivierten Forderungen an Deutschland sind zudem ein Beleg dafür, daß die Europäische Union nicht funktioniert. Alles deutet darauf hin, daß dieser Trend anhalten wird. Jedes Land argumentiert und handelt bei diesem Streit streng in seinen eigenen nationalen Grenzen. Da eine europäische Öffentlichkeit fehlt, dürfte es den Deutschen auch künftig nicht gelingen, ihre Positionen und Interessen in den jeweiligen nationalen Debatten hinreichend zur Geltung zu bringen. Dies erlaubt es dem französischen Präsidenten, an der Realitätsverweigerung festzuhalten und seinen Bürgern neue staatliche Wohltaten zu versprechen und so zu tun, als könne man diese ohne Probleme finanzieren. In der vagen Hoffnung auf neue Zwangsabgaben der „Reichen" wird der öffentliche Dienst weiter aufgebläht, der verkrustete Arbeitsmarkt nicht reformiert, der rigide Kündigungsschutz, die 35-Stunden-Woche und die Rente mit 62 beibehalten. Die an sich schon hohe Arbeitslosigkeit von mehr als 10 Prozent in Frankreich dürfte unter diesen Bedingungen weiter steigen, die ohnehin schwache Investitionsbereitschaft und Wettbewerbsfähigkeit der Wirtschaft abnehmen. Zudem wird das niedrige Renteneintrittsalter dem Arbeitsmarkt zusätzlich Facharbeiter entziehen. Es wird für die französische Regierung darüber hinaus immer schwerer werden, die extrem hohe Staatsverschuldung und das Haushaltsdefizit abzubauen. Unter diesen Umständen werden nicht nur die Sozialversicherungssysteme in Frankreich unter zunehmenden Druck geraten und die Spannungen in den muslimisch geprägten Banlieues gefährlich wachsen. Es deuten sich in absehbarer Zukunft auch keine politischen Alternativen an, die zu einer radikalen Umkehr führen könnten. Sozialisten und Konservative sind sich in ihrem Etatismus, ihrer freiheitsfeindlichen Wirtschaftspolitik, ihrem Protektionismus und ihrer Gleichheitsrhetorik weitgehend einig.

Zwar führt im Grunde nichts an der Erkenntnis vorbei, daß der ausufernde europäische Wohlfahrtsstaat nicht mehr zu bezahlen ist. Doch sträuben sich viele Regierungen weiter dagegen, dies den Bürgern mit aller Deutlichkeit zu sagen und die notwendigen Reformen durchzuführen. Der strikte Kurs des seit Juni 2012 erneut sozialistisch regierten Frankreich und der meisten anderen europäischen Länder zur Beibehaltung wohlfahrtsstaatlicher Politik wird die innere Stabilität der Union weiter schwächen und die Auseinandersetzungen über den Charakter des Staatenverbundes vertiefen. Das Streben nach einer Umwandlung Europas in eine Transferunion insbesondere zu Lasten Deutschlands und einiger anderer leistungsstarker Länder dürfte die Zustimmung der Bürger zur Europäischen Union weiter schrumpfen lassen. Die Rechnung Frankreichs und seiner Mitstreiter in anderen Ländern sowie bei der EZB und bei der Europäischen Kommission wird gleichwohl nicht aufgehen. Der Widerstand der Bevölkerung in denjenigen Ländern, deren finanzielle Leistungskraft man anzapfen will, wird in dem Maße zunehmen, in dem die gravierenden Nachteile dieser Politik konkret fühlbar werden. So stehen die Bürger der Bundesrepublik Deutschland nach einer Umfrage vom September 2013 dem europäischen Projekt inzwischen sehr kritisch gegenüber. Fast die Hälfte der Befragten sieht die EU-Mitgliedschaft angesichts der jüngsten Entwicklung sogar als eine Gefahr für den sozialen Frieden in Deutschland an. Vor allem der nonchalante Umgang mit dem Euro läßt das Vertrauen in die Sicherheit und in die Zukunftserwartung der gemeinschaftlichen Währung immer stärker schwinden. Sie spiegelt angesichts der Vorgehensweise der Europäischen Kommission in Brüssel und bei der EZB in Frankfurt nicht mehr ihre wichtige Funktion als Mittel zur Wertbewahrung wider. Selbst in dem wirtschaftlich zur Zeit noch relativ stark erscheinenden Staat wie Deutschland zeigen sich bereits die schlimmen Auswirkungen der Staatsschuldenkrise und der untauglichen Versuche zu ihrer Lösung. Die derzeitigen Schulden Deutschlands in Höhe von mehr als zwei Billionen Euro machen etwa 80 Prozent der Wirtschaftsleistung aus. Darüber hinaus haftet die Bundesrepublik Deutschland mit 95 Milliarden Euro für bisher ausgezahlte Hilfskredite allein an Irland, Griechenland und Portugal. Das hohe Risiko, daß die Bundesrepublik schon recht bald große Summen verloren geben und für die Schulden einiger Partnerländer bezahlen muß, dürfte das Vertrauen der deutschen Bürger erheblich belasten. Und je länger die Mehrheit der Mitgliedsstaaten der Europäischen Union an ihrer fehlgeleiteten Politik festhält, umso deutlicher wird das Vertrauen in die Wirtschaftskraft des Staatenverbundes abnehmen.

Vor diesem Hintergrund die Erwartung zu hegen, daß Deutschland in der Lage sein könne, die notwendigen scharfen Reglements zur Stabilisierung der Europäischen Union umzusetzen, erscheint illusorisch. Deutschland ist weder machtpolitisch noch mental darauf vorbereitet, auf längere Sicht jene schwierige Ordnungsfunktion innerhalb der Euro-Zone zu übernehmen, die man braucht, um die Staatsschuldenkrise zu überwinden und die notwendigen Reformen durchzuführen. Schon die Tatsache, daß starke innenpolitische Kräfte dazu neigen, dem falschen Weg der Vergemeinschaftung der Schulden in der Europäischen Union zu folgen und das eminent wichtige Prinzip der Eigenverantwortung ad acta zu legen, läßt eine derartige Rolle der Bundesrepublik Deutschland nicht zu.

Die mit der Staatsschuldenkrise eng verknüpfte Bindung starker politischer Kräfte in vielen europäischen Ländern an eine ausufernde Sozialpolitik hinterläßt in der Europäischen Union immer deutlichere Spuren. Der Staatenverbund befindet sich bereits in großen wirtschaftlichen Schwierigkeiten. Die Arbeitslosenquote in der Euro-Zone liegt bei 12 Prozent. Insgesamt werden im Jahre 2015 mehr als 27 Millionen Menschen in der gesamten Europäischen Union arbeitslos sein, zehn Millionen mehr als noch im Jahre 2010. Dabei fällt die extrem hohe Arbeitslosigkeit von 27 Prozent in Griechenland und 24 Prozent in Spanien ins Gewicht. Auch Portugal und Kroatien stehen diesen Quoten mit einer Arbeitslosigkeit von 19 Prozent kaum nach. Vor allem die hohe Jugendarbeitslosigkeit in Italien und Portugal von 40 Prozent, von 51 Prozent in Kroatien, 52 Prozent in Spanien und 57 Prozent in Griechenland beschwört die Gefahr herauf, daß die junge, zumeist recht gut ausgebildete Generation dieser Länder das Vertrauen in die demokratischen Institutionen und die Idee Europas verliert.

Das ganz Europa große Sorgen bereitende Problem der Jugendarbeitslosigkeit mit einer sogenannten „Jobgarantie", also einem Angebot zur Beschäftigung innerhalb von vier Monaten zu lösen, dürfte ebenso wenig ausreichen wie die sechs Milliarden Euro, die für diese Zwecke im neuen,

von 2014 bis 2020 geltenden EU-Haushalt zur Verfügung stehen. Und ob
es gelingt, diesen Betrag auf acht Milliarden Euro aufzustocken, wenn
man bewilligtes Fördergeld, das nicht abgerufen wird, in diesen Bereich
umschichtet, steht dahin. Auch werden die von Deutschland und Frankreich am 28. Mai 2013 in Paris beschlossenen Maßnahmen des „New Deal
für Europa" kaum genügen, um die Jugendarbeitslosigkeit wirksam zu
bekämpfen. Ebenso erscheint es ungewiß, ob die beim EU-Gipfel am 3.
Juli 2013 in Berlin vereinbarten Programme und bei dem Folgetreffen am
12. November 2013 in Paris beschlossenen Maßnahmen zur Bekämpfung
der Jugendarbeitslosigkeit die dringend notwendigen Fortschritte bringen wird. Was EU-Mittel überhaupt ausrichten können, um Arbeitsplätze zu schaffen, muß sich erst noch zeigen. In vielen Ländern sind die
Probleme struktureller Natur. Die nötigen Reformen werden Jahre brauchen, um umgesetzt zu werden. Es ist also eher zu erwarten, daß die Arbeitslosigkeit in den meisten südeuropäischen Ländern noch steigen
wird. Der kumulierende restriktive finanzpolitische Effekt des Sparens
in vielen EU-Ländern – von Griechenland bis Spanien – wird das Wachstum, und damit die Schaffung von Arbeitsplätzen sicherlich für mindestens zehn Jahre behindern. Dabei zeichnet sich immer deutlicher der
Trend ab, daß sich das ohnehin schon große Gefälle in der wirtschaftlichen Dynamik innerhalb Europas erheblich verstärkt.

Die Europäische Union wird durch die fehlgeleitete Wirtschafts- und
Finanzpolitik der südeuropäischen Länder noch lange in einer Rezession
verharren, und der Wert der Gemeinschaftswährung der Euro-Länder
dürfte angesichts der äußerst fragwürdigen und die geltenden Verträge
verletzenden Politik der Europäischen Zentralbank weiter stark gefährdet bleiben. Vor allem die Entscheidung der EZB vom 6. September 2012,
künftig Staatsanleihen der Schuldenstaaten in unbegrenzter Höhe aufzukaufen, ist ein Dammbruch. Mit der von den südeuropäischen Staaten
erzwungenen Politik der EZB wird dieser Prozeß nicht nur anhalten. Die
EZB wird durch die fortgesetzten Milliarden-Überweisungen an die
Banken und die Schuldenstaaten auch zunehmend die Chance verlieren,
diesen gefährlichen Prozeß zu stoppen. Mit ihren Maßnahmen bewirkt
sie lediglich, den Zusammenbruch des Euro-Systems zeitlich zu verschieben. Auch die vom Chef der EZB, Mario Draghi, wiederholt ge-

nannte Bedingung, mit seinen Rettungsmaßnahmen aus seinem Anleihenkaufprogramm „OMT" (Outright Monetary Transactions) künftig erst dann tätig zu werden, wenn die betroffenen Regierungen die verlangten Reformen eingeleitet haben, kann nichts an dem problematischen und vertragswidrigen Handeln ändern. In Wirklichkeit werden mit der EZB-Politik des billigen, jederzeit verfügbaren Geldes die Strukturprobleme in den europäischen Schuldenstaaten nur kaschiert. Faktisch übernimmt die EZB mit dem Kauf von Staatsanleihen die Finanzierung von Staatsaufgaben – ohne die in einem demokratischen Staatswesen notwendige parlamentarische Kontrolle. Das offensichtliche Mißverhältnis von Macht und Legitimation scheint in der EU aber niemanden zu stören. Zudem wird man mit dieser fragwürdigen Politik keineswegs das Vertrauen der Bürger in die Währungsunion zurückgewinnen, indem man ihnen die wahren Risiken verschweigt. Der Trend geht offenkundig dahin, daß sich die EZB ganz selbstverständlich an allen Rettungsaktionen für in Schwierigkeiten geratene Länder mit eigenem Geld beteiligt. Für den damit in aller Regel verknüpften Versuch, auf die europäische Politik und das konkrete Verhalten der einzelnen Staaten Einfluß zu nehmen, hat die EZB jedoch kein Mandat von den betroffenen Bürgern.

Die EZB wird in jedem Fall unter Handlungsdruck seitens der in Schwierigkeiten befindlichen Länder geraten und zum Gefangenen der Politik jener Regierungen werden, die sich den notwendigen Reformen nicht beugen wollen. Darauf deutet nicht nur die Tatsache hin, daß die immer wieder erhobene Forderung des vertragskonformen Verhaltens (einschließlich des Verzichts auf Tricks zur Umgehung der Vorschriften) in dem Leitungsgremium der EZB in eine Minderheitenposition gedrängt wurde und dort wohl verharren wird. Die Regierungen der besonders hoch verschuldeten Länder Europas einschließlich Frankreichs sind auch offensichtlich weder willens noch in der Lage, die Ursachen der Probleme zu beseitigen, die notwendigen Strukturreformen anzupacken und die Wettbewerbsfähigkeit ihrer Wirtschaft zu verbessern. Rettungsstrategien, die darauf setzen, Zeit zu kaufen und einige EU-Staaten vor der Zahlungsunfähigkeit zu bewahren oder gar die Schulden zu vergemeinschaften, werden nicht zum Ziel führen. Sie gefährden vielmehr zusätzlich die Stabilität jener Staaten, wie z.B. Deutschland, die Niederlande,

Finnland und die baltischen Länder, die eine weniger exzessive Finanzpolitik betrieben haben.

Der negative Einfluß der vielschichtigen Krise zeigt sich bereits auch darin, daß die Bedeutung großer Konzerne Europas weiter abnimmt. Die jüngsten Daten belegen, daß in der Rangliste der 100 teuersten Weltunternehmen nur noch 32 europäische Konzerne vertreten sind. Vor zwei Jahren lag die Zahl noch bei 36 Unternehmen. Bei den großen Konzernen aus den USA und China ist der Trend umgekehrt.

Darüber hinaus ziehen sich große internationale Investment-Banken und andere bedeutende Investoren aus der Europäischen Union zurück und sehen sich nach neuen Anlagemöglichkeiten für ihr Kapital um, die weniger gefährdet erscheinen. Dieser Prozeß des massiven Vertrauensverlustes hat bei den südeuropäischen Krisenländern begonnen und wird auch jene Staaten erfassen, deren Belastungen im Zuge der verfehlten EZB-Politik und der umfangreichen Rettungsschirme immer weiter anwachsen. Zudem können wir beobachten, daß im weltweiten Wettbewerb der Finanzstandorte die Aktivitäten immer stärker außerhalb der Euro-Zone stattfinden. Im Hinblick auf die Finanzstabilität finden sich die Krisenländer der Währungsunion auf den hintersten Plätzen unter 62 Ländern wieder. Selbst Frankreich erreicht auf dieser Rangliste nur den Platz 42. Ganz oben aber stehen Hongkong, die USA, Singapur, Australien und Kanada.

Reformunfähigkeit und Kulturkrise

In der Tat sind in Europa klassische freiheitliche Prinzipien, wie Selbstverantwortung, Leistungsprinzip, Bindung auf Gegenseitigkeit, Vermögensbildung und Schutz des Eigentums, sowie berufliche Qualifikation, die eine wesentliche Grundlage des ursprünglichen Modells des sozialen Rechtsstaats waren, weitgehend erodiert. Anstatt einen tragfähigen wirtschaftlichen und politischen Ordnungsrahmen zu spannen, geht die Tendenz eher dahin, dem Sozialismus trotz der negativen Erfahrungen wieder Tür und Tor zu öffnen. Realismus und Rationalität sind immer weniger gefragt. Daß mehr als zwei Jahrzehnte nach dem Zusammenbruch des sozialistischen Staatensystems unter Führung der Sowjetunion immer noch starke gesellschaftliche und politische Kräfte in Europa gegen die Marktwirtschaft agieren und Reformen zu verhindern suchen, ist nicht zuletzt dem Einfluß dieser Kräfte in den Medien zu danken. Dabei kann man in Asien beobachten, welchen positiven Wandel marktwirtschaftliche Reformen und die mutige Teilnahme am freien Welthandel für die Menschen in den betroffenen Ländern bringen. Vor wenigen Jahrzehnten war auf dem bevölkerungsreichsten Kontinent die Armut größer als in Afrika. Doch dann hat ein marktwirtschaftliches Wachstumsmodell rasante Veränderungen gebracht, die auch noch künftig nachwirken werden.

Vor allem in den südlichen Ländern der Europäischen Union fehlt eine politische Kultur der Reform, d.h. eines grundsätzlichen Willens zu Veränderungen, deren Ergebnisse allen Bürgern zugute kommen. Und die mangelnde Bereitschaft, verkrustete Strukturen im Bereich der Wirtschaft, der Verwaltung oder des Bildungswesens den modernen Erfordernissen der globalisierten Welt anzupassen, hat nach dem Wahlsieg der Sozialisten im Juni 2012 erneut auch Frankreich erfaßt. Zwar hat die französische Nationalversammlung am 9. Oktober 2012 den von vielen Sozialisten verteufelten und auch von Francois Hollande noch im Frühjahr 2012 scharf kritisierten Fiskalpakt gebilligt. Doch darüber hinausgehende schlüssige Antworten auf die drängendsten wirtschaftlichen Fragen ist die französische Regierung schuldig geblieben. Anstelle der notwendigen und längst überfälligen Reformen die Bürger mit symbolpolitischen Ersatzhandlungen, wie geringen Einsparungen und drastischen Steuererhöhungen für „die Reichen", zu beruhigen, wird keinen Erfolg bringen. Vielmehr dürften diese von der französischen Regierung eingeleiteten Maßnahmen die wirtschaftliche Rezession verstärken und die Ende des Jahres 2012 bereits 94 Prozent des Bruttoinlandsprodukts betragenden Staatsschulden weiter erhöhen. Die zahlreichen Fabrikschließungen und der Anstieg der Arbeitslosigkeit zeigen den Trend längst an. So haben seit dem Jahre 2009 nicht nur mehr als 3.000 französische Unternehmen schließen müssen. Die Zahl der Firmen, die Konkurs anmelden mußten, ist gerade in jüngster Zeit schnell angestiegen. Dabei macht sich die wirtschaftliche und politische Unsicherheit in den südeuropäischen Ländern besonders negativ bemerkbar. Die Abhängigkeit der französischen Wirtschaft vom südeuropäischen Markt wird Frankreich weiterhin große Schwierigkeiten bereiten. Betroffen sind vor allem kleinere und mittlere Unternehmen. Weit mehr als 200.000 Arbeitsplätze gingen dabei verloren. Dieser Trend wird sich fortsetzen. Der dramatische Niedergang zeigt sich vor allem in der französischen Autoindustrie und den von ihr abhängigen Unternehmen sowie in der Möbelindustrie und der Pharmabranche. Und angesichts der in vielen Bereichen feststellbaren schlechten Arbeitsmoral fühlen sich ausländische Investoren nicht angezogen, um eventuell in Schwierigkeiten geratene französische Unternehmen zu retten. Sie investieren stattdessen lieber in China oder Indien. Ein Ende dieses alarmierenden Geschehens ist nicht zu erkennen. Die bereits Ende des Jahres 2012 erreichte Arbeitslosigkeit von 9,9 Prozent ist im Laufe der letzten beiden Jahre weiter gestiegen. Vor dem Hintergrund dieser Entwicklung war es nur konsequent, daß zwei der drei führenden Rating-Agenturen der Welt Frankreich bereits im Jahre 2012 das Spitzenrating „AAA" für seine Kreditwürdigkeit entzogen haben. Am 12. Juli 2013 folgte auch die mehrheitlich in französischer Hand befindliche Rating-Agentur Fitch dieser Beurteilung. Sie begründete ihr Votum damit, daß die französische Regierung keine Reformpolitik betreibe, die Schuldenquote im Jahre 2015 wohl 96 Prozent des Bruttoinlandsprodukts (BIP) überschreiten werde und die Wachstumsaussichten äußerst gering seien. Und angesichts der Unbeweglichkeit der politischen Führung Frankreichs im Bereich der Wirtschafts- und Sozialpolitik senkte die Rating-Agentur Standard & Poor's am 8. November 2013 die Kreditwürdigkeit des Landes von AA+ auf AA. Es dürfte damit noch schwieriger werden, stabilisierende Maßnahmen innerhalb der Euro-Zone zu vereinbaren und praktisch durchzusetzen.

Eine realistische Betrachtung der Perspektiven Frankreichs führt zu der Erkenntnis, daß die Maßnahmen der französischen Regierung an den Problemen des Landes völlig vorbeigehen und die drängenden Aufgaben nicht in der notwendigen Weise angepackt werden. Stattdessen haben Staatspräsident Francois Hollande und die sozialistische Regierung sogar die Rentenleistungen noch ausgeweitet und den gesetzlichen Mindestlohn erhöht. Zur längst überfälligen Re-Industrialisierung der zweitgrößten Volkswirtschaft der Europäischen Union fehlt jeglicher Ansatz. Es droht vielmehr der Verlust der industriellen Basis. Und zudem wird durch die in Frankreich Anfang Juni 2015 eingeführte Schulreform das gesamte Bildungswesen eingeebnet und jeder Leistungsanreiz erstickt. Sie beruht auf der ideologischen Fiktion, daß anspruchsvolle Bildung eine Sache „für die Kinder der Reichen" sei. Die Schule soll künftig nicht an dem aufgeklärten Bildungsehrgeiz orientiert werden, sondern das Leitmotiv der absolut gesetzten Gleichheit widerspiegeln. Hierbei werden nicht nur wichtige Lerninhalte geopfert, sondern auch bedeutsame Bildungsbestände des Landes unterminiert. Das strikte und auf allen Ebenen sichtbare Festhalten an der obsoleten sozialistischen Ideologie erweist sich immer stärker als eine schwere Hypothek der Politik und als eine ernste Gefahr für die Europäische Union.

Im Gegensatz zu den Regierungen in Deutschland, den Niederlanden und Finnland streitet Frankreichs Präsident Francois Hollande weniger für eine Stabilitätsunion, sondern eher für eine Haftungsunion. Die derzeit in Paris Regierenden sind offensichtlich nicht bereit, sich von ihren Partnern überzeugen zu lassen, auf einen Reform- und Modernisierungskurs einzuschwenken. Auch der von dem französischen Arbeitgeberverband und den Gewerkschaften ausgehandelte Kompromiß bei der Arbeitsmarktreform wird nicht reichen, die Situation zu verbessern. Die Regierung konzentriert sich vielmehr weiterhin auf Maßnahmen der bürokratischen Regulierung und Verteilung, die kaum etwas zur Lösung der Krise beitragen können, sondern dem Wirtschaftssystem auch noch die letzten Reste der Geschmeidigkeit nehmen. Das französische Arbeitsrecht umfaßt derzeit ca. 10.000 Artikel und wird an Kompliziertheit noch weiter zunehmen. Und wenngleich die französischen Gewerkschaften mit ca. neun Prozent einen im europäischen Vergleich relativ niedrigen Organisationsgrad haben, wird ihnen auch in Zukunft jedes Mittel Recht sein, um ihre Ideen durchzusetzen. Das Haushaltsdefizit von ca. 4 Prozent dürfte, trotz des vom französischen Parlament verabschiedeten Sparhaushalts, ebenso wie die Arbeitslosigkeit und die Staatsverschuldung weiter wachsen. Die Wettbewerbsfähigkeit wird dementsprechend noch sinken. Dies wird mit einem weiteren Verfall der Kreditfähigkeit Frankreichs verbunden sein. Es ist darüber hinaus zu erwarten, daß sich die langfristigen Wachstumsaussichten des Landes angesichts der fehlenden, aber dringend notwendigen Anpassungsleistungen an den internationalen Wettbewerb weiter verschlechtern werden.

Der wirtschaftliche Niedergang Frankreichs ist ein Prozeß, dem seit mehr als drei Jahrzehnten weder konservative noch sozialistische Regierungen mit entschlossenen und wirksamen Maßnahmen entgegenzutreten suchten. Die eigenartige Mentalität der Franzosen, ihr fester Glaube, daß der Staat alles richten wird und die ideologische Überzeugung jener politischen Kräfte, die derzeit die Regierungsmacht innehaben, vermindern die Chancen für einen positiven Wandel. Bereits für das Jahr 2015 zeichnet sich eine Verschuldung von mehr als 96 Prozent des Bruttoinlandsprodukts ab. Die Erfahrung lehrt, daß es bei Werten von mehr als 90 Prozent für einen Staat schwer wird, aus eigener Kraft aus einer derart schlechten Situation herauszukommen. Hinzu kommt, daß Frankreich noch viel schlechter dasteht, als dies der offizielle Schuldenstand anzeigt. Die im Sozialsystem versteckte Nachhaltigkeitslücke ist in diesem Land sieben Mal größer als etwa in Deutschland. So wird z.B. das Defizit der französischen Rentenkassen auf der Grundlage der derzeit gültigen Gesetze bis 2020 auf etwa 25 Milliarden Euro wachsen. Und Reformen, wie sie Deutschland noch vor der Finanzmarkt- und Bankenkrise durchgeführt hat, stehen in Frankreich überhaupt nicht zur Debatte. Obwohl die Steuern und Sozialabgaben schon sehr hoch sind, werden die Armen immer ärmer. Die Privilegierten verlassen das Land, und die für die innere Stabilität der Gesellschaft so wichtige Mittelschicht erodiert. Die zu beobachtende Dualisierung der Sozialstruktur dürfte den gesellschaftlichen Zusammenhalt weiter schwächen und bei vielen Menschen das Gefühl hinterlassen, daß diese Entwicklung unabwendbar ist. So überrascht es nicht, daß in Frankreich die extremen politischen Kräfte, die rechtsradikale Front National sowie die Kommunisten und die Linksfront, mehrheitsfähig werden und die französische Regierung gelegentlich mit Vorschlägen zur europäischen Geldpolitik aufwartet, die eine gewisse Verzweiflung ausdrücken. Die vor allem seit Herbst 2013 zunehmenden radikalen Protestbewegungen setzen die sozialistische Regierung immer mehr unter Druck. Sie scheut klare Entscheidungen, weil sie fürchtet, daß sich die punktuellen Proteste zu einem Flächenbrand ausweiten könnten. Frankreich wird daher zu einer gefährlichen Hypothek für die Europäische Union. Dies gilt erst recht, nachdem Marine Le Pen mit ihrer Front National bei den Wahlen zum Europäischen Parlament am 25. Mai 2014 immerhin 25 Prozent der Stimmen auf sich vereinigen konnte und nunmehr nicht nur die innere Stabilität Frankreichs, sondern auch das Verhältnis dieses Landes zur Europäischen Union grundlegend in Frage stellt. Es ist auch nicht zu erwarten, daß sich die Lage in Frankreich wesentlich bessern könnte, wenn es zu einem Wechsel im Präsidentenamt und in der Regierung käme. Der politische Handlungsspielraum eines konservativen Regimes würde dank des Widerstandes der Gewerkschaften und der starken Zuneigung der Medien zu sozialistischen Denkmustern sehr gering sein.

Selbst in der auf den ersten Blick noch leistungsfähig erscheinenden Bundesrepublik Deutschland ist es nach dem demonstrativen Schulterschluß der führenden Sozialdemokraten mit Frankreichs Staatspräsident Francois Hollande schwierig geworden, notwendige Reformschritte einzuleiten oder früher getroffene sinnvolle Entscheidungen, wie z.B. die Rente mit 67, zu halten. Diese Tendenz spiegelt sich auch im Koalitionsvertrag zwischen den Unionsparteien und der SPD vom 28. November 2013 sowie in den Gesetzesvorlagen der Bundesregierung, z. B. für die Rente mit 63, wider. Eine derartige Entwicklung macht es nahezu unmöglich, Ansätze für eine Umkehr zu finden und in den einzelnen Ländern der Europäischen Union politisch durchzusetzen. Stattdessen sucht man nach populär erscheinenden Auswegen. Die Selbstverständlichkeit, mit der nicht nur in Frankreich, sondern auch in Deutschland zahlreiche Politiker massive Steuererhöhungen fordern, als wäre die damit verbundene Enteignung ihr genuines Recht, ist in der Tat ein bedenklicher Trend. Dieses immer häufiger anzutreffende Verhalten starker politischer Kräfte in Europa zeigt, daß man in vielen EU-Ländern den Kern des Selbstverständnisses des Staates gegenüber seinen Bürgern nicht begriffen hat und auch gar nicht versucht, angemessene Lösungen zu finden, die zukunftstauglich sind. Da der Großteil des Vermögens in Betrieben und Immobilien steckt, werden Steuererhöhungen und Vermögensabgaben zum Verlust von Arbeitsplätzen, zum Rückgang des Wohnungsbaus, zu Mieterhöhungen und zur Verlagerung von Kapital in andere Länder führen.

Vor dem Hintergrund der Unbarmherzigkeit der globalen Herausforderungen tritt insbesondere die offensichtliche Unvereinbarkeit der politischen Kulturen zwischen den südlichen und den nördlichen Ländern

Europas immer stärker hervor. Die mangelnde Bereitschaft in den Krisenländern, hier umzudenken, wird zur Folge haben, daß Europa insgesamt den Anschluß an die Weltwirtschaft verliert. Die für alle Welt sichtbare Reformunfähigkeit kann angesichts der Tendenz, bestehende Verträge zu mißachten, nicht nur zum Scheitern der Gemeinschaftswährung des Euro führen. Sie wird vielmehr das gesamte wirtschaftliche Gefüge der Europäischen Union, einschließlich der nicht zur Euro-Zone gehörenden Staaten, gefährden und das Vertrauen in die Politik überhaupt beschädigen.

Wenngleich die Staatsschuldenkrise die Europäer daran erinnert hat, daß man nicht aus der Geschichte aussteigen, aber die gefährlichen Herausforderungen des globalen Wandels auch nicht als bloßes Schicksal betrachten kann, dem die Bürger in den europäischen Gesellschaften hilflos ausgeliefert sind, gibt es kaum einen Hinweis auf eine grundsätzliche Veränderung des politischen Denkens. Zwar ist im Zuge der Krise deutlich geworden, wie wichtig unabhängige und funktionierende Institutionen sowie die Beachtung des Rechts für das Wohlergehen und die Entwicklung der Staaten sind. Doch zeigt das Verhalten der meisten europäischen Regierungen und der einzelnen Gesellschaften, daß man in absehbarer Zukunft nicht mit einem grundsätzlichen Wandel rechnen kann. Die meisten Regierungen und die Mehrzahl der Bürger zeigen sich weiterhin unwillig, die notwendigen Reformen einzuleiten und zu tragen. Dieser Zustand dürfte auch weiterhin anhalten. Die ökonomisch ungebildeten Teile der Bevölkerungen gehen zunehmend jenen rückständigen politischen Kräften auf den Leim, die sich die Wirtschaftsprozesse vor allem mit Verschwörungen erklären, gegen die man Widerstand leisten müsse. Dieses Phänomen sollte eigentlich niemanden überraschen. Denn die Bildungssysteme in den europäischen Ländern entlassen die Mehrheit der Bürger ohne ein ausgeprägtes Gefühl für Recht und Unrecht und ohne ausreichende Kenntnisse über die Wirtschaft in eine Welt, die durch vielfältige Wirtschaftsprozesse gekennzeichnet ist. Entweder kommen sachlich korrekte Unterrichtungen über die Wirtschaft in den Schulen nicht vor, oder es werden Ideologien vermittelt, die sich längst als falsch und für die große Mehrheit der Menschen als extrem schädlich erwiesen haben.

Insbesondere bei der Bekämpfung der hohen Arbeitslosigkeit sind die Staaten der Europäischen Union nicht erfolgreich. In Frankreich, Portugal und Spanien war die Arbeitslosigkeit schon vor dem Ausbruch der Krise sehr hoch. Diese problematische Entwicklung setzte sich im Zuge der tiefen Krise und angesichts der Unfähigkeit der Regierungen, wirksame Lösungen für die Arbeitsmarktprobleme zu finden, weiter fort. Dabei kann man beobachten, daß es in den osteuropäischen Ländern einfacher zu sein scheint, drastische Maßnahmen durchzuführen. Die Menschen zeigen dort eine größere Bereitschaft, erhebliche Einschnitte zu akzeptieren als die Bürger im Westen des Alten Kontinents. Vor allem in Griechenland, Portugal, Spanien, Italien und schließlich auch in Frankreich haben häufige und lang anhaltende Streiks die Situation noch deutlich verschlimmert, und dieser Trend hält offenbar an. Nicht selten sind diese Streiks und Protestbewegungen von Gewaltaktionen begleitet. Sie lassen die betroffenen Regierungen zunehmend zögern, weitere Maßnahmen zu ergreifen, die eine grundlegende Reform des Arbeitsmarktes und langfristig eine positive Entwicklung nach sich ziehen könnte.

Schon seit langem ist erkennbar, daß die einseitige Sparpolitik zusammen mit einigen ideologisch motivierten Steuererhöhungen nicht zur Gesundung der Wirtschaft und der Finanzen in den europäischen Ländern führen wird. Die am stärksten verschuldeten Staaten der Europäischen Union werden eine jahrelange Austeritätspolitik mit ihren harten, sehr direkten Auswirkungen für die Menschen politisch nicht durchhalten. Die Maßnahme der EU-Kommission, den entsprechend bedrängten Regierungen in Südeuropa und in Frankreich zwei Jahre mehr Zeit zu geben, um die vereinbarten Ziele des Schuldenabbaus zu erreichen, werden nicht viel Wirkung zeigen. Der Mangel an einer glaubwürdigen Konsolidierungs- und Reformstrategie in diesen Ländern läßt eine positive Entwicklung nicht zu. Griechenland ist de facto ein hoffnungsloser Fall. Die Wirtschaft liegt weitgehend am Boden. Viele Bereiche werden von Streiks lahmgelegt. Hier denkt die Mehrheit der Menschen völlig anders als zum Beispiel in Schweden, Finnland, den Niederlanden oder Deutschland. Sie sehen nicht, daß ihrem Staat das notwendige Instrumentarium fehlt, um Steuern einziehen zu können. Stattdessen leisten sich die Griechen immer noch einen aufgeblähten Beamtenapparat, der Nichtarbeit belohnt. Konkrete Maßnahmen zur Förderung des Wachstums und zur

Schaffung neuer Arbeitsplätze, insbesondere für die Jugend, werden kaum ergriffen. Gleichwohl meinte die seit Januar 2015 amtierende linksextreme Regierung Tsipras in Athen, sie könne das europäische Regelwerk nach ihren ideologischen Grundsätzen umwandeln und ein auf Gleichheit zwischen seinen Völkern beruhendes Europa erzwingen. Dieser Versuch scheiterte einstweilen. Aufgegeben hat man dieses Denken nicht. Es fand vielmehr in anderen EU-Staaten große Resonanz.

Spanien häuft trotz der im Jahre 2012 eingeleiteten Sparpolitik seitens der Regierung Mariano Rajoy weitere Schulden an. Die Staatsschulden sind bereits Ende des Jahres 2014 erstmals in der Geschichte des Landes auf mehr als eine Billion Euro gestiegen. Dies entspricht 99,8 Prozent des Bruttoinlandsprodukts (BIP) Spaniens. Und für das Jahr 2015 rechnet man in Madrid mit einer Schuldenlast von 101 Prozent des Bruttoinlandprodukts.

In Italien sah es nach den Maßnahmen der von November 2011 bis Ende April 2013 amtierenden Regierung Monti zunächst zwar besser aus. Doch die von Mario Monti begonnenen Reformen etwa bei der Rente und am Arbeitsmarkt waren schon nach einem Jahr ins Stocken geraten. Einige Parteien und vor allem die Gewerkschaften leisteten Widerstand gegen die Arbeitsmarktreform. Mit Montis Rücktritt im Dezember 2012 und den Neuwahlen am 24./25. Februar 2013 blieb der Reformprozeß liegen.

Das Ergebnis der Wahlen in dem wirtschaftlich drittgrößten Euro-Land spiegelt eine Wirklichkeitsverweigerung der Bevölkerung wider, die alarmierend ist. Man scheint offenbar nicht bereit, jenen Politikern zur Mehrheit in beiden Kammern des Parlaments zu verhelfen, die das verkrustete Wirtschafts- und Sozialsystem reformieren und auf den internationalen Wettbewerb zuschneiden wollen. Vielmehr hat sich eine klare Mehrheit der Italiener bei den jüngsten Parlamentswahlen für ein „Basta" entschieden. Weitere Sparmaßnahmen werden nicht akzeptiert, obwohl die Schuldenlast bei mehr als zwei Billionen Euro liegt. Für stimulierende wirtschaftspolitische Maßnahmen gibt es in Italien wenig finanziellen Spielraum. Zwar hat die Europäische Zentralbank den Leitzins gesenkt, um die Kreditaufnahme für die Firmen zu verbilligen. Doch sind die in Italien besonders zahlreichen kleinen und mittelständischen

Unternehmen, die das Rückgrat der Wirtschaft bilden, in einer so schlechten Lage, daß die Banken zu hohe Darlehenszinsen verlangen.

Für die Herstellung der Wettbewerbsfähigkeit Italiens wären zudem eine entscheidende Änderung des Arbeitsmarktes und vor allem sinkende Lohnstückkosten notwendig. Der Anpassungsbedarf allein bei den Löhnen beträgt aber noch immer etwa zehn Prozent. Dies erscheint kaum durchsetzbar. Auch die nach mehr als zweimonatigen Bemühungen am 29. April 2013 zustande gekommene Koalitions-Regierung der Sozialdemokraten mit Silvio Berlusconis Popolo della Libertà (PDL) unter Ministerpräsident Enrico Letta erwies sich nicht in der Lage, erfolgreicher zu handeln. Substantielle Reformen kamen nicht zustande. So überraschte es nicht, daß die Rating-Agentur Standard & Poor's Italien am 10. Juli 2013 um eine Note herabstufte. Die Abspaltung eines Teils von Berlusconis PDL, die Neugründung seiner alten Forza Italia und der Ausschluß Berlusconis aus dem Senat am 27. November 2013 haben zudem deutlich gemacht, wie unsicher die politische Lage in Italien ist. Und ob die nach dem parteiinternen Umsturz Mitte Februar 2014 zustande gekommene Ablösung von Enrico Letta und die seitdem amtierende Regierung unter Matteo Renzi mehr leisten kann, steht dahin. Sein Versprechen, jeden Monat eine bedeutsame Reform in die Wege zu leiten, dürfte kaum erfüllbar sein.

Schlimmer als in Italien ist die Lage in Spanien. Denn dort müßte die Anpassung bei den Löhnen etwa zwanzig Prozent betragen, um das Land wieder wettbewerbsfähig machen zu können. In Portugal war man zwar auf einem guten Wege. Doch im Sommer 2012 scheiterte der Versuch, die Arbeitskosten weiter zu senken. Nach massiven Protesten mußte die Regierung die Pläne zurücknehmen. Weitere Reformmaßnahmen dürften in Portugal nur geringe Chancen haben. Und nachdem das Verfassungsgericht Portugals am 5. April 2013 wichtige Teile des Sparhaushalts der Regierung für nichtig erklärt hat, wird die finanzielle Lage des Landes schwierig bleiben. Die am 5. Mai 2013 von der konservativen Regierung unter Ministerpräsident Pedro Passos Coelho beschlossenen Sparmaßnahmen, u.a. die Erhöhung der Arbeitszeit für Beamte, die Erhöhung des Renteneintrittsalters auf 66 Jahre und die vorzeitige Verabschiedung von 30.000 der 600.000 Staatsangestellten werden daran nichts ändern. Auch die Tatsache, daß Portugal am 17. Mai 2014 den EU-Rettungsschirm verlassen konnte, wird für die Wirtschaft des Landes keinen fühlbaren Fortschritt bringen. Und die von den undurchsichtigen Geschäften des portugiesischen Bankhauses Espirito Santo am 16. Juli 2014 ausgelösten Turbulenzen auf den Finanzmärkten machten erneut klar, wie schlecht es um Portugal bestellt ist. Offenbar genügt ein relativ kleiner Anlaß, um neue Unruhe hervorzubringen und großen Schaden anzurichten.

Ähnliche Erfahrungen mußte auch die Regierung in Irland machen. Hier war zwar die Sanierung der öffentlichen Finanzen vorangekommen. Die Herausforderungen zur nachhaltigen Bewältigung der Krise sind allerdings groß. Die Arbeitslosigkeit beträgt immer noch 14 Prozent. Und die Probleme des Bankensektors werden eine starke Belastung für den öffentlichen Haushalt bleiben. Das internationale Hilfsprogramm für Irland von 67,5 Milliarden Euro ist um ca. 20 Milliarden Euro unterfinanziert, weil die Abwicklung der früheren Anglo Irish Bank bzw. deren Nachfolger, der Irish Bank Resolution Corporation (IBRC) nicht finanziell abgedeckt wurde. Diesen Betrag hatten die EU-Kommission, der IWF und einige europäische Regierungen offen gelassen, um Druck auf die Europäische Zentralbank (EZB) auszuüben, hier tätig zu werden. Die Tatsache, daß Irland mit der EZB Verhandlungen geführt und einen „Deal" zur Sanierung seiner Banken erreicht hat, belegt erneut das fragwürdige Rechtsverständnis der EZB. Dieser „Deal" widerspricht der Geschäftsgrundlage der Währungsunion und dem Mandat der EZB, da sie die in Staatsanleihen umgewandelten Schuldscheine hält, womit de facto eine staatliche Finanzierung durch die Notenbank erfolgt. Nach Artikel 123 des EU-Vertrages ist diese Handlungsweise verboten. Der Ausstieg Irlands aus dem internationalen Hilfsprogramm im Dezember 2013 sollte nicht darüber hinwegtäuschen, wie schwierig die Lage dieses Euro-Landes ist und noch lange bleiben wird.

Vor dem Hintergrund der aktuellen politischen und wirtschaftlichen Entwicklung in den einzelnen EU-Ländern besteht die Gefahr, daß der überkommene europäische Wohlfahrtsstaat zusammenbricht. Je mehr Menschen länger leben und je stärker die Zahl der arbeitenden Bevölkerung sinkt, umso mehr werden die Versorgungslasten auf den Schultern der kleiner werdenden jüngeren Generation liegen. Für dieses Problem ist bisher noch keine Lösung gefunden worden. Die Verteilungskämpfe im Hinblick auf diese wichtige Frage haben längst begonnen. Der durch eine falsche Politik angerichtete Schaden für die europäischen Demokratien und den sozialen Frieden ist bereits heute sehr groß. Mit weiteren Mißerfolgen dürfte die Politik in eine Legitimationskrise geraten. Und es sollte nicht überraschen, wenn die mit den tiefen Einschnitten in die Lebenssituation von Millionen Menschen verbundenen Prozesse auch in Ländern mit sozialistischen Regierungen von Gewalt begleitet werden. Selbst radikale politische Umbrüche und der Zerfall wichtiger politischer Institutionen sind dann nicht auszuschließen.

Die meisten Staaten der Europäischen Union, insbesondere aber Griechenland, Portugal, Spanien, Italien und Frankreich, sind Beispiele dafür, wie jahrzehntelange schlechte Regierungsführung große Probleme bereiten kann und die Möglichkeiten verschließt, einen Paradigmenwechsel vorzunehmen. Die Erosion jener politischen Standards, die zur Lebensfähigkeit der Gesellschaften notwendig sind, läßt sich offenbar nicht mehr anhalten. Es gibt zudem keinen Hinweis darauf, daß die Wirtschaft der Europäischen Union in der nächsten Zeit einem ins Gewicht fallenden Aufschwung entgegensehen könnte. Die Aussichten sind vielmehr eher düster. Doch werden diese Tatbestände weitgehend verdrängt. Über die politischen Konsequenzen dieses Mangels an Realismus hat noch niemand hinreichend nachgedacht.

Was in und mit Europa passiert, wenn langjährig genutzte Sozialsysteme, an deren Fortbestehen man sich gewöhnt hatte, zusammenbrechen und nicht hinreichend ersetzt werden können, wird eher selten thematisiert. Dabei dürfte es schon in absehbarer Zukunft für viele Menschen zu einem substantiellen Niedergang des Lebensstandards und der Lebensqualität kommen. Den Bürgern in Europa jene Leistungen nehmen zu müssen, die sie für „garantiert sicher" hielten, könnte rascher als viele Politiker heute denken, zu unkontrollierbaren Situationen führen. Von zunehmender Gewalt begleitete Massendemonstrationen, lang anhaltende Streiks und bürgerkriegsähnliche Zustände könnten bald zur Normalität gehören. An die Notwendigkeit, den Wandel im Bereich der Wirtschafts- und Sozialpolitik zu steuern, traut sich niemand heran. Sogar die recht maßvollen Vorschläge der deutschen Kanzlerin bei dem Gipfeltreffen der Staats- und Regierungschefs in Brüssel am 25. Oktober 2013, gemeinsame Regeln für die Kontrolle der Haushaltspolitik zu vereinbaren und die Wettbewerbsfähigkeit der EU-Staaten zu verbessern, stießen auf große Skepsis und dürften auch künftig kein Gehör finden. Selbst die Tatsache, daß sich nach dem Ende des Kalten Krieges etwa drei Milliarden Menschen mehr am Weltmarkt beteiligen und die Konkurrenzfähigkeit der Staaten des Alten Kontinents nachhaltig in Frage stellen, wird kaum zur Kenntnis genommen. Dabei wird sich der Wettbewerb mit den aufstrebenden Staaten der Welt weiter verschärfen und jedes Zögern im Hinblick auf die Einleitung des Wandels hart bestrafen.

Das heutige leistungs- und innovationsfeindliche europäische Sozialmodell hat in dem internationalen Wettbewerb keine Chance. Im Gegensatz dazu führen zahlreiche asiatische Länder, vor allem aber das aufstrebende China den Europäern eine Dynamik vor, die bereits beeindruckende Erfolge zeitigte und auch weiterhin bringen wird. Anders als in Europa, wo neue antikapitalistische Strömungen stärker werden und der Sozialismus entgegen allen historischen Erfahrungen immer noch große Anziehungskraft genießt, bleibt die von der politischen Führung des Landes kontrollierte spezifische Form der Marktwirtschaft in China ein gesellschaftlicher Konsens. Die politische Führung, die Eliten und die rasch wachsenden Mittelschichten Chinas fühlen sich zu Recht nicht vom Modell der europäischen Gesellschaft angezogen. Sie sind lernbereit, hoch motiviert und haben kaum Zukunftsängste, sondern begeistern sich für Wissenschaft und Technik noch mehr als die Amerikaner und nutzen sie konsequent. Die enorm hohe und weiter rasch steigende Zahl gut ausgebildeter junger Menschen in China vor allem im naturwissenschaftlichen und technischen Bereich bedeutet, daß das Potential für brillante Ideen und Erfindungen zunimmt. Und es ist schon heute zu erkennen, daß die Chinesen ihre kulturellen Werte offensiv vertreten und die Deutung der Weltordnung künftig nicht den Amerikanern oder den Europäern überlassen werden.

Den Europäern ist offensichtlich noch nicht bewußt geworden, daß in China und in anderen asiatischen Ländern eine neue Generation die politische Führung übernommen hat, die das politische Handeln der kommenden Jahrzehnte prägen wird. Die jungen Asiaten kennen zwar die Errungenschaften und Eigenheiten der westlichen Zivilisation. Sie orientieren sich jedoch an ihren eigenen Werten und Lebenszielen. Weder die Repräsentanten der Führungseliten, noch die Angehörigen der

Mittelschichten klagen über die Erniedrigungen, die ihre Nationen von den westlichen Kolonialmächten einst erfahren haben. Darüber hinaus wird man eher selten bemerken, daß sich die jungen Asiaten nach Anerkennung und Lob aus Amerika oder gar Europa sehnen. Sie sind vielmehr selbstbewußt und stolz auf ihre eigene Leistung. Immer häufiger können wir auch beobachten, daß sich die Asiaten – vor allem die Chinesen – dem Wettbewerb stellen. Sie bauen dabei auf die in ihren Augen bewährten Werte, die zumeist in eine ferne Vergangenheit zurückreichen. So verwundert es nicht, daß der im frühen fünften Jahrhundert v.Chr. entstandene Konfuzianismus in China eine Renaissance erlebt und die Strategie-Lehren von Sun-Tzu (534 v.Chr.- 453 v.Chr.) hoch im Kurs stehen.

Nicht zuletzt fällt im Vergleich zwischen den Europäern und den modernen Asiaten die Polarität von Ansprüchen und Pflichten auf. Anders als in Europa legt man in Asien vor allem Wert auf die Pflichten gegenüber der Familie und den höheren Gemeinschaften. Der in Europa üblichen Anspruchsmentalität können die meisten Asiaten nichts Positives abgewinnen. Man orientiert sich an Leistung, nimmt Wettbewerb im weltweiten Maßstab gern an. Von der Wissenschaft über Forschung und Technologie bis hin zu den höchsten Qualitätsstandards dringen die modernen Asiaten immer stärker in die Weltspitze vor. Auf dem Felde von Politik, Wirtschaft und Gesellschaft ist dieser Trend mit einer klaren Absage an sozialistische Denkweisen und Ordnungssysteme verbunden.

Vor diesem Hintergrund ist es schon bemerkenswert, daß die Europäer sich immer noch weigern, sich den unbestrittenen Veränderungen in der Welt anzupassen. Dank der ausgeprägten Reformunfähigkeit und der nicht zu leugnenden Kulturkrise in Europa zeichnet sich zudem ein schleichender Verfall der wichtigsten Machtquellen ab. Dies läßt sich vor allem im Bereich der Wirtschaft sowie auf den Gebieten der Forschung, der Technologie und der Bildung beobachten. Selbst große europäische Länder wie Frankreich und Italien verlieren beständig an Wettbewerbsfähigkeit. Hier schwindet die Kraft Europas im weltweiten Vergleich, während andere Mächte eine enorme Dynamik aufweisen und beständig an Gewicht gewinnen. Zwar scheint es den Europäern derzeit noch zu gelingen, eine umfangreiche Luft- und Raumfahrtindustrie zu bewahren und ein eigenes System der Satelliten-Navigation (Galileo) aufzubauen. Doch können wir fast täglich beobachten, daß die Wettbewerbsfähigkeit der Europäer auch in diesen wichtigen Bereichen nachläßt. Zudem vergrößert sich die Abhängigkeit Europas von Russland im Bereich der Weltraumfahrt zusehends. Sowohl in der modernen Triebwerkstechnik als auch bei den Mitflugmöglichkeiten zur Internationalen Raumstation ISS haben die Europäer nicht die nötigen finanziellen und technischen Mittel, um ihre Interessen wahren zu können. Darüber hinaus werden schon in wenigen Jahren das rasante Wachstum der technologischen und wirtschaftlichen Fähigkeiten in China und die enorme, unverwüstlich erscheinende Kraft der Vereinigten Staaten von Amerika die Gewichte zuungunsten Europas verschieben. Wenngleich die schwere Finanzmarktkrise, der daraus folgende Konjunkturabsturz und die enorm hohe Verschuldung des Landes von mehr als 110 Prozent die wirtschaftlichen Säulen der amerikanischen Macht erschüttert haben, werden sich die USA dank einer völlig anderen Denkweise und Mentalität noch einigermaßen halten können. Hinzu kommt, daß die relativ hohe Arbeitslosigkeit, sehr stark regulierte Arbeitsmärkte, die für viele Länder Europas charakteristische hohe Staatsverschuldung und das geringe Wirtschaftswachstum in Europa im Vergleich zu China, Russland, Indien, Brasilien und anderen aufstrebenden Nationen insbesondere im Asiatisch-Pazifischen Raum den Wandel der wirtschaftlichen und politischen Machtrelationen in der Welt noch deutlicher hervortreten lassen werden.

Vor allem die Volksrepublik China nutzt in großem Stil die Unfähigkeit der Europäer beim Umgang mit der Staatsschuldenkrise und zur Realisierung von Reformen, um technologisch führende Firmen in Europa aufzukaufen oder mit umfangreichen direkten Investitionen Einfluß auf die Unternehmenspolitik zu bekommen. Seit dem Jahre 2012 betrugen die chinesischen Investitionen in Europa jährlich ca. 10 Milliarden Euro, und es sieht danach aus, daß dieser Trend weiter anhalten wird. Im Laufe der letzten drei Jahre wurden mehr als 200 europäische Unternehmen, allein in Deutschland 40 technologisch führende Firmen, von Chinesen gekauft. Diese konsequente und kluge Vorgehensweise wird schon in absehbarer Zukunft gravierende Folgen haben, denn der damit verbundene enorme Technologietransfer und der enorme Gewinn an Managementvermögen dürften die Wettbewerbsfähigkeit auf dem globalen Markt erhöhen und den Machtzuwachs Chinas erheblich beschleunigen. Ein weiterer Vorteil dieses Vorgehens besteht darin, daß die chinesischen Unternehmen angesichts des rasanten Wandels im eigenen Lande ihre Wertschöpfungskette verlängern und so für ausreichenden Gewinn sorgen. Dabei überrascht es nicht, wenn viele Investitionen in europäische Versorgungs- und Transportunternehmen gehen, in verbraucherorientierte Branchen also, die mit der chinesischen Urbanisierung verknüpft sind. So erscheint es nur konsequent, wenn neben dem Einstieg in die Finanzierung und den Bau neuer britischer Kernkraftwerke substantielle Beteiligungen auch in anderen Bereichen inzwischen zur Normalität gehören. So hält eine chinesische Investment-Firma seit 2012 neun Prozent am Londoner Wasserversorger Thames Water, und eine Pekinger Baufirma errichtet mit zwei weiteren Partnern das große Businesszentrum am City Airport von Manchester. Selbst die chinesische Bankenindustrie wird sich künftig dank der Einführung neuer Regelungen seitens der britischen Regierung in London stärker engagieren.

Die politische Führung Chinas hat – anders als die Europäische Union – eine gut durchdachte Strategie, um ihre Beziehungen zu Europa zu entwickeln. Sie setzt dabei weniger bei der EU-Kommission in Brüssel an, sondern sucht durch die Vertiefung der bilateralen Beziehungen mit einzelnen EU-Staaten auf sehr subtile Weise starke Abhängigkeiten zu erzeugen. Dieses Vorgehen fällt vor allem gegenüber ost- und südeuropäischen Ländern auf. So will sich der chinesische Staatskonzern Cosco auch weiterhin als Investor bei der Modernisierung des Hafens von Piräus (Griechenland) engagieren, einen der wichtigsten Umschlagplätze im Mittelmeer. Weitere große Engagements chinesischer Unternehmen in Griechenland sind geplant. Auch in Ungarn bemühen sich die Chinesen um den Zugang zu wichtigen Wirtschaftszweigen und helfen dabei dem Orban-Regime, den unangenehmen Auflagen der EU zu entkommen. Und bei einer Konferenz in Polen präsentierte China den dort versammelten Vertretern von 16 europäischen Ländern seinen Vorschlag zur Wirtschaftskooperation und zur finanziellen Förderung von gemeinsamen Projekten, die sonst mangels Geld wohl nicht zustande kommen würden. Dabei werden die einzelnen Staaten nach dem Prinzip „divide et impera" geschickt gegeneinander ausgespielt, ohne daß die EU-Kommission die Chance hätte, dies zu beeinflussen oder ernsthaft damit drohen könnte, solche Vorgehensweisen zu unterbinden.

Ein ähnliches Bild der Reformunfähigkeit in Europa ergibt sich folgerichtig im Hinblick auf die militärische Macht. Und je länger die gesellschaftlichen Machtverhältnisse in den europäischen Ländern und die hohen Kosten der Sozialsysteme die notwendigen Reformen verhindern, umso schwieriger wird es, den Verfall zu stoppen oder den Trend gar umzukehren. Vor diesem Hintergrund immer wieder darauf hinzuweisen, daß die derzeit in so beeindruckendem Tempo aufstrebenden Staaten in der Welt künftig ebenfalls in Schwierigkeiten geraten werden, wird den relativen Niedergang Europas nicht aufhalten. Gewiß wird auch die Wirtschaft Chinas in den kommenden Jahren langsamer wachsen als dies in der zurückliegenden Dekade der Fall war. So dürfte die jährliche Wachstumsrate in diesem Jahrzehnt auf etwa 7 Prozent und im dann folgenden Jahrzehnt auf etwa 6 oder sogar nur 5 Prozent zurückgehen. Darüber hinaus wird China tiefgreifende Reformen vornehmen, um seine wirtschaftlichen Erfolge fortsetzen zu können. Der politischen Führung Chinas ist bewußt, daß eine weitere Liberalisierung und Privatisierung dringend erforderlich ist, um die Produktivität zu steigern. Dies wird mithelfen, die extreme soziale Ungleichheit zu mildern. Ebenso wird China es wohl wagen, den Finanzmarkt zu deregulieren, um den zahlreichen mittelständischen Unternehmen den Zugang zu Krediten zu ermöglichen. Und schließlich wird China seine Währung, den Yuan, konvertierbar machen, um sie zu einer echten Konkurrenz für den Dollar, den Euro und den Yen werden zu lassen. Mit Blick auf diese schwierigen Probleme und die entsprechenden Maßnahmen sollte Europa nicht darauf hoffen, daß die auf dem 18. Parteitag der Kommunistischen Partei am 8. November 2012 bestimmte neue politische Führung Chinas versagt. Die Europäer werden vielmehr damit rechnen müssen, daß Chinas seit März 2013 im Amt befindliche neue Regierung die notwendigen Maßnahmen in Angriff nehmen und erfolgreich durchführen wird. Mit ihren auf dem Plenum des Zentralkomitees der Kommunistischen Partei vom 9. bis 12. November 2013 getroffenen Beschlüssen zu nachhaltigen Wirtschaftsreformen und zur Gesellschaftsentwicklung hat die politische Führung Chinas klargemacht, daß der Markt künftig „die entscheidende Rolle" spielt, aber eine Liberalisierung westlichen Stils nicht zur Debatte steht.

Mangelndes Engagement Europas in der Forschung und Technologie

Es gehört zu den Eigenheiten europäischer Politik, daß sie gelegentlich Initiativen hervorbringt, deren beabsichtigte Wirkung mit zunehmendem zeitlichem Abstand zu ihrer Präsentation allmählich verschwimmt. Dies wird besonders deutlich, wenn wir die Rolle der Forschung und der neuen Technologien betrachten. Denn was sich im ersten Moment als recht vielversprechend anhörte, ist in den meisten europäischen Ländern längst zum Gegenstand der Kritik und scharfer Auseinandersetzung geworden. Während viele Länder in der Welt im Bewußtsein des harten Wettbewerbs staatlich geförderte Industrie- und Technologiepolitik betreiben, behindern sowohl die Europäische Kommission als auch die Regierungen der meisten europäischen Staaten die entsprechende Anpassung. Selbst für die Forschung, etwa in bestimmten Bereichen der Medizin und der Biotechnologie, sucht die Europäische Union enge Grenzen zu setzen. Die Verdrängung alter Strukturen durch Innovationen mannigfacher Art und das Entstehen anderer Rahmenbedingungen ist im Prinzip keine neue Erfahrung. Sie haben die Entwicklung der Menschheit und die Politik von jeher begleitet. Dennoch scheinen in der gegenwärtigen Epoche die gleichzeitig in mehreren Bereichen und eng miteinander verbundenen technologischen Fortschritte eine größere Wirkung zu entfalten als jemals zuvor. Die enorme Reichweite und Beschleunigung der Fortschritte auf den Feldern der Biotechnologie, der Gentechnik und der Medizin, sowie der Nanotechnologie und nicht zuletzt in der Weltraumfahrt lassen erkennen, daß wir uns schon in naher Zukunft in einer völlig veränderten Welt befinden werden. Das Spektrum der möglichen Anwendungen ist riesig.

Die neuen Erkenntnisse und technischen Fähigkeiten sind jedoch nicht nur Teil eines umfassenden evolutionären Prozesses, der von Natur aus exponentiell verläuft. Sie beeinflussen auch die internationale Politik und eröffnen für die Akteure in unserer globalisierten Welt enorme Chancen, das Wissen und die neuen technologischen Fähigkeiten zu nutzen und weiter voranzutreiben. Wer hier zögert oder sich weigert, die notwendigen Schritte zu tun, um an der Entwicklung teilzuhaben, wird gegenüber anderen zurückfallen und einen hohen Preis zahlen.

Mit Blick auf Forschung und Technologie in Europa ist das Schicksal der sogenannten Lissabon-Strategie, die im März 2000 formuliert wurde, bezeichnend. Die Staats- und Regierungschefs Europas beschlossen damals, die Europäische Union bis 2010 zum „dynamischsten und wettbewerbsfähigsten wissensgestützten Wirtschaftsraum der Welt zu machen – einem Wirtschaftsraum, der fähig ist, ein dauerhaftes Wachstum mit mehr und besseren Arbeitsplätzen und einem größeren sozialen Zusammenhalt zu erreichen". Zu den wesentlichen Zielen der Agenda zählte nicht nur die Vollbeschäftigung. Permanentes Wachstum auf hohem technologischen Niveau und die technologische Führung in der Welt wurden versprochen. Doch als man sich fünf Jahre später zu einer Zwischenbilanz traf, mußte man erkennen, daß auf dem Weg zu den angestrebten Zielen praktisch nichts vorangegangen war. Der anvisierte Zeitpunkt, das Jahr 2010, ist inzwischen längst verstrichen, und vor dem Hintergrund der tatsächlichen Entwicklung in der Welt wirkt die Ankündigung der Staats- und Regierungschefs Europas vom März 2000 heute nur noch lächerlich. Denn Europa konnte nicht mithalten, und der Anteil der europäischen Hochtechnologie-Unternehmen liegt heute immer noch unter zehn Prozent. Angesichts der Dynamik, die andere Staaten der Welt im Bereich der Hochtechnologie aufweisen, dürfte der Anteil der Europäer an diesem Prozeß in den kommenden Jahrzehnten weiter sinken. Europa muß deshalb noch kein „Museum" werden, das Millionen chinesischer Touristen besichtigen. Doch zusammen mit den problematischen Folgen, die mit einer gewissen Technikfeindlichkeit großer Teile der europäischen Gesellschaften verbunden sind, wird der dramatische Mangel an technologischer Wettbewerbsfähigkeit und wirtschaftlicher Leistungskraft den Niedergang Europas unumkehrbar machen.

Für den vor unseren Augen ablaufenden Veränderungsprozeß ist charakteristisch, daß die westlichen Demokratien eine sehr unterschiedliche Bereitschaft zeigen, sich in den für ihre zukünftige Position so bedeutsamen Bereichen der Forschung und Technologie zu engagieren. Die USA gelten – sicher nicht zu Unrecht – als das geistige Zentrum der neuen Bereiche der Wissenschaft, der Forschung und der Technologie. Seit am 21. Januar 2000 der damalige amerikanische Präsident Bill Clinton die Biotechnologie, die Gentechnik und die Nanotechnologie zu den Schlüsseltechnologien des 21. Jahrhunderts erklärte und führende Wissenschaftler der USA am 7. Februar 2000 in einem Memorandum an den Kongreß den Anbruch einer ökonomischen und sozialen Revolution vorhersagten, hat die Debatte zwar auch Europa erfaßt. Doch während die USA und zahlreiche andere Länder, vor allem China, Russland, Indien, Brasilien, Japan, Südkorea und Australien die in der Weiterentwicklung der neuen Technologien liegenden Möglichkeiten bewußt aufnehmen, mit öffentlichen Mitteln konsequent fördern und dem privaten Engagement keine Hürden in den Weg stellen, neigt man in Europa dazu, die finanziellen Mittel für extrem wichtige Bereiche der Forschung und Technik, etwa für die Biotechnologie, die Gentechnik, die Nanotechnologie und die Weltraumfahrt, zu verringern. Den meisten Regierungen in der Europäischen Union scheint offenbar nicht bewußt zu sein, daß gerade diese bedeutsamen Bereiche entscheidende Impulsgeber für den technischen Fortschritt sind, der über die künftige Machtposition eines Staates oder einer Staatengruppe mitbestimmt. Dagegen steht in den fortschrittlichen Ländern der Welt die erfolgreiche und weitgehend unbeschränkte Mitwirkung in den für die Wirtschaft so wichtigen Bereichen der Forschung und Technologie auf der politischen Tagesordnung an oberster Stelle. Die Entschlossenheit dieser Länder zur vollen Teilhabe an der technologischen Entwicklung kann man auch daran ablesen, daß die Regierungen sich beständig darin zu übertreffen suchen, ihre Wissenschaftsbudgets zu steigern. Dabei wird nichts dem Zufall überlassen, gilt es doch, dem jeweils eigenen Land eine gute Position und neue Handlungsmöglichkeiten für die Zukunft zu erschließen. Auch hier wird immer deutlicher, wie weit Europa hinter China und andere Nationalstaaten zurückfällt. Darüber hinaus begegnen die Europäer wichtigen technologischen Entwicklungen mit Vorbehalten und Verboten. Dabei wird versucht, mit Auflagen und Verordnungen die Forschung und Entwicklung in zukunftsträchtigen Bereichen so stark einzuschränken, daß die Teilhabe am internationalen Wettbewerb verloren geht.

Besonders fortschrittlich im Vergleich zu Europa verhält sich auf dem Gebiet der Forschung und Technologie das kleine Singapur. Hier wartet man mit wichtigen Rahmenbedingungen wie Rechtssicherheit, Freiheit und massiver Förderung in allen Bereichen auf. So pflegt Singapur einen sehr liberalen Umgang im Hinblick auf die besonders sensiblen Gebiete der Biotechnologie und hat sich hierdurch einen bedeutsamen Wettbewerbsvorteil verschafft. Dieser Vorteil wird zudem durch eine geschickte Ansiedlungspolitik vergrößert, die darauf zielt, führende Unternehmen und Wissenschaftler aus aller Welt ins Land zu ziehen. Daher überrascht es nicht, daß zahlreiche Unternehmen, Institute und Spitzenwissenschaftler gerade aus den europäischen Ländern, die den Bereich der neuen Technologien mit restriktiven Vorschriften und reduzierten Forschungsbudgets bedenken, in zunehmendem Maße nach Singapur gehen.

Unter den asiatischen Ländern hat China die größten technologischen Kapazitäten außerhalb der USA aufgebaut und seine Entschlossenheit signalisiert, den bisher führenden Staaten insbesondere auf den Gebieten der Biotechnologie und der Gentechnik den Rang abzulaufen. Im Bereich der grünen Gentechnik, also der Herstellung transgener Nutzpflanzen, sammelt man derzeit und wohl auch in Zukunft nirgends mehr Erfahrung als in China. Zusammen mit dem pragmatischen und von der Regierung konsequent geförderten Vorgehen der Chinesen in anderen Bereichen der neuen Technologien wird dieses Engagement schon in der unmittelbar vor uns liegenden Epoche die wirtschaftliche Entwicklung des Landes enorm beschleunigen können.

Besonders negativ für Europa machen sich die Beschränkungen auf dem Felde der Biotechnologie und der grünen Gentechnik bemerkbar. Der weitgehende Verzicht auf die Anwendung der modernen Technologien der Gentechnik bringt nicht nur das Wachstum der Wirtschaft auf einem immer wichtiger werdenden Gebiet in Gefahr. Das irrationale Verhalten der Europäer führt auch dazu, daß Europa in diesem Bereich international den Anschluß verliert und einen bedeutsamen Faktor für die Entwicklung der eigenen Machtressourcen außer Acht läßt. Obwohl es keine auch nur annähernd belastbaren gesundheitlichen Bedenken gegen den Verzehr von gentechnisch veränderten Lebensmitteln gibt, hat sich der Widerstand gegen die Nutzung der Gentechnik in vielen europäischen Ländern so verfestigt, daß es schwierig werden dürfte, diesen negativen Trend rückgängig zu machen. Angesichts eines Urteils des Europäischen Gerichtshofs, wonach Lebensmittel nicht vermarktet werden dürfen, sobald sie minimale Spuren nicht zugelassener gentechnischer

Bestandteile enthalten, sind selbst zaghafte Versuche der Europäischen Kommission zur Lockerung der Regeln zum Scheitern verurteilt.

Dagegen wird der Anbau von gentechnisch veränderten Pflanzen – vor allem Mais, Raps, Sojabohnen und Baumwolle – in vielen Ländern der Welt forciert. Insbesondere die USA, China, Kanada, Brasilien, Australien, Argentinien, Südafrika und Indien machen sich die Vorteile der Gentechnik zunutze. Über 14 Millionen Landwirte in mehr als 30 Staaten engagieren sich in diesem Bereich. Dabei ist besonders bemerkenswert, daß mehr als 90 Prozent von ihnen in Entwicklungsländern leben. Die weltweite Anbaufläche beträgt derzeit – nach Angaben der internationalen Biotechnik-Agentur ISAAA – etwa 170 Millionen Hektar, die europäische Anbaufläche lediglich 120.000 Hektar.

Mit dem Anstieg der Lebenserwartung in Europa – und schon bald auch in den aufstrebenden Ländern Asiens – wird der Bedarf an geeigneten Nahrungsmitteln zur Gesunderhaltung und zur Verminderung von Krankheitsrisiken zunehmen. Der seit Jahren sichtbare Trend, gentechnisch veränderte Pflanzen zu züchten, die zu Nahrungsmitteln mit höherem Vitamingehalt, mit Substanzen zur Verminderung der Osteoporose oder Arthritis, zur Reduktion der Gefahr von Herz-Kreislauf-Erkrankungen oder zur Verbesserung der Verdauungsprozesse verarbeitet werden, dürfte sich erheblich beschleunigen. Die immer wieder geäußerten Sicherheitsbedenken, die gegen gentechnisch veränderte Pflanzen vorgebracht werden, sind in vielen wissenschaftlichen Studien ausgeräumt worden. Nicht nur die renommierte Royal Society in London, der International Council for Science und viele andere wissenschaftliche Institutionen haben die Argumente und Vorwürfe der Gegner der grünen Gentechnik zurückgewiesen. Sie plädieren vielmehr für die konsequente Nutzung dieser Technologie. Auch in Deutschland haben sich alle Wissenschaftsinstitutionen von Rang, die Alexander-von- Humboldt-Stiftung, die Deutsche Akademie der Naturforscher Leopoldina, die Deutsche Forschungsgemeinschaft, die Fraunhofer-Gesellschaft, die Leibniz-Gemeinschaft, die Hochschulrektorenkonferenz, die Max-Planck-Gesellschaft und der Wissenschaftsrat mehrfach ausdrücklich für die grüne Gentechnik ausgesprochen. Erst recht bemerkenswert ist in diesem Zusammenhang das Plädoyer für die grüne Gentechnik, das der Präsident der Päpstlichen Akademie der Wissenschaften, der Nobelpreisträger

Werner Arber, im Herbst 2012 vor der Generalversammlung der Bischofsynode in Rom gehalten hat: „Unsere Akademie ist zu dem Schluß gekommen, daß kürzlich eingeführte Methoden zur Herstellung genetisch veränderter Organismen den Naturgesetzen der biologischen Evolution folgen und keine Gefahren bergen, die in der Methode der Gentechnik verankert sind." Vor dem Hintergrund der wissenschaftlich nachgewiesenen positiven Wirkungen und der enormen Perspektiven der neuen Pflanzentechnologie ist es kaum nachvollziehbar, daß die grüne Gentechnik in Europa abgelehnt wird.

Mit Blick auf die Einschätzung der Biotechnologie und der grünen Gentechnik ist die Tatsache bemerkenswert, daß ideologische und religiöse Indoktrination, zumeist gepaart mit Demagogie, in Europa große negative Wirkungen zeigen. Mit häufigen Kampagnen gegen die grüne Gentechnik, die jeder wissenschaftlichen Grundlage entbehren, versuchen zumeist fanatisch eingestellte Gruppen immer wieder, ihre Meinung zur Geltung zu bringen. Die Gegner der grünen Gentechnik machen sich dabei die Erkenntnis zunutze, daß die Menschen nicht nur nach Vernunft und Wissen handeln, sondern auch in sehr starkem Maße von Gefühlen bestimmt werden. Mangelndes Wissen, Unsicherheit und eine gewisse Angst vor Entwicklungen, die man nicht kennt oder nicht von vornherein durchschaut, sind in diesem Kontext von großer Bedeutung. Denn wie man täglich beobachten kann, gibt es in den Gesellschaften der europäischen Länder zahlreiche Gruppen und Organisationen, die mit Hilfe der in diesem Fall keineswegs verantwortungsbewußt handelnden Massenmedien Angst schüren und verstärken, um ihre Vorstellungen zu verbreiten. Angst erhält auf diese Weise eine weitreichende ökonomische und politische Dimension.

Selbst vor der Anwendung der Gentechnik im medizinischen Bereich – etwa zur Herstellung von neuen Medikamenten – macht die unwissenschaftliche Kritik nicht halt. Und die Politik weigert sich wider besseres Wissen, diesem gefährlichen Treiben ein Ende zu setzen. Nicht selten erklären Landesregierungen und Städte ihren jeweiligen Verantwortungsbereich sogar zu „gentechnikfreien Zonen". Sie bekunden damit nicht nur ihre Rückständigkeit und ihre Anbiederung an den technologiefeindlichen Zeitgeist, sondern stellen sich massiv gegen die Wissenschaft und die vitalen Interessen der Bevölkerung. Das opportunistische Verhalten zahlreicher Politiker in dieser Frage ist daher schlichtweg töricht. Angesichts einer leicht beeinflußbaren Bevölkerung in Europa, die leider dazu neigt, sich mit „glauben" zu bescheiden, anstatt sich über die tatsächlichen Verhältnisse kundig zu machen, dürfte es den Gegnern der Gentechnik auch weiterhin gelingen, ihre fragwürdigen Botschaften erfolgreich zu vermitteln. Ungesunde Nahrung, ihrer Natürlichkeit beraubte Landschaften, zu Sklaven degradierte Landwirte, konzernabhängige Entwicklungsländer drohen nach Auffassung zahlreicher Organisationen und mancher politischer Parteien. Nicht selten begleitet von enormer Militanz verbreiten sie die negativ aufgeladenen Begriffe vom „Gen-Weizen", vom „Gen-Gemüse" oder vom „Gen-Mais", die angeblich gefährlich seien und deren Anbau und Verkauf es deshalb zu verhindern gelte. Der Begriff des „Gens", der inzwischen mehr als hundert Jahre alt ist und eine Grundeinheit des Lebens bezeichnet, wird durch die Gegner der Biotechnologie und der Gentechnik geradezu mit antiaufklärerischem Impetus zum Kampfbegriff umfunktioniert, der von vornherein Furcht und Ablehnung erzeugen soll.

Die Ablehnung der grünen Gentechnik geht so weit, daß selbst die dringend nötigen Hilfslieferungen von Nahrungsmitteln in einige Länder Afrikas unterblieben und die Zulassung einer genveränderten Reissorte, die viele Millionen Menschen vor Mangelernährung und Blindheit bewahren könnte, verhindert wurde. Vor dem Hintergrund der Tatsache, daß es bis heute keinen Fall gibt, bei dem negative gesundheitliche Folgen von amtlich überprüfter und zugelassener transgener Nahrung nachgewiesen werden konnten, erscheint das Verhalten jener Organisationen und Parteien, die sich in radikaler Weise gegen die grüne Gentechnik wenden, moralisch fragwürdig. Dabei ist es geradezu grotesk, daß manche Organisationen, die sich auf diesem Gebiet gegen die Erkenntnisse der Wissenschaft engagieren, den Status der „Gemeinnützigkeit" innehaben. Die täglich erfahrbare und wohl auch künftig zu beobachtende Unfähigkeit der europäischen Politik, rationale und wirklichkeitsgerechte Entscheidungen für den Bereich der grünen Gentechnik und der Biotechnologie zu treffen, dürfte zudem die Politikverdrossenheit jener gebildeten Menschen in Europa verstärken, die bislang davon ausgingen, daß gerade in demokratischen Staaten sinnvolle Entwicklungen möglich sind und nicht durch Willkürverhalten von einzelnen Gruppen verhindert werden, die sich die Unkenntnis und die Manipulierbarkeit eines großen Teils der Bevölkerung zunutze machen.

Die problematische Konsequenz der Vorherrschaft wissenschaftlich unhaltbarer Positionen zur grünen Gentechnik, der unkritischen medialen Verbreitung dieser Positionen und der fehlgeleiteten europäischen Politik in diesem Bereich liegt nicht allein darin, daß die Mehrheit der europäischen Bürger in die Irre geführt und in Unkenntnis der tatsächlichen Gegebenheiten gehalten wird. Die Europäische Union vergibt auf dem Gebiet der grünen Gentechnik auch enorme Chancen für die Teilhabe an einer Technologie, die einen milliardenschweren Markt verspricht und weltweit ihren Siegeszug fortsetzen wird. Zudem wandern nicht nur Forschung und Produktionsstätten – einschließlich ihres hervorragend qualifizierten Personals – in andere Länder ab. Auch die Investitionen in die Forschung gehen dorthin, wo der Anbau stattfindet. Für die Zukunft wichtige und wertvolle Arbeitsplätze werden durch das Fehlverhalten der europäischen Politik abgebaut oder entstehen erst gar nicht.

Die geschichtliche Erfahrung lehrt uns, daß sich der technologische Fortschritt selbst dann regelmäßig durchsetzt, wenn starke gesellschaftliche Kräfte – aus welchen Gründen auch immer – ihn zu verhindern suchen. Mit fortschreitender Globalisierung tragen die neuen Technologien wesentlich dazu bei, daß sich wissenschaftliche und politische Aspekte zu einem dichten Netzwerk gegenseitiger Abhängigkeiten verbinden, die zunehmend die internationalen Beziehungen prägen werden. Auch auf dem Feld der grünen Gentechnik gibt es keinen Rückwärtsgang. Schon heute finden sich Mais, Soja, Raps und deren zahlreiche Verarbeitungsprodukte in mehr als 80 Prozent der Lebensmittel, von der Schokolade und den Backwaren bis zur Margarine und Fertiggerichten. Über 200 Medikamente werden inzwischen gentechnisch hergestellt – z.B. das für viele zuckerkranke Menschen so wichtige Insulin. Auch die meisten Textilien aus Baumwolle sind ohne Gentechnik nicht mehr vorstellbar. Im Übrigen kann der Import transgener Produkte in die Europäische Union laut Beschluß der Welthandelsorganisation (WTO) längst nicht mehr beschränkt werden. In jedem Fall hat Europa mit seinem Fehlverhalten auf dem Felde der grünen Gentechnik nicht nur große Chancen für eine nachhaltige Entwicklung, sondern auch einen wichtigen Teil der nächsten industriellen Revolution verpaßt. Und die Selbstbindung an eine veraltete Technologiepolitik wird den Niedergang Europas weiter verfestigen.

Es läßt sich längst nicht mehr bestreiten, daß wir einen dramatischen Wandel in den technologischen Grundlagen der internationalen Politik erleben und die Biotechnologie dabei eine entscheidende Rolle spielt. Wer sich in diesem Bereich entschlossen engagiert, wird die Zukunftsmärkte kontrollieren und seine Stärke in politische Macht ummünzen können. Nicht-westliche Länder wie China und einige andere asiatische Staaten demonstrieren bereits heute eine wissenschaftliche und technologische Kraft, die sich vor allem auf dem Felde der Biotechnologie zeigt. Dies erscheint angesichts der Tatsache bedeutsam, daß in Asien völlig andere kulturelle Grundlagen gelten und auch künftig Bestand haben werden. Ethische Maßstäbe, Ideale und Praktiken, die uns in westlichen Gesellschaften vertraut sind, behindern die Entwicklung und Anwendung von Biotechnologien in asiatischen Ländern kaum oder sind irrelevant. Die für die Länder im Asiatisch-Pazifischen Raum so charakteristische rationale Herangehensweise wird die ökonomische und technologische Entwicklung enorm beschleunigen und zu einem der entscheidenden Faktoren internationaler Politik der kommenden Jahrzehnte. Europa ist auf diese technologische und – in der Folge – politische Herausforderung nicht ausreichend vorbereitet.

Die technologische Entwicklung wird nicht auf die Staaten der Europäischen Union warten und ihnen noch Zeit geben, um ihre politischen Diskurse abzuhalten. Denn die Globalisierung macht vor der Wissenschaft und Forschung genau so wenig halt wie vor der Wirtschaft. So können wir nicht nur beobachten, wie zahlreiche wissenschaftliche und technisch besonders leistungsfähige Spitzenkräfte in andere Länder abwandern. Mit der Verlagerung wichtiger Kapazitäten auf dem Gebiet der neuen Technologien werden auch schon die Umrisse neuer Machtstrukturen im internationalen System erkennbar. War es im vergangenen Jahrhundert noch mit weitem Abstand die auf Streitkräften beruhende militärische Macht und die wirtschaftliche Stärke in traditionellen Bereichen, die den politischen Rang und die Handlungsmöglichkeiten eines

Staates bestimmten, so zeichnete sich bereits zu Beginn des 21. Jahrhunderts ab, daß zunehmend auch jene Machtquellen in der internationalen Politik eine Rolle spielen, die auf den neuen Technologien beruhen. In der Rangliste der Staaten und Staatengemeinschaften werden künftig jene ganz oben stehen, die mit Blick auf den technologischen Fortschritt die größte Offenheit und den weitesten Handlungsspielraum gewähren. Und es werden diejenigen Staaten und Staatengemeinschaften zurückfallen, die sich den Veränderungen entgegenstellen und wichtige Bereiche der Forschung und technologischen Entwicklung mit Verboten oder gravierenden Einschränkungen belegen. Dabei sollten die Befürworter dieses gefährlichen und für Europa charakteristischen Kurses nicht erwarten, später rasch wieder Anschluß finden zu können, wenn sie ihren Irrtum erkannt haben. Die exponentielle Natur des evolutionären Prozesses bringt es mit sich, daß dessen Avantgarde davoneilt und – anders als im vergangenen Jahrhundert – ein paradigmatischer Wandel schon innerhalb weniger Jahre dem jeweils vorhergehenden folgt.

Zerstrittenheit in der Außen- und Sicherheitspolitik

Die aktuellen Trends deuten darauf hin, daß die Europäische Union immer weniger in der Lage sein wird, sich in wichtigen außen- und sicherheitspolitischen Fragen zu einen. Die Einrichtung der Ämter des „Präsidenten des Europäischen Rates" und des „Hohen Repräsentanten für Außen- und Sicherheitspolitik" konnte daran nichts ändern. Aus den zahlreichen kontroversen Debatten wird immer wieder klar, daß die Europäer nur selten ihrem demokratischen Credo in der Praxis Genüge tun können. So traf der sogenannte „Arabische Frühling" im Frühjahr 2011 die Europäische Union unvorbereitet, schlecht informiert und weitgehend hilflos. Es fehlte zudem die Bereitschaft der meisten Mitgliedsstaaten, der Europäischen Union eine aktive Rolle zuzubilligen. Unterschiedliche Sichtweisen und Interessen verhinderten eine gemeinsame Haltung. Die Union versäumte daher ihre Chance, als wichtiger geopolitischer Akteur aufzutreten und die politische Entwicklung am Südrand des Mittelmeeres nachhaltig zu beeinflussen.

Die selektive Beteiligung der europäischen Länder an dem NATO-Einsatz in Libyen hat vor aller Welt deutlich gemacht, wie weit die sicherheitspolitischen Auffassungen der europäischen Staaten auseinander liegen. Nach der Verweigerung des Libyen-Einsatzes durch die Bundesrepublik Deutschland und trotz der eher verschämt im Hintergrund geleisteten personellen und materiellen Hilfe bleiben die Aussichten für künftige gemeinsame Aktionen im EU-Rahmen schlecht. Während Großbritannien, Frankreich und andere Partnerstaaten recht kühl ihre Interessen abwägen und eine gewisse Tradition zum Einsatz von Streitkräften entwickelt haben, dürfte Deutschland auch in Zukunft seine „Kultur der Zurückhaltung" betonen. Das Konzept einer „Armee im Einsatz" wird in der Gesellschaft der Bundesrepublik Deutschland nicht gutgeheißen, und es sieht nicht so aus, daß sich diese Tendenz ändern wird. Für die politische Führung sind die Streitkräfte vorrangig ein Instrument der Teilhabe, das symbolhaft die Bündnissolidarität verkörpert. Die militärische Bedeutung des deutschen Potentials scheint daher aus britischer und französischer Perspektive eher abzunehmen, und da hilft es auch nicht weiter, wenn Teile der deutschen Streitkräfte in eine deutsch-französische Brigade oder in das „Euro-Korps" eingeordnet werden. Es wäre in der Tat eine Illusion zu erwarten, daß sich aus derartigen Versuchen ein militärisch und politisch relevantes Machtinstrument entwickeln könnte.

Auch im Zuge des vielschichtigen Nahostkonflikts wird es der Europäischen Union kaum gelingen, eine gemeinsame Haltung zu erzielen. Wenngleich die Staaten der Europäischen Union und Israel ein gemeinsames kulturelles Erbe, gleiche demokratische Werte und viele gemeinsame Interessen teilen, hat sich in jüngster Zeit ein sehr differenziertes Verhältnis entwickelt, das aus politischer und strategischer Sicht alarmierend erscheint. Die meisten europäischen Länder pflegen eine extrem kritische Einstellung gegenüber der Politik Israels – unabhängig davon, von welchen Parteien die israelische Regierung getragen wird. Nur eine kleine Minderheit der europäischen Regierungen bemüht sich um Verständnis für die prekäre Lage des Staates Israel und leugnet nicht von vornherein die Tatsache, daß der dramatische Aufschwung des islamistischen Terrorismus und die Dominanz despotischer Regime im Nahen

Osten die strategische Situation völlig verändert hat und weiter verändern wird. Die meisten europäischen Regierungen weigern sich, die Grundsätzlichkeit und die tiefe ideologische Verwurzelung des Nahostkonflikts zu akzeptieren. Sie neigen vielmehr immer stärker zu oberflächlichen und eindimensionalen Erklärungsweisen. Vor diesem Hintergrund überrascht es nicht, daß es nicht gelingt, eine in allen wichtigen Nuancen gemeinsame Haltung der Europäischen Union mit Blick auf diesen vielschichtigen Konflikt zu erzielen.

Den wenigen Regierungen in Europa, die dem Staat Israel in dem Ringen um seine bloße Existenz trotz der gelegentlich kritischen Haltung in einzelnen Aspekten ihre generelle Unterstützung gewähren, schaffen es kaum noch, ihre Position in der Europäischen Union zur Geltung zu bringen. Die realitätsferne Haltung der meisten europäischen Regierungen führt jedoch folgerichtig dazu, die Zerstrittenheit der Europäischen Union in der Nahostpolitik zu verfestigen. Die Europäer dürfen daher nicht beklagen, daß ihre politischen Positionen gegenüber dem Nahen Osten kaum beachtet werden und ihre Vorschläge wenig bewirken. Wie gering das Gewicht Europas im Rahmen des Krisenmanagements im Nahen Osten ist, zeigt sich immer wieder aufs Neue. Zwar gehört die Europäische Union zum Kreis des „Quartetts" (USA, Russland, UN, EU), dessen Mitglieder Vorschläge für eine friedliche Regelung des israelisch-palästinensischen Konflikts und zur Verwirklichung der seit mehreren Jahrzehnten überfälligen Zwei-Staaten-Lösung gemacht haben. In den entscheidenden Fragen bestimmen jedoch andere Akteure das Gesetz des Handelns.

Der mangelnde Realismus und die Uneinigkeit der Europäer im Hinblick auf die Einschätzung des israelisch-palästinensischen Konflikts und des Fortgangs der Verhandlungen zwischen der Palästinensischen Autonomiebehörde und der Regierung Israels zur Errichtung eines eigenständigen Palästinenser-Staates haben in jüngster Zeit immer wieder offengelegt, wie gering der Einfluß der Europäischen Union in der internationalen Politik ist. So stimmten 14 Mitgliedstaaten der Europäischen Union am 29. November 2012 dem Antrag der Palästinenser zur Aufnahme als Mitglied (im Beobachterstatus) der Vereinten Nationen zu, 12 enthielten sich der Stimme, obwohl dieser einseitige Schritt die Osloer Verträge von 1993 zwischen Israel und den Palästinensern verletzt. Nur

Tschechien lehnte den Antrag der Palästinenser – gemeinsam mit den USA – ab. Die Europäer können sich offenbar nicht in die Lage der israelischen Regierung hineindenken und wollen nicht wahrhaben, daß dank der extremen Forderungen und der propagandistischen Vorgehensweisen des Palästinenser-Präsidenten die Chancen gering sind, die am 30. Juli 2013 nach monatelangen Bemühungen des amerikanischen Außenministers John Kerry neu gestarteten Verhandlungen zu einem Erfolg zu führen. Den Regierungen der meisten EU-Staaten scheint auch der notwendige Realitätssinn dafür zu fehlen, daß es nicht die israelische Siedlungspolitik ist, die den Fortgang und den Erfolg des Friedensprozesses verhindert. Das eigentliche Problem liegt vielmehr in der Weigerung der Palästinenser, Israel als jüdischen Staat im Nahen Osten anzuerkennen. Die Tatsache, daß die meisten Länder der Europäischen Union den Palästinenser-Präsidenten Mahmud Abbas bei seinem konsequenten Bemühen unterstützen, Israel an den Pranger zu stellen und internationale Kampagnen anzuzetteln, wirft nicht nur ein negatives Licht auf die Urteilsfähigkeit der Europäer. Der mehrfache Riß, der in dieser Frage durch die Europäische Union verläuft, wird auch künftig die Herausbildung einer gemeinsamen Position in der Politik gegenüber dem Nahen Osten verhindern.

Über diesen gravierenden Mangel hilft auch nicht die Tendenz der Europäischen Union hinweg, in einzelnen Fragen Stellung zu beziehen und die Politik Israels in eine bestimmte Richtung lenken zu wollen. So hat der Beschluß der Europäischen Union am 16. Juli 2013, israelische Bürger, Firmen und Institutionen, die im Gaza-Streifen, auf den Golan-Höhen, im Westjordanland und in Ost-Jerusalem ansässig sind, von künftigen Verträgen mit der EU explizit auszuschließen, zu einem neuen Streit mit Israel geführt. Mit ihrem antiisraelischen Beschluß ignoriert die Europäische Union den Tatbestand, daß die endgültigen Grenzen zwischen Israel und dem neu zu schaffenden Palästinenser-Staat im Zuge der bilateralen Verhandlungen festgelegt werden. Zu Recht lehnt die israelische Regierung die neuen europäischen Förderrichtlinien ab. In der Tat erscheint die Vorgehensweise der Europäer als ein Versuch, Israels endgültige Grenzen schon vorher durch wirtschaftlichen Druck zu bestimmen und die Rechtsposition der israelischen Regierung in den Verhandlungen mit den Palästinensern zu unterlaufen. Der EU-Beschluß hat prompt zu einer Verhärtung der Position der Palästinenser geführt und wird den Erfolg künftiger Verhandlungen zusätzlich gefährden.

Das Verhalten der Europäer mit Blick auf die tiefgreifenden Streitfragen im Nahen Osten, von dem Nuklearstreit mit dem despotischen Mullah-Regime im Iran bis zum Konflikt zwischen Israel und den Palästinensern über die Zwei-Staaten-Lösung deutet auf eine zunehmende Entfremdung zwischen Europa und Israel hin. Dabei weigern sich die meisten europäischen Regierungen zu erkennen, daß die aggressive Politik der despotischen Regime im Nahen Osten und der islamistische Terrorismus keine rein israelische Angelegenheit ist, sondern schon von den Wurzeln her die gesamte westliche Welt bedroht. Wenngleich die nach langem Zögern am 22. Juli 2013 von der EU getroffene Entscheidung, den militärischen Arm der Hizbullah als Terrororganisation anzuerkennen, als ein Schritt in die richtige Richtung angesehen werden kann, belegt auch dieser Akt einmal mehr, wie groß das Realitätsdefizit der Europäer mit Blick auf die politische Entwicklung im Nahen Osten ist. Schließlich folgt die bewaffnete Miliz den Befehlen von Hassan Nasrallah, dem unbestrittenen Chef der streng hierarchisch geordneten Hizbullah. Es hätte also die gesamte Organisation auf die europäische Terrorliste gesetzt werden müssen.

Die ausgeprägte Neigung der Europäer, sich eher einem oberflächlichen Krisenmanagement zu widmen, anstatt an die Wurzeln des Problems zu gehen, wird keinen Erfolg bringen. Es sieht angesichts der gravierenden Fehleinschätzung der revolutionären Vorgänge in der arabischen Welt seitens der Europäer auch nicht danach aus, daß die Regierungen der EU-Staaten in nächster Zeit zu einer gemeinsamen Position gelangen, die ihnen die Chance geben würde, an der Gestaltung der Nahostregion entscheidend mitwirken zu können. Schon der von Frankreich ausgelöste Streit um mögliche Waffenlieferungen an die gegen das Assad-Regime in Syrien kämpfenden Rebellen machte erneut die tiefe Zerstrittenheit in der Europäischen Union deutlich. Es dürfte wohl auf der einen Seite bei der in vielen europäischen Ländern vorherrschenden pazifistischen Grundströmung bleiben, die jedem militärischen Engagement ablehnend gegenübersteht. Auf der anderen Seite werden die handlungsbereiten EU-Staaten auch künftig nicht in der Lage sein, das Wesen der kriegerischen Auseinandersetzungen in Syrien richtig einzuschätzen und sicherzustellen, daß die Waffenlieferungen an die Rebellen nicht in die falschen Hände geraten. An dem Geschehen vor Ort ist klar zu erkennen, daß die effizientesten Waffen ihren Weg zu den radikalsten islamistischen Gruppen, vor allem der Al Qaeda und der noch radikaleren Gruppe der IS (Islamischer Staat), die einen Gottesstaat auf dem Territorium des Irak und Syriens errichten will, gefunden haben und weiter finden werden. Die Erwartung etwa des französischen Staatspräsidenten Francois Hollande, daß man mit spezifischen Waffentransfers für die Zeit nach dem Sturz des Assad-Regimes Einfluß in Syrien sichern könne, ist vielmehr politische Tagträumerei. Die politische Entwicklung in diesem hart umkämpften Land wird in jedem Fall anders verlaufen, als die Europäer denken. Präsident Assad hat vor allem dank der konsequenten Unterstützung durch Russland und der geschickten russischen Diplomatie zum einen immer noch die Chance, sich in dem brutalen Ringen durchzusetzen. Zum anderen würde Syrien nach dem Zusammenbruch des Assad-Regimes zu einem neuen Zentrum des Djihadismus werden und die ohnehin begrenzten Handlungsmöglichkeiten der Europäer gegenüber dem Nahen Osten weiter dramatisch verringern.

Ebenso wenig scheint es der Europäischen Union zu gelingen, gegenüber dem aufstrebenden Russland eine konsistente Außenpolitik zu entwickeln. Die vor allem in Deutschland lange Zeit herrschende Vorstellung, man könne mit Russland eine „strategische Partnerschaft" eingehen, war in der Europäischen Union schon weit vor dem Konflikt um die Ukraine umstritten. Während man in Deutschland bis zum Ausbruch dieses Konfliktes einem verständnisvollen Kurs mit Moskau das Wort redete, suchten andere Länder der Europäischen Union, vor allem die Staaten in Osteuropa und im Baltikum aufgrund ihrer spezifischen historischen Erfahrung die Abhängigkeit von Russland zu vermindern und sich eher der Rückendeckung der USA zu versichern. Das Streben dieser Länder war von Anfang darauf gerichtet, nicht noch einmal dem Einfluß Moskaus zu erliegen. Das militärische Vorgehen Russlands gegen Georgien im August 2008 und erst recht gegen die Ukraine seit dem Frühjahr 2014 hat die Regierungen der osteuropäischen und baltischen EU-Staaten in ihrer kritischen Haltung bestätigt. Die geschichtsbewußten Briten hatten stets klar gemacht, daß sie eine dem Putin-Regime in Russland allzu weit entgegenkommende und die transatlantische Entfremdung vertiefende Politik nicht teilen. Wie weit die politischen Einschätzungen und Interessen der europäischen Länder in dieser bedeutsamen Frage auseinanderliegen, zeigen die Schwierigkeiten in der Europäischen Union, als Antwort auf das russische Vorgehen gegen die Ukraine Sanktionen gegen Russland zu beschließen. Und es sieht nicht so aus, daß die Zerstrittenheit der Europäer mit Blick auf die Politik gegenüber Russland bald beendet werden könnte. Die unterschiedliche Betroffenheit und die spezifischen Eigeninteressen der europäischen Länder werden die Regierungen auch künftig dazu zwingen, den kleinsten gemeinsamen Nenner zu finden. Und selbst dies wird angesichts der Entscheidung der linksextremen Regierung Tsipras in Griechenland, mit Russland enger zu kooperieren, noch schwieriger werden. Dabei können die Griechen sogar auf die Zögerlichkeit Deutschlands und Frankreichs verweisen, wenn es darum geht, neue Sanktionen gegen Russland zu beschließen oder das seit dem Jahre 2009 laufende Partnerschaftsprogramm mit ehemaligen Republiken der Sowjetunion (Weißrussland, Ukraine, Armenien, Georgien, Moldawien, Aserbaidschan) zu vertiefen.

Auch den Vorgehensweisen von U.S.-Präsident Barack Obama in der Außen- und Sicherheitspolitik scheinen die Europäer nicht folgen zu können. Sie bleiben weitgehend passiv, wenn Amerika um Unterstützung nachsucht und weigern sich zumeist, Verantwortung und Lasten des globalen Krisenmanagements zu übernehmen. Nicht einmal die Probleme auf dem Balkan können die Europäer allein lösen. Und mit Blick auf Afghanistan hat sich in manchen Staaten der Europäischen Union die Auffassung festgesetzt, daß dies ein Krieg der Amerikaner sei, aus dem man sich möglichst schnell zurückziehen müsse. Dabei zeigt die innenpolitisch motivierte Rücknahme des Versprechens etwa durch Frankreich und einige andere europäische Staaten, die jeweils zur Verfügung gestellten Truppen vom Kriegsschauplatz Afghanistan nach dem ursprünglich vereinbarten Zeitplan abzuziehen, wie wenig tragfähig die ohnehin schon schwach ausgeprägte Gemeinsamkeit in der Außen- und Sicherheitspolitik Europas ist.

Die Debatte über das künftige Vorgehen gegen den islamistischen Terrorismus spaltet selbst die NATO. Es dürfte erst recht mit der zu erwartenden künftigen Politik der USA entsprechend den Prinzipien einer

Weltmacht, sowie dem weiteren Aufstieg von Russland und China immer schwieriger werden, auf wichtigen Feldern ein einheitliches Interessenprofil in Europa zu entwickeln. Die Neigung der einzelnen Mitgliedsstaaten der Europäischen Union, gegenüber Russland und China eine eigenständige Politik zu betreiben, ist sehr ausgeprägt. Dies läßt sich an den bilateralen Wirtschaftsbeziehungen der EU-Länder zu Russland und China ablesen. Vor allem gegenüber China treten die EU-Staaten immer häufiger als Bittsteller auf, die miteinander konkurrieren und sich gegenseitig auszustechen suchen. Dieser Trend dürfte angesichts der wachsenden Schwierigkeit, Absatzmöglichkeiten für die eigenen Waren und Güter zu finden, noch zunehmen.

Zwischen den Nationalstaaten wird die Uneinigkeit sogar noch stärker hervortreten, und Absetzbewegungen einzelner Länder, wie wir dies in der Vergangenheit seitens Großbritanniens und von einigen neuen osteuropäischen Mitgliedsstaaten gesehen haben, werden häufiger vorkommen. Der in manchen EU-Staaten, vor allem in Deutschland und Frankreich, traditionell sehr ausgeprägte Antiamerikanismus wird die Gespaltenheit Europas in außenpolitischen Fragen künftig noch stärker hervortreten lassen. Die Voreingenommenheit gegenüber den Vereinigten Staaten von Amerika, dessen Regierung sich den rasch verändernden Herausforderungen der internationalen Politik zu stellen sucht, beruht zum einen auf der unzureichenden Kenntnis dieses Landes und der Überschätzung der politischen Handlungsmöglichkeiten im Weltstaatensystem. Sie ist aber auch der natürlichen Tendenz geschuldet, einem übermächtig erscheinenden Akteur grundsätzlich zu mißtrauen.

Wie tief die antiamerikanischen Ressentiments in manchen Staaten Europas verankert sind, haben einmal mehr die empörten Reaktionen auf die umfassenden elektronischen Überwachungs- und Abhörpraktiken der National Security Agency (NSA) deutlich gemacht. Daß die von dem früheren Mitarbeiter der NSA Edward Snowden in einer spektakulären Aktion der Weltöffentlichkeit enthüllte Praxis vor allem in Deutschland und Frankreich heftig kritisiert wurde, ohne nach den tieferen Motiven und den strategischen Interessen der Weltmacht und wichtigsten Verbündeten der europäischen Staaten zu fragen, ist ein Armutszeugnis. Angesichts der zunehmenden Konkurrenz mit aufstrebenden Mächten in der Welt, wie z.B. Russland und China, sowie der wachsenden Bedrohung durch den islamistischen Terrorismus haben die USA allen Grund, ihre nachrichtendienstlichen Fähigkeiten zu verbessern und stets auf dem technisch höchsten Niveau zu halten. Dies liegt auch im wohlverstandenen Interesse der Europäer. Im Übrigen sind die seit dem Sommer 2013 von vielen Europäern mit so großer Empörung kommentierten Aktivitäten der Amerikaner auf diesem Gebiet nicht neu. Den Regierungen der europäischen Länder, aber auch der interessierten Öffentlichkeit ist seit langem bekannt, daß die einzelnen nationalen Nachrichtendienste mit den einschlägigen Institutionen der USA seit vielen Jahrzehnten zusammenarbeiten und davon profitieren. Insbesondere Großbritannien fühlt sich dabei traditionell eher mit den Amerikanern als mit seinen europäischen Partnern verbunden und teilt die ebenso moralisch überhöhten wie realitätsfernen Vorstellungen in anderen EU-Ländern nicht. Und dies wird auch in Zukunft so bleiben. Zudem liegt es gerade für die Weltmacht USA in der Natur der Sache, daß sich das Sammeln von Informationen nicht auf jene Länder beschränkt, die per definitionem als „Feinde" gelten. Es muß sich zwangsläufig auf befreundete Staaten und Institutionen erstrecken, da die Aktivitäten despotischer Regime und islamistischer Terrornetzwerke keine Grenzen kennen und es auch innerhalb befreundeter Staaten relevante Kräfte und gravierende Sicherheitsdefizite gibt, denen man mit geeigneten Mitteln und Methoden entgegentreten muß.

Vor dem Hintergrund der sterilen Aufgeregtheit, die seit dem Sommer 2013 die europäisch-atlantische Szene (mit Ausnahme Großbritanniens) beherrschte, dürfte es der Europäischen Union erst recht schwerfallen, zu gemeinsamem außen- und sicherheitspolitischen Handeln zu kommen. Wenngleich die USA die Europäer für den von ihnen gewünschten Ausbau globaler und regionaler Sicherheitsstrukturen gewinnen möchten, werden sie wohl kaum die nötige Antwort erhalten. Die Beteiligung daran läge zwar im europäischen Interesse. Doch fehlt es den Europäern sowohl an der erforderlichen Einsicht, als auch an dem Drang, in ihren jeweiligen nationalen Gesellschaften für die Unterstützung dieses Vorhabens zu werben und die finanziellen Ressourcen dafür bereitzustellen. Wie ernst die Amerikaner ihrerseits diese Sache nehmen, haben sie mit der Entscheidung der U.S.-Regierung Anfang Juni 2012 demonstriert, den Großteil ihrer Seestreitkräfte in die Pazifik-Region zu verlegen. Dies trägt der Tatsache Rechnung, daß Asien in der neuen Weltordnung einen höheren Rang einnehmen wird. Im Asiatisch-Pazifischen Raum bildet sich derzeit ein neues Gleichgewicht der Mächte heraus, das die uneingeschränkte militärische Präsenz der USA erfordert. Der nunmehr in die wichtigen Schaltstellen der Macht in Washington hineinwachsenden amerikanischen Politiker-Generation ist der dramatische Wandel im internationalen System bewußt. An der veränderten Definition der Interessen Amerikas läßt sich dies bereits ablesen. Schon die Tatsache, daß die erste Reise von U.S.-Präsident Barack Obama nach seiner Wiederwahl den Ländern Thailand und Birma galt, macht die politisch-strategische Neuausrichtung zum Asiatisch-Pazifischen Raum hin deutlich. Über die Probleme, die entstehen können, wenn Europa sicherheitspolitisch bedrängt wird, aber die USA ihre früher übliche Schutzmachtrolle nicht mehr ausüben, herrscht bei den europäischen Politikern bislang betretenes Schweigen.

Auch die Präsentation seiner neuen außenpolitischen Strategie, die U.S.-Präsident Barack Obama in einer Rede am 28. Mai 2014 vor den Absolventen der Militärakademie West Point vornahm, führte in Europa nicht zu nachdenklichen Reaktionen. Wenngleich der amerikanische Präsident klar machte, daß die USA nicht mehr bei allen Weltproblemen eingreifen werden und stattdessen mehr Verantwortung anderer Nationen erwarten, verhallten seine Aussagen ungehört.

In der Außen- und Sicherheitspolitik werden wir künftig kaum mit einer größeren Gemeinsamkeit der Europäer rechnen können. Wenn es mit Blick auf die zahlreichen internationalen Konflikte um die Zusammenarbeit mit den USA geht, dürfte wohl eher eine „Koalition der Willigen" zustande kommen. Die Strukturen der Fragmentierung in der Außen- und Sicherheitspolitik der europäischen Länder zeichnen sich längst ab. Hier sind es nicht nur die unterschiedlichen Traditionen und geschichtlich gewachsenen Bindungen der einzelnen Länder, die zu Buche schlagen. Die unterschiedlichen Interessen und die neu entfachte Konkurrenz der europäischen Staaten untereinander werden ihren Teil dazu beitragen, daß eine Gemeinsamkeit eher selten zustande kommt.

Abnehmende Militärmacht

Es gehört zu den auffälligsten Tatbeständen der internationalen Politik, daß fast alle europäischen Länder ihre Militäretats seit dem Zusammenbruch des Sowjetimperiums und dem Ende des Kalten Krieges beständig verringert haben. Alle Anzeichen weisen darauf hin, daß dieser Trend in der überschaubaren Zukunft anhalten wird. Mit dem Schlagwort der „Smart Defense" versucht man in Europa seit zwei Jahrzehnten das Faktum zu verschleiern, daß der Mangel an finanziellen Mitteln in Zeiten wirtschaftlicher Unsicherheit und enormer Staatsverschuldung den militärischen Handlungsspielraum deutlich reduziert. Für nachhaltige Einsätze fehlen den Europäern schon heute Truppen, moderne Waffensysteme, Ausrüstung und Material. Die Streitkräfte der meisten europäischen Länder sind mit Blick auf die tatsächlichen sicherheitspolitischen Herausforderungen kaum noch angemessen ausgerüstet. Eine gemeinsame Strategie teilen sie nicht, und es sind auch keine Ansätze zu erkennen, die darauf hindeuten, daß es in absehbarer Zukunft eine solche Strategie geben könnte. Bereits die Tatsache, daß Frankreich und Großbritannien durch ihre Nuklearwaffen einen Sonderstatus haben und schon von daher andere Ziele und Interessen verfolgen, hindert die Europäer daran, ein einheitliches strategisches Denken zu entwickeln. Diese Sonderstellung der beiden Staaten entspricht im Übrigen dem internationalen Privileg als Nuklearmächte im Rahmen des Nichtverbreitungsvertrages für nukleare Waffen und als Veto-Mächte im Sicherheitsrat der Vereinten Nationen. Die beiden europäischen Nuklearmächte Frankreich und Großbritannien werden auch künftig keine Relativierung ihrer eigenen Nuklearwaffen hinnehmen wollen.

Die unterschiedlichen strategischen Positionen und Interessen der europäischen Länder machen es zudem schwierig, den Streitkräften mehr Gemeinsamkeit zu verleihen und für eine gemeinsame Führung zu sorgen. So überraschte es nicht, daß der Plan für ein europäisches Einsatzkommando mit eigenem Hauptquartier prompt auf entschiedenen Widerstand Großbritanniens traf. Und dies wird sich auch in den vor uns liegenden Jahrzehnten kaum ändern. Das tradierte Verständnis nationaler Souveränität, insbesondere bei der Unterhaltung und dem Einsatz von Streitkräften, wird ein wesentliches Hindernis für die sinnvolle Weiterentwicklung europäischer Militärmacht bleiben. Zwar haben die Mitgliedstaaten der Europäischen Union einige Teile ihrer Souveränität an die EU abgegeben. Doch ist dies im Bereich der Streitkräfte mit ihrem hohen Symbolgehalt und den nationalen Traditionen nicht zu erwarten. Sie werden wohl auch künftig zum Kernbestand nationaler Souveränität gehören.

In den Überlegungen der Europäischen Union über die Aufgabe und Ausgestaltung der eigenen Militärmacht gibt es kaum realistische Ansätze zur künftigen Kriegführung und zum Einsatz von Streitkräften. Es wird angesichts der wachsenden pazifistischen Grundströmung in Europa vielmehr immer schwieriger werden, eine auf die reale Welt zugeschnittene Verteidigungspolitik zu betreiben. In einigen europäischen Ländern nimmt der Widerstand gegen die Anschaffung moderner Waffensysteme, etwa von Kampfdrohnen oder neuen Kampfpanzern, immer aggressivere Formen an. Selbst vor abwegigen und zynischen Begründungen, wie z.B. der Behauptung, „daß durch den Einsatz von Kampfdrohnen die Hemmschwelle beim Töten gesenkt werde, weil die eigenen Soldaten nicht mehr einer Gefahr ausgesetzt seien", schrecken die Gegner dieser Rüstungspolitik nicht zurück. Besonders grotesk muten dabei die Vorstellungen mancher Kritiker moderner Rüstungen in Deutschland an, wenn sie allen Ernstes die Anschaffung von bewaffneten Drohnen ablehnen, da man mit ihnen „keine Gefangenen machen" könne und diese Waffensysteme zu „reinen Hinrichtungsinstrumenten würden". Von der Pflicht, sich über die Eigenarten heutiger und künftiger militärischer Konflikte ein sachlich korrektes Bild zu machen, kann man aber auch die Repräsentanten bedeutender gesellschaftlicher Gruppen nicht entbinden. Die objektive Gefahr, daß durch den Verzicht auf die Anschaffung und den Einsatz von Kampfdrohnen die eigenen Soldaten völlig unnötig ums Leben kommen, die militärischen Auseinandersetzungen sogar verlängert und noch weit größere Opfer erfordern werden, wird von einflußreichen politischen Kräften verdrängt. Sie erkennen in der Regel schon gar nicht mehr die ethische Fragwürdigkeit ihrer Position und suchen mit allen Mitteln, die Anpassung des militärischen Instrumentariums an die aktuellen und künftigen Herausforderungen der internationalen Politik zu verhindern.

Zur Wahrung der Sicherheitsinteressen und der Verteidigung Europas denkt man in den meisten europäischen Ländern vorrangig an eine eher vage Form präventiver Diplomatie und der Anwendung von „Soft Power“. Sie erweisen sich aber schon heute als zu geringfügig und werden auch künftig nicht geeignet sein, andere Mächte zu beeindrucken. Ansätze für eine Veränderung dieser Situation im Sinne der realen Herausforderungen sind nicht zu erkennen. Zwar wird gelegentlich zugegeben, daß diese unprofessionelle Herangehensweise in den kommenden Jahren und Jahrzehnten erst recht nicht ausreichen könnte. Auch wird nicht geleugnet, daß sich die Interessen der Weltmacht USA zunehmend nach Asien verlagern und die Dislozierung der U.S.-Streitkräfte Schritt für Schritt folgen werden. Doch dürften bereits die wirtschaftliche Rezession in den europäischen Ländern und der Widerstand der Bevölkerung gegen Einschnitte im Bereich wohlfahrtsstaatlicher Leistungen verhindern, daß der Verteidigung Europas ausreichende finanzielle Mittel zur Verfügung gestellt werden. Der angesichts schrumpfender Militäretats gelegentlich diskutierte Gedanke, die militärische Leistungsfähigkeit durch eine Steigerung der Effizienz der nationalen Streitkräfte und durch eine verbesserte Kooperation zu erhöhen, wird in der Realität wohl keinen subtantiellen Niederschlag finden. Die Vielzahl der europäischen Rüstungsprogramme treibt die Kosten in die Höhe. Aber man wird daran festhalten, weil jedes einzelne Waffensystem aus Gründen des jeweiligen nationalen Interesses, der Bewahrung von Arbeitsplätzen und der Forcierung bestimmter Technologien seinen eigenen Stellenwert besitzt. Auch die Zusammenarbeit Deutschlands und Frankreichs bei der Entwicklung eines neuen Kampfpanzers, der dem deutschen Leopard 2 folgen könnte, dürfte daran nichts ändern. Schon im Ansatz dieses Vorhabens ist zu erkennen, wie weit man hinter den völlig anderen Denk- und Handlungsweisen etwa Russlands zurückbleibt. Während die Russen ihren auf neuester Technologie beruhenden Kampfpanzer T-14 Armata bereits am 9. Mai 2015 bei der Siegesparade in Moskau vorgestellt haben und das Waffensystem in hohen Stückzahlen produzieren werden, diskutiert man in Europa noch.

Es sieht im Übrigen auch nicht so aus, daß es künftig gelingen könnte, die zahlreichen Rüstungsunternehmen zu fusionieren. In manchen Ländern können wir sogar beobachten, daß im Bereich der Verteidigung und der Rüstung ein Prozeß der Re-Nationalisierung stattfindet. So gibt man in Polen der traditionellen Landesverteidigung wieder Vorrang und wendet sich von dem Gedanken ab, Streitkräfte weit entfernt vom eigenen Land einzusetzen und die Bewaffnung danach auszuwählen. Vor diesem Hintergrund wirkt die von EU-Kommissionspräsident Jean-Claude Juncker im Frühjahr 2015 erneut vorgetragene Idee einer Europa-Armee ziemlich weltfern.

Auch eine neue, intensivere Form der Zusammenarbeit von EU und NATO, etwa durch eine sinnvolle Arbeitsteilung, wird das Problem der militärischen Schwäche der Europäischen Union künftig nicht lösen können. Diese Art des Einsatzes der Militärmacht kann nur funktionieren, wenn die einzelnen Staaten sich aufeinander verlassen können, in Lageanalysen, Entscheidungsprozessen und Strategien gemeinsam vorgehen und dann wenigstens in den Grundlinien miteinander verbunden bleiben. Doch hat gerade Deutschland in jüngster Zeit mehrfach demonstriert, daß es hierzu nicht in der Lage ist. Und die Zusammensetzung der Bundesregierung in Berlin läßt erwarten, daß Deutschland auch künftig nicht fähig sein dürfte, die entsprechenden Auflagen zu erfüllen.

In den militärischen Auseinandersetzungen der jüngsten Zeit ist zudem klar geworden, daß ideologisch gefestigte Gruppen, wie z.B. die islamistischen Terrororganisationen und despotische Regime, Kriege offenbar länger durchhalten können als die westlichen Staaten. Die Erfahrung im Fall Afghanistan lehrt eindringlich, daß für derartige Engagements keine Akzeptanz in den europäischen Ländern erreicht werden kann. Diese Tendenz wird anhalten. Im Übrigen werden die Europäer weiterhin ihre seit den 90er Jahren des vergangenen Jahrhunderts virulenten Illusionen im Hinblick auf die Entwicklung der Welt pflegen, unter dem sicherheitspolitischen Fehlschlag ihres Engagements in Afghanistan leiden und zunehmend darauf dringen, künftig von den Weltproblemen in Ruhe gelassen zu werden. Die Neigung einzelner europäischer Staaten, den gegebenen sicherheits- und verteidigungspolitischen Herausforderungen auszuweichen und ihr Engagement auf „humanitäre“ Missionen zu beschränken, hat sich schon so weit verfestigt, daß es künftig kaum noch möglich sein dürfte, einen anderen Kurs einzuschlagen. Diese Form des „Opportunismus“ im Bereich der Verteidigung dürfte sogar noch zunehmen.

Es wird sich wohl kaum eine Regierung in Europa finden, die es wagt, wesentlich mehr Mittel für die Verteidigung aufzubringen oder gar für Streitkräfte zu sorgen, die modern ausgerüstet, gemeinsam kampffähig und weit entfernt vom eigenen Land eingesetzt werden könnten. Die Ausgaben für die Verteidigung werden wie im vergangenen Jahrzehnt auch künftig weiter zurückgehen. Internationale Aufgaben zur Stabilisierung wichtiger Länder dürften eher klein geschrieben und vor allem unter der zivil klingenden Überschrift „Partnerschaften" abgehandelt werden – vage genug, um sich einem klaren Engagement entziehen zu können. Nichts weist darauf hin, daß ein gemeinsames europäisches strategisches Denken entsteht oder eine entschlossene politische Führung entwickelt wird, um Europa sicherheits- und verteidigungspolitisch in der notwendigen Weise handlungsfähig zu machen. Zwar wird man in vielen Reden führender europäischer Politiker und in manchen Konzepten aus Brüssel Hinweise auf politische Herausforderungen, wie z.B. die wachsende Bedeutung des Cyberwar, den modernen Drohnenkrieg, die asymmetrische Bedrohung durch den islamistischen Terrorismus, die prekäre Lage mit Blick auf die Energiesicherheit Europas, die schwierige Sicherung der Seewege und die zielstrebige Rüstungspolitik Russlands finden. Konkrete, ins Gewicht fallende militärische Maßnahmen werden daraus aber nicht entstehen. Und selbst wenn einzelne EU-Staaten ein größeres militärisches Engagement – etwa gegen das Vordringen des islamistischen Terrorismus – wagen, wird es schwierig sein, die notwendige Unterstützung von den Partnerstaaten in Europa zu erhalten. Das Beispiel des europäischen Fehlverhaltens anläßlich der Vorgehensweisen islamistischer Kräfte in Mali und in zahlreichen anderen Staaten Nordwestafrikas deutet klar darauf hin, wie weit die meisten Regierungen der EU-Staaten von einem der realen Lage angemessenen strategischen Denken und Handeln entfernt sind und wohl auch bleiben werden. Zu einer gemeinsamen Analyse der Bedrohungs-Situation und zur Erarbeitung eines sinnvollen strategischen Konzepts mit dem anschließenden Aufbau und dem koordinierten Einsatz militärischer Kräfte wird es seitens der Europäischen Union nicht kommen.

Auf militärischem Gebiet wird sich künftig immer klarer zeigen, daß der Mangel an modernen schlagkräftigen Streitkräften und der fehlende

Wille zu deren Einsatz keine Vorteile mit sich bringen, sondern die politische Handlungsfähigkeit deutlich reduziert. Die Geschichte wird über dieses Fehlverhalten hinweggehen, aber schwerwiegende Konsequenzen haben. Die Europäer werden daher in Zukunft immer häufiger hinnehmen müssen, daß andere Mächte – auch dank der konsequenten Entwicklung ihrer eigenen „Hard Power" und der Bereitschaft zu deren Einsatz – das Design der neuen Weltordnung bestimmen. Dabei gilt es, nicht nur an den weiteren enormen Aufwuchs der militärischen Kapazitäten Chinas und Russlands zu denken. Bereits die wachsenden militärischen Kapazitäten despotischer Regime im Nahen und Mittleren Osten und die Herausforderungen seitens des immer weiter ausgreifenden islamistischen Terrorismus dürften die Europäer in große Schwierigkeiten bringen. Selbst die grundlegende Aufgabe, für ein gesamteuropäisches Grenzregime zu sorgen und den Migrationsstrom aufzuhalten, gelingt den Europäern nicht. Es deutet vielmehr alles darauf hin, daß die Räume im Vorfeld der europäischen Außengrenzen nicht machtpolitisch wahrgenommen werden.

Europa wird vor dem Hintergrund der wirtschaftlichen und gesellschaftlichen Verhältnisse in den wichtigsten Ländern im Kernbereich der Sicherheit keine eigenständige Macht von hinreichendem Gewicht, sondern künftig auf militärischem Gebiet letztlich doch auf den Beistand der USA angewiesen sein. Es ist gleichwohl eine problematische Auffassung, die Folgen dieser Schwäche zu verdrängen und die Erwartung zu hegen, daß die USA den Europäern im Notfall schon schützen werden. Einen Automatismus gibt es hier jedoch nicht. Die Fähigkeit der Vereinigten Staaten von Amerika, den Europäern militärisch beizustehen, dürfte schon angesichts der enormen Schuldenproblematik der Weltmacht, der bereits eingeleiteten rigorosen Sparmaßnahmen und der dadurch bedingten Reduzierung der eigenen Streitkräfte eher abnehmen. Darüber hinaus werden die U.S.-Streitkräfte entsprechend der Verlagerung der amerikanischen Interessen in immer stärkerem Maße in anderen Regionen der Welt, vor allem im Asiatisch-Pazifischen Raum, benötigt werden. Die Europäer sollten zudem nicht ihre Hoffnung darauf setzen, daß sich dieser Trend mit der Wahl des nächsten Präsidenten in den Vereinigten

Staaten von Amerika ändern könnte. Auch die Nachfolger von U.S.-Präsident Barack Obama werden sich den finanziellen Grenzen und den neuen politischen Herausforderungen beugen müssen.

Zunehmende Energieabhängigkeit

Eine sichere Energieversorgung zu erreichen, sollte zu den wichtigsten Grundlagen der Politik der Europäischen Union gehören. In den jüngsten Studien der Internationalen Energie-Agentur (IEA) und der Generaldirektion Forschung der Europäischen Union wird zwar anerkannt, daß es für die Sicherung der Energieversorgung in Europa höchste Zeit ist, sachgerechte und nachhaltige Maßnahmen zu ergreifen. Vor allem vor dem Hintergrund knapper Erdöl- und Erdgasressourcen, der mangelnden Kontrolle über die Preise und dem möglichen Versagen marktwirtschaftlicher Mechanismen fehlen den Europäern jedoch angemessene Lösungsstrategien.

Wenngleich der Anstieg des Energiebedarfs für die Länder der Europäischen Union dank der noch längere Zeit wirkenden Wirtschaftskrise nicht so dramatisch sein dürfte wie etwa in China, Russland, Indien, Brasilien und anderen aufstrebenden Staaten, bergen die energiepolitischen Rahmenbedingungen für die Europäer große Risiken. Angesichts der prekären energiepolitischen Situation der Europäischen Union erscheint es höchst fragwürdig, daß die europäischen Länder das Problem der Energieversorgung weitgehend im nationalen Alleingang zu lösen suchen. Dabei setzen einige Länder, wie z.B. Frankreich, Großbritannien, Tschechien, Schweden und Finnland sehr stark auf die Energieerzeugung durch Kernkraftwerke. Insbesondere Großbritannien treibt seine Pläne zum Bau neuer Kernkraftwerke zielstrebig voran und läßt dabei sogar die substantielle Beteiligung chinesischer Investoren zu. Auch in Polen und in den baltischen Ländern orientiert man sich zunehmend in Richtung Energiesouveränität. Die Nutzung von Schiefergas, Flüssiggas und Pläne für neue Kohle- und Kernkraftwerke stehen hier im Mittelpunkt. Und Spanien will seine Kernkraftwerke 20 Jahre länger nutzen als ursprünglich geplant.

In der Energiepolitik Europas bleibt vor allem die Produktion von Energie aus Kernkraftwerken problemreich und umstritten. Im wirtschaftlich stärksten Staat der Europäischen Union, der Bundesrepublik Deutschland, hat die von einem Tsunami ausgelöste Reaktorkatastrophe in Fukushima am 11. März 2011 sogar dazu geführt, daß die an sich der Kernkraft gegenüber bis dahin positiv eingestellte Bundeskanzlerin ihre Politik radikal änderte und eine enorm kostspielige Energiewende ohne Rücksicht auf die Nachbarländer einleitete. In Deutschland treibt man seit dem Frühjahr 2011 nicht nur ohne Absprache mit den europäischen Partnerländern eine völlig eigenständige Energiepolitik voran, die bereits zu einer problematischen Fragmentierung des europäischen Binnenmarktes für Elektrizität und zu einer Gefährdung der Versorgungssicherheit führte. Es wurde auch in aller Eile eine Ethikkommission einberufen, in der einige nicht gerade als Fachleute für wirtschaftliche, technologische und naturwissenschaftliche Fragen bekannte Persönlichkeiten beschlossen, daß die Nutzung der Kernkraft unethisch ist.

Wie die jüngsten Studien des „World Energy Council" zeigen, wird die deutsche Energiewende negative Auswirkungen auf die Versorgungssicherheit in anderen Ländern haben. Da immer mehr Kraftwerke aus Kostengründen vom Netz gehen, wird es zu flächendeckenden Stromausfällen vor allem während strenger Winterzeiten kommen. Die fehlenden langfristigen Perspektiven und die regulatorische Unsicherheit werden unweigerlich zu ausbleibenden Investitionen im Energiesektor führen und zudem die Chancen zur Wiederbelebung der europäischen Wirtschaft vermindern. So wurden während des Jahres 2013 in Deutschland bereits 34 Kraftwerksblöcke zur Stillegung angemeldet, weil sie nicht mehr wirtschaftlich zu betreiben sind. Insgesamt führten die Umwälzungen auf dem Energiemarkt – ausgelöst nicht zuletzt durch die deutsche Energiewende – bereits zu erheblichen Verlusten für die Investoren. Davon sind in zunehmendem Maße auch Normalbürger, etwa über die Pensionsfonds oder die Kommunen, die zu den Großaktionären der Energiekonzerne zählen, indirekt betroffen. Die politischen Entscheidungsträger in anderen EU-Ländern verfolgen die Wirkungen des deutschen Atomausstiegs und des künstlich erzeugten Ökostrombooms in Deutschland sehr genau. Es gibt jedoch niemanden, der bereit ist, das deutsche Vorgehen in diesem Bereich vollständig nachzuahmen. Vielmehr setzen mehrere EU-Länder auf den Bau von Kernkraftwerken der vierten Generation, bei denen Unfälle wie in Fukushima und Tschernobyl grundsätzlich ausgeschlossen sind. Lediglich Frankreich ist bereit, seine Abhängigkeit von der Kernkraft von derzeit 75 Prozent auf 50 Prozent zu verringern.

Zwar sind derzeit in 14 der 28 Staaten der Europäischen Union 140 Kernkraftwerke am Netz. Gleichwohl werden die mit der Nutzung der Kernkraft verbundenen Risiken außerordentlich kontrovers diskutiert, und der von einigen gesellschaftlichen Gruppen organisierte Widerstand der Bürger gegen diese Form der Energieerzeugung dürfte auch in jenen Ländern wachsen, die auch künftig einen großen Teil ihrer Energieversorgung über Kernkraftwerke sicherstellen wollen. Darüber hinaus hat noch keiner der europäischen Staaten die Frage der Endlagerung radioaktiver Abfälle geklärt. Lediglich die Finnen gehen das Problem pragmatisch an und haben mit dem Bau eines Endlagers unweit ihres Kernkraftwerks bei Eurajoki begonnen.

Insgesamt bietet die Energiepolitik in Europa ein äußerst problematisches Bild. Sie dürfte wohl auf absehbare Zukunft ein wesentlicher Bereich der Kritik seitens der Nichtregierungsorganisationen sowie deren Repräsentanten in der EU-Kommission und im Europaparlament bleiben, die – ohne Rücksicht auf die Folgen – vor allem ihre ablehnende Haltung zur Nutzung der Kernenergie durchzusetzen suchen. Angesichts der tiefgreifenden Differenzen zwischen den europäischen Ländern bei der Frage der Nutzung der Kernenergie wird jeder Versuch einer Veränderung oder der Einführung von Zwängen eine Quelle des Streits sein. Dies war erneut bei der öffentlichen Diskussion über den Entwurf für eine Richtlinie der EU zur Erleichterung von Subventionen für den Bau und Betrieb von Kernkraftwerken im Juli 2013 zu beobachten. Sachliche und energiepolitisch zielführende Debatten erwiesen sich dabei einmal mehr als nahezu unmöglich. Auf die wichtigen, ja vitalen Fragen, wie z.B. Konflikte etwa im Nahen Osten und deren Konsequenzen für die Energieversorgung sind die Europäer nicht ausreichend vorbereitet. Und die fehlende Gemeinsamkeit in der Energiepolitik der Europäer erschwert einmal mehr die Lösung des Problems. Schon dieser Tatbestand offenbart, daß sich die politischen Entscheidungsträger und ihre Berater mit der Bedeutung der Machtressource Energie nicht zielstrebig genug beschäftigt haben. Selbst die Anfang 2011 von den Regierungen der EU-Staaten bekundete Absicht, bis zum Jahre 2014 wenigstens einen gemeinsamen Energiemarkt aufzubauen, wird nicht umgesetzt. Die nationale Eigenbrötelei in der Energiepolitik dürfte wohl noch lange Zeit weitergehen und schwerwiegende negative Folgen haben.

Zudem werden – entsprechend den Analysen der Europäischen Kommission und der Internationalen Energieagentur (IEA) – die Energiepreise weiter deutlich steigen.

Ideologische Festlegungen einzelner nationaler Regierungen für die gewählte Energieform, hohe Besteuerung, Investitionen in alternde Energiesysteme, der Neubau von Kraftwerken und Stromleitungen, aber auch die weltweit zunehmende Nachfrage nach Energieträgern sind hierfür verantwortlich. Und die mit einer Harmonisierung der Fördersysteme gegebenen Einsparmöglichkeiten dürften auch künftig von der EU nicht hinreichend genutzt werden. Die IEA sieht daher zu Recht gravierende negative Auswirkungen auf die industrielle Wettbewerbsfähigkeit Europas, auf die anstehenden Investitionsentscheidungen und Unternehmensstrategien zukommen. Vor allem in den energieintensiven Branchen wie der Chemie-, Stahl-, Aluminium-, Zement-, Glas- und Papierindustrie wird die Wettbewerbsfähigkeit der europäischen Länder deutlich abnehmen. Dementsprechend wird Europa auch einen wesentlichen Anteil am Welthandel verlieren.

Darüber hinaus ist schon seit einigen Jahren zu erkennen, daß die Abhängigkeit der Europäischen Union von auswärtigen Energie- und Rohstofflieferungen weiter zunehmen wird. Hier fällt nicht nur die Abhängigkeit von der Erdöl- und Erdgasversorgung aus dem politisch instabilen und konfliktträchtigen Nahen Osten ins Gewicht. Die wachsende Abhängigkeit von dem erneut imperialen Russland, das seine strategischen Ressourcen als Machtinstrumente versteht und ohne Skrupel einzusetzen pflegt, ist in diesem Kontext sehr risikoreich. Was es heißt, von russischen Energielieferungen abhängig zu sein, wird in jüngster Zeit immer wieder von Moskau vorgeführt. Die Vorgehensweisen der russischen Regierung gegen die Ukraine und Weißrussland, sowie gegen Moldawien und Georgien haben deutlich gemacht, wie entschlossen die Führungselite in Moskau ihre machtpolitischen Interessen verfolgt und in ernsten Konfliktsituationen auch vertragliche Abmachungen nicht schützen. Das beharrliche Streben nach strategischer Kontrolle über die Energieversorgung Europas und die Bemühungen Russlands, den europäischen Ländern den unmittelbaren Zugang zum Erdöl und Erdgas Zentralasiens zu verwehren, sprechen eine klare Sprache. Auch die Ostsee-Pipeline, mit der Russland die Ukraine und Polen aus der Versorgungskette manövrierte, bietet für die Energieversorgung Europas keine gesteigerte Verläßlichkeit. An diesem Beispiel kann man nicht nur ablesen, wie stark das Verhalten der russischen Führungselite von einem ausgeprägten Utilitarismus bestimmt ist. Russland wird seine Energiemacht einsetzen, um die gewünschte Anpassung an seine machtpolitischen Interessen zu erzwingen oder doch wenigstens Entwicklungen zu verhindern, die seinen Interessen abträglich erscheinen. Auch das Fehlen angemessener Gegenmaßnahmen seitens der EU-Staaten auf dieses russische Verhalten weist auf eine gewisse Hilflosigkeit der Europäer im Bereich der Energieversorgung hin. Die in der Debatte über diese wichtige Frage entwickelte Vorstellung, man könne Europas Energieabhängigkeit von Russland durch den Ausbau erneuerbarer Energien beenden, geht an der Wirklichkeit vorbei. Europa bezieht derzeit etwa 1,5 Prozent seiner Energie aus Solarenergie und Windkraft, während mehr als 70 Prozent aus fossilen Energieträgern stammen. Und die günstigsten Schätzungen der Internationalen Energieagentur gehen davon aus, daß Europa um das Jahr 2030 kaum mehr als 8 Prozent seiner Energie aus erneuerbaren Energien gewinnen wird.

Gegenüber einem politisch ehrgeizigen Staat mit ausgeprägter Autarkie wie Russland führt eine hohe Versorgungsabhängigkeit erfahrungsgemäß zur Nachgiebigkeit. Aus marktwirtschaftlicher Sicht fällt dabei nicht nur die mengenmäßig zuverlässige und ausreichende Versorgung, sondern auch die Preisgestaltung für die Lieferung von Energieträgern ins Gewicht. Wie die jüngste Entwicklung zeigt, trifft die Europäische Union mit Russland auf einen Vertragspartner, der sich auf seine eigene Weise dem Wettbewerb entzieht und seine Handlungsmöglichkeiten beständig ausbaut. Das gigantische Abkommen zur Lieferung von Erdgas, das Präsident Putin am 21. Mai 2014 mit China geschlossen hat, unterstreicht diesen Trend. Während die Versorgung mit Erdgas aus

Westsibirien für Europa unentbehrlich bleibt, wird Russland auf die Abnahme dieses wichtigen Energieträgers durch Europa künftig weniger angewiesen sein. Mit der zu starken Bindung an Russland auf dem Gebiet der Energieversorgung hat die Europäische Union eine bedenkliche Strategie eingeschlagen. Und es ist zu befürchten, daß Europas außenpolitischer Spielraum gegenüber Russland wegen dieser Abhängigkeit weiter abnimmt.

Den Regierungen in der Europäischen Union scheint auch nicht klar genug zu sein, daß trotz des bisher maßvollen Verhaltens der in der OPEC organisierten Lieferländer für Erdöl und Erdgas keine Garantie dafür besteht, diese für die Funktionsweise der Wirtschaft wichtigen Energieträger stets in ausreichender Menge zu erhalten. Denn die zur Zeit zu beobachtende Mäßigung der OPEC-Länder ist kein Gesetz und ändert nichts an dem Problem, daß sich die Masse der Energiereserven der Welt auf Staaten konzentrieren, deren Regierungen im Konfliktfall nicht zögern, die mit ihren begehrten Energiereserven gegebene Macht rigoros zu nutzen. Nichts spricht im Übrigen dafür, daß die Region des Nahen Ostens künftig weniger konfliktträchtig und damit stabiler werden könnte. Schon die aggressive Politik des Mullah-Regimes in Teheran und dessen entschlossene Rüstungsanstrengungen stehen dem entgegen. Das von den Außenministern der fünf Veto-Mächte im Sicherheitsrat der Vereinten Nationen und Deutschlands am 14. Juli 2015 mit den iranischen Repräsentanten in Wien erzielte Atomabkommen wird das militärische Nuklearprogramm des Mullah-Regimes nicht beenden können. Das Abkommen legitimiert vielmehr die nuklearen Bestrebungen Teherans und wird zudem mit der Aufhebung der Sanktionen dazu führen, daß der Iran die damit gewonnenen zusätzlichen Geldmittel für die weitere Aufrüstung der gegen Israel kämpfenden islamistischen Terrorgruppen Hamas und Hizbullah nutzt. Das Entgegenkommen der westlichen Vertreter in der Frage der Urananreicherung und die Bereitschaft des Iran, Kontrollen durch die Inspektoren der Internationalen Atomenergiebehörde (IAEA) zuzulassen, bieten dem Mullah-Regime durchaus die Möglichkeit, das nukleare Rüstungsprogramm weiter zu verfolgen. Wesentliche für das Nuklearprogramm konstitutive Komponenten werden von der Übereinkunft nicht erfaßt. Angesichts der inzwischen erreichten Vielfalt in der

Nukleartechnik können es sich die Iraner leisten, auf einzelne Komponenten zu verzichten. Die in dem Abkommen vom 14. Juli 2015 enthaltenen Auflagen zur Kontrolle und Überwachung der Nuklear-Anlagen und Militärbasen sind leicht zu umgehen. Und selbst wenn die Inspektoren der Internationalen Atomenergiebehörde (IAEA) Zugang zu den kritischen Anlagen verlangen, haben die Iraner vielfältige Möglichkeiten, die Kontrolle zu verzögern oder gar zu verweigern. Die geheime Zusatzvereinbarung zu dem Wiener Atomabkommen erlaubt den Iranern sogar, die auf den Militärbasen des Landes befindlichen nuklearen Anlagen selbst zu kontrollieren.

Die abzusehenden katastrophalen Auswirkungen eines trotz der jüngsten diplomatischen Anstrengungen möglichen militärischen Konflikts zwischen Israel und dem weiterhin nach nuklearen Waffen strebenden Iran dürften die energiepolitischen Schwächen Europas einmal mehr verschärfen. Dabei ist besonders bemerkenswert, daß die meisten europäischen Länder die Möglichkeit eines militärischen Konflikts Israels mit dem Iran überhaupt nicht „auf ihrer Rechnung" haben. Europa wird von diesem Konflikt sehr stark in Mitleidenschaft gezogen werden, auch wenn es sich nicht direkt an ihm beteiligt. Denn die Auswirkungen eines Waffengangs, der dem Mullah-Regime in Teheran seine Nuklearkapazitäten wieder nimmt, werden nachhaltig sein. Man wird in Europa nicht nur mit extrem hohen Preisen für Erdöl und Erdgas, sondern auch mit länger andauernden Lieferunterbrechungen rechnen müssen.

Die Regierungen der europäischen Länder können dabei ebensowenig erwarten, daß im Krisen- oder Konfliktfall die wichtigen Energieträger Erdöl und Erdgas etwa aus Venezuela, Bolivien oder aus Nigeria, Angola und Gabun zur Verfügung stehen. Einige Regierungen lateinamerikanischer Länder haben längst erkannt, welche politischen Möglichkeiten sie mit ihrer Energiemacht in den Händen halten. So dürfte die enge Kooperation vor allem Venezuelas mit denjenigen Ländern, die sich den USA und Europa entgegenstellen, wie z.B. der Iran, in naher Zukunft noch große Sorgen bereiten. Der wachsende Bedarf aufstrebender Mächte verschafft den Regierungen von Venezuela und anderer Lieferländer Möglichkeiten alternativen Handelns und damit eine Energiemacht, die sie gegen diplomatischen und wirtschaftlichen Druck aus den USA oder Europa weitgehend unempfindlich werden läßt. Man muß also damit rechnen, daß zumindest die venezolanische Regierung Solidarität mit dem Mullah-Regime im Iran üben wird, wenn dieses Land nach dem Erreichen des Nuklearmacht-Status einen neuen Nahostkonflikt auslöst.

Die außerordentlich zielstrebige, global ausgelegte Politik Chinas und der USA zur Sicherung ihrer künftigen Energie- und Rohstoffversorgung wird die Abhängigkeit Europas in diesem Schlüsselbereich noch deutlicher hervortreten lassen. So werden die USA durch die Ausbeutung der neu entdeckten Schiefergas- und Ölvorkommen auf ihrem Territorium etwa bis zum Jahre 2025 autark sein und schon bis zum Jahre 2020 zum größten Erdgas- und Ölproduzenten der Welt aufsteigen. Es zeichnet sich darüber hinaus ab, daß um 2030 etwa 80 Prozent der Ölexporte aus dem Nahen Osten in Richtung Asien gehen werden. Insbesondere der Wandel der Energiesituation in den USA wird einschneidende wirtschaftliche und politische Konsequenzen für Europa haben. Die Gewißheit, daß die USA vor einer Ära billiger und stets verfügbarer Energie stehen, dürfte eine entschlossene Re-Industrialisierung der Weltmacht einleiten und eine deutliche Veränderung der Interessenlage nach sich ziehen. Mit der im großen Stil eingeleiteten Schiefergas- und Erdölproduktion dürfte die Wirtschaft der USA vollständig umgestaltet werden. Die Amerikaner greifen dabei auf eine schon seit Jahrzehnten weltweit eingesetzte Technologie zurück, die inzwischen erheblich verbessert worden ist. Waren es vor zehn Jahren in den USA erst fünf Prozent der Erdgasproduktion aus Schieferformationen und 2011 ca. 25 Prozent, so nimmt die Förderung pro Jahr nunmehr um 20 Prozent zu, und dies dürfte auch so bleiben. Die Goldgräberstimmung wird mehr und mehr auch europäische Unternehmen anlocken, die sich an der Förderung von Erdgas durch die „Fracking"-Methode beteiligen wollen, aber in Europa an dem entsprechenden Engagement durch eine fehlgeleitete Politik daran gehindert werden. Die Versuche einiger in diesem Bereich besonders engagierter europäischer Nichtregierungsorganisationen, wie z.B. der „Energy Watch Group", mit der Präsentation von wissenschaftlich nicht tragfähigen „Studien" die Prognosen der Internationalen Energieagentur und die Erwartungen der Amerikaner über die substantiellen Ergebnisse ihrer Energiepolitik in Frage zu stellen, dürften kaum erfolgreich sein.

Zudem werden Investoren, die nach günstigen und sicheren Produktionsstandorten suchen, ihre Entscheidung wohl zugunsten der USA treffen. Diese Entwicklung wird zwei wichtige wirtschaftspolitische Konsequenzen haben: Zum einen fiele mit der baldigen Unabhängigkeit der USA von Energieimporten eine wesentliche Ursache des enormen Außenhandelsdefizits weg. Zum anderen profitiert die amerikanische Industrie schon jetzt von sinkenden Energiekosten und gewinnt hierdurch einen deutlichen Wettbewerbsvorteil gegenüber ihren Konkurrenten in anderen Teilen der Welt. Die im Vergleich zu Europa niedrigen Energiekosten in den USA haben bereits Investitionen von mehr als 100 Milliarden Dollar nach Amerika gelockt. Über 1,2 Millionen Arbeitsplätze sind dabei geschaffen worden. Und der Trend hält an, weil sich die Investoren nicht mehr auf das notwendige rationale Verhalten der Europäer verlassen können. Auch für die amerikanische Chemie-Industrie wird die preiswerte Eigenversorgung mit Erdöl und Erdgas sehr günstige Folgen haben. Mit einer derartigen Entwicklung wird sich die relative Standortqualität Europas weiter verschlechtern. Es gibt zudem keinen Hinweis darauf, daß die Europäer von ihren ideologischen Fixierungen im Bereich der Energieversorgung Abschied nehmen und sachlich angemessenen Produktionsweisen den Vorzug einräumen könnten. Hier wird man sich eher weiter über die Fördermethoden des „Fracking" streiten, obwohl die dabei verwendeten Verfahren schon lange zum Standard in der Erdgasförderung gehören und die Chance eröffnen, die Energieabhängigkeit wenigstens zu mildern.

Darüber hinaus wird die neue, von den USA und von China konsequent angewandte Technologie des „Fracking", die Erdgas und Erdöl aus Schiefergestein gewinnt, die geopolitische Struktur der Welt deutlich verändern. Denn hierbei ist nicht nur bemerkenswert, daß die führenden Nationalstaaten der Welt diese Technologien – anders als das rückständige Europa – auch gegen den Widerstand von Umweltgruppen anzuwenden pflegen. Es befinden sich auch die größten Vorkommen des Schiefergesteins auf dem Territorium dieser beiden Länder. Zudem werden es neue Technologien zunehmend erlauben, verflüssigtes Erdgas per Schiff von Terminal zu Terminal zu transportieren, so daß man auf kostspielige Rohrleitungen verzichten kann.

Vor diesem Hintergrund muß es erstaunen, daß die Europäer nicht einmal in der Lage sind, ihre Politik zur Energieversorgung hinreichend zu koordinieren. Problematischen Lieferländern, von Russland bis zum Iran, kann es daher gelingen, die einzelnen Mitgliedsstaaten der Europäischen Union gegeneinander auszuspielen. Zwar hat die Europäische Union seit einigen Jahren versucht, ihre Energiequellen zu diversifizieren. So war die Unterzeichnung des Vertrages zum Bau der 3.300 km langen Nabucco-Pipeline für Erdgas aus Aserbeidschan am 13. Juli 2009 in Ankara durch die Regierungschefs Österreichs, Ungarns, Rumäniens, Bulgariens und der Türkei ein zunächst hoffnungsvoller Schritt. Doch ist dieses Projekt schließlich im Juni 2013 de facto gescheitert. Zum einen wurden von Russland große Anstrengungen unternommen, das Nabucco-Projekt zu hintertreiben. Schon mit dem am 8. Dezember 2012 durch Präsident Putin eingeleiteten Bau der South-Stream-Leitung durch das Schwarze Meer hätte Russland seine Dominanz festigen und einen weiteren Hebel gewinnen können, um Europa in Energieabhängigkeit zu halten. Ende 2014 wurde die Errichtung der South-Stream-Leitung jedoch auf Eis gelegt, weil die EU-Kommission den Gazprom-Konzern wegen angeblich unlauterer Geschäftspraktiken verklagt hat und Russland vor dem Hintergrund des Ukraine-Konflikts einen noch wirksameren Hebel fand, um einerseits die Ukraine künftig von Erdgas-Lieferungen abzuschneiden und zum anderen die EU-Staaten in stärkere Abhängigkeit zu bringen: So werden die meisten EU-Staaten ab 2016 gezwungen sein, ihre Versorgung mit Erdgas über die von Russland mit der Türkei Ende Juni 2015 vertraglich vereinbarte Turk-Stream-Leitung sicherzustellen. Darüber hinaus will auch die Regierung von Aserbeidschan die Kontrolle über die Lieferung von Erdgas selbst behalten und für den Transport dieses Energieträgers über eine eigene Pipeline durch Georgien bis zur Türkei sorgen. Griechenland und Österreich haben sich bereits der neuen Lage angepaßt und die vom Gazprom-Konzern geforderte Bedingung akzeptiert, die Erdgas-Leitungen von der Türkei aus nach Westen weiterzuführen. Die Energieabhängigkeit wird daher ein strategisches Handicap der Europäischen Union bleiben

Fehlende Anpassung an die Wirklichkeit

Gewiß hätten die Europäer die Chance, mit realitätsbezogenem Verhalten aus der komplizierten Krisensituation herauszukommen, ihre Ressourcen entschlossen und kraftvoll zu entwickeln, eine aussichtsreiche Machtposition im Weltstaatensystem aufzubauen und ihren Einfluß geltend zu machen. Ein neuer Aufbruch könnte aber nur auf der Grundlage einer neuen politisch-psychologischen Orientierung für den Staatenverbund „Europa" kommen. Die Europäer müßten also lernen, die Welt so zu sehen, wie sie wirklich ist und dann den Verstand gebrauchen. Es wäre durchaus möglich, den Niedergang der Europäischen Union aufzuhalten oder doch wenigstens deutlich abzuschwächen, wenn es genügend politische Entscheidungsträger in den EU-Ländern gäbe, die den Mut hätten, die Entwicklung Europas auf der Basis einer wissenschaftlich fundierten realistischen Analyse voranzutreiben. Für eine sorgfältige Vorbereitung einer derartigen Politik würde sich gewiß eine Reihe von erfahrenen und fähigen Experten finden, die abseits „philosophischer" Darlegungen oder utopischer „Visionen" ein durchführbares Konzept entwerfen könnten.

Man würde damit beginnen müssen, das Kernproblem der Europäischen Union zu definieren und eine klare Zielvorstellung dafür zu formulieren, wohin sich Europa entwickeln soll. Sodann wäre es notwendig, eine Strategie zu formulieren, die alle einzelnen Facetten der Probleme aufnimmt, die den Europäern große Sorge bereiten. Wenn diese Orientierungsleistung gelungen wäre, könnte man hoffen, die notwendigen Kräfte zu mobilisieren und schließlich auch das für ein demokratisch geordnetes Gemeinwesen so wichtige Vertrauen der europäischen Bürger zu gewinnen.

In diesem Zusammenhang wäre zunächst klarzustellen und zu akzeptieren, daß die Europäische Union ein Verbund von Nationalstaaten ist und bleiben wird, dessen einzelne Mitglieder nur einen Teil ihrer Souveränität und ihrer politischen Kompetenzen auf europäische Institutionen übertragen wollen. Die historische Erfahrung lehrt, daß bei Interessenkonflikten zwischen den einzelnen Nationalstaaten und der Europäischen Union die Interessen der Nationalstaaten Vorrang erhielten. Mit mehr oder weniger geschickten Formelkompromissen lassen sich derartige Differenzen nicht überbrücken oder gar aus der Welt schaffen.

Nicht nur mit Blick auf Großbritannien wird es künftig unmöglich bleiben, weitere Souveränitätsrechte an Brüssel abzutreten. Dies gilt erst recht, nachdem die United Kingdom Independence Party (UKIP) bei den Wahlen zum Europäischen Parlament am 25. Mai 2014 mit einem Zuspruch von 27,5 Prozent großen Eindruck hinterlassen und die Konservative Partei unter der Führung von Premierminister David Cameron zu einer deutlich härteren Position gezwungen hat. Die Briten wollen es eher bei einer lockeren Wirtschaftsgemeinschaft belassen. Ein Beitritt zur Euro-Zone steht überhaupt nicht zur Debatte. Auch die Tatsache, daß derzeit die Hälfte der britischen Exporte in die anderen EU-Länder gehen und aus den EU-Ländern wiederum die wichtigsten Investoren in Großbritannien kommen, ändert daran nichts. Von der großen Mehrheit der politischen Führungselite Großbritanniens wird im Grunde nicht viel mehr als der Name der Europäischen Union hingenommen. Eine Europäische Union, die immer stärker in die Richtung eines zentralistischen Gebildes neigen würde, wäre für die Briten nicht akzeptabel. Ihnen ist bewußt, daß der Beitritt im Jahre 1973 im Grunde nur den politischen Zweck verfolgte, das damals stark angeschlagene Wirtschaftssystem Großbritanniens wieder ins Lot zu bringen. Die tiefere Bedeutung der europäischen Idee zu verankern, war nie das Ziel Großbritanniens. Am deutlichsten hat diese Haltung die britische Premierministerin Margaret Thatcher in ihrer berühmten Rede im September 1988 am Europa-Kolleg in Brügge ausgedrückt: „Wir haben zu Hause den Staat nicht erfolgreich in seine Schranken verwiesen, nur um ihn auf europäischer Ebene wieder eingesetzt zu sehen, mit einem Superstaat, der von Brüssel aus neue Dominanz ausübt." Die Briten erinnern sich angesichts der gegenwärtig so problematischen Tendenzen in Brüssel zunehmend daran, welche unangenehmen Folgen eine stärkere Führungsrolle der Europäischen Institutionen für sie hätte. Die Neigung, der inneren Dynamik des europäischen Projekts auszuweichen, die im Grunde der historischen Erfahrung und den Traditionen Großbritanniens widerspricht, ist daher sehr groß. Man fürchtet sich nicht nur vor allem, was „irreversibel" oder emotional überhöht erscheint und die Fähigkeit zur politischen Selbstbestimmung in Frage stellen könnte. Die politische Führung Großbritanniens will sich daher aus allen Zwängen und Widersprüchen befreien, die mit der Mitgliedschaft in der Europäischen Union verbunden sind.

Im Hinblick auf die Mitgliedschaft Großbritanniens geht die Tendenz inzwischen längst in eine andere Richtung, als sich die übrigen Partnerstaaten dies vorstellen. So wurde bereits mit dem „European Union Act" vom Juli 2011 gesetzlich verankert, daß ein Referendum in Großbritannien verpflichtend ist, sobald eine Änderung des Vertrages von Lissabon ansteht. Das Gesetz räumt der britischen Bevölkerung demnach ein Mitspracherecht in folgenden Angelegenheiten ein: den Transfer von Vollmachten und Kompetenzen an die EU, den Beitritt zum Euro, den Beitritt zu einer europäischen Verteidigungsorganisation, die Erweiterung von Kompetenzen im Zusammenhang mit der Außen- und Sicherheitspolitik, die Abschaffung der britischen Grenzkontrollen. Ferner verstärkt dieses Gesetz die parlamentarische Kontrolle über alle Vorschläge mit Blick auf Vertragsänderungen, die von der jeweils amtierenden Regierung befürwortet werden. Und Großbritanniens Premierminister David Cameron mußte schon vor seinem Regierungsantritt am 11. Mai 2010 zusagen, für Adjustierungen im Verhältnis zur Europäischen Union zu sorgen. Die Europäische Union wird sich also erst recht nach den von David Cameron gewonnenen Unterhauswahlen am 7. Mai 2015 im Sinne der britischen Interessen verändern müssen, um Großbritannien in dem Staatenverbund zu halten. Unter den politischen Parteien in Großbritannien herrscht Konsens, daß einige Kompetenzen, die an Brüssel abgegeben wurden, wieder repatriiert werden sollten. Wie ernst es der britischen Regierung damit ist, zeigt bereits ihre Entscheidung vom Oktober 2012, sich aus der EU-Kooperation im Bereich Inneres und Justiz zurückzuziehen. Premierminister David Cameron machte mit dieser Entscheidung ein Versprechen wahr, das er schon kurz nach seinem Regierungsantritt gegeben hatte. Angesichts des Drängens starker politischer Kräfte in Brüssel auf mehr Integration und der wachsenden Abneigung der Briten gegenüber dem europäischen Integrations-Prozeß will Premierminister David Cameron die gesamten Beziehungen zur Europäischen Union auf den Prüfstand stellen. Das britische Außenministerium hat hierzu in einem „review of competences" diese Beziehungen durchforstet und in fünf Berichten Auskunft darüber gegeben, welchen Zugriff die Europäische Union auf das Leben der Briten hat, wo dieser Einfluß wichtig und wo er unnötig ist. Es wird nunmehr festgelegt werden, wie problematische Entscheidungs-Kompetenzen der EU zurückgedrängt und in Verhandlungen wieder der nationalen Hoheit unterstellt werden – unabhängig davon, ob die anderen EU-Länder den britischen Verhandlungswunsch nach „Repatriierung" von Kompetenzen überhaupt akzeptieren.

Die Ernsthaftigkeit des britischen Vorgehens wird in führenden Institutionen der Europäischen Union und von den Regierungen der meisten Partnerländer noch immer unterschätzt. Hier geht es nicht um den Wunsch der Briten, sich dem „aquis communautaire", den Rechtsakten, die für alle Mitgliedsstaaten der Europäischen Union verbindlich sind, zu entziehen und nach eigener Präferenz einmal dieses, ein anderes Mal jenes Prinzip zu akzeptieren. Wenngleich ein Rücktransfer von Kompetenzen und Vollmachten der EU juristisch äußerst kompliziert wäre und in anderen EU-Staaten auf Widerstand stoßen würde, wird es nicht reichen, sich auf Rechtspositionen und Prinzipien zurückzuziehen, um das Anliegen Großbritanniens abzuwehren. Die Briten werden daran festhalten, daß aus ihrer Sicht die Entwicklung des Binnenmarktes im Mittelpunkt der Europäischen Union steht, nicht aber die Vertiefung der Institutionen einschließlich der weiteren Abgabe von Kompetenzen. An einer immer stärker werdenden Integration der EU-Staaten wird sich Großbritannien nicht beteiligen. Vor diesem Hintergrund war es durchaus hilfreich, daß Premierminister David Cameron bereits am 23. Januar 2013 in seiner Grundsatzrede klargemacht hat, wie ernst es der britischen Regierung mit ihrer Einstellung zur Europäischen Union ist.

Mit seiner Forderung, noch einmal inne zu halten und dabei die Statik und die Kompetenzverteilung zwischen Brüssel und den Nationalstaaten zu überprüfen, sprach David Cameron nicht nur ein Kernproblem der Europäischen Union an. Er machte auch deutlich, daß die EU künftig flexibler und wettbewerbsfähiger werden sowie die Unterschiedlichkeit der Mitgliedstaaten stärker widerspiegeln müsse. Für die von führenden europäischen Politikern angestrebte Entwicklung der EU zu einer politischen Union ist damit die Notbremse gezogen worden. Aus der Sicht des britischen Premiers gilt es dagegen, Europa als Wirtschaftsraum zu entwickeln, dem wichtigen Prinzip der „Subsidiarität" mehr Durchschlagskraft zu verleihen und einen neuen modus vivendi mit der EU und ihren Institutionen zu finden. Ein „Weiter so" kommt für die britische Regierung nicht in Frage. Der Premier hat klargestellt, daß Großbritanniens Interesse darin besteht, ein führendes Mitglied der Europäischen Union zu bleiben, aber daß Europa sich reformieren muß. Er zielt auf ein Europa, das sich weniger einmischt, das weniger zentralisiert und bürokratisch ist. Es wird nunmehr nichts daran vorbeiführen, die Europäischen Verträge zu ändern, wenn Großbritannien Mitglied der Union bleiben soll. Mit dem historischen Versprechen David Camerons, das Ergebnis der Verhandlungen dem britischen Volk zur Entscheidung vorzulegen, dürfte klar sein, daß nur ein substantielles Ergebnis im Sinne des Verständnisses der Regierung in London die Chance hat, die Mehrheit der britischen Wähler zu bewegen, für den weiteren Verbleib in der Europäischen Union zu stimmen. Der britische Premierminister handelt damit keineswegs „in unlauterer Absicht", wie etwa der am 1. Juli 2014 wiedergewählte Präsident des Europaparlaments Martin Schulz vorschnell und fern der Realität meinte, sondern im Interesse der Bürger seines Landes. Der Erfolg seiner mutigen Initiative wird auch den Bürgern der übrigen EU-Staaten Nutzen bringen.

Gleichwohl war die Kritik an der Grundsatzrede des britischen Premierministers sehr aufschlußreich. Während die auf den selbstzufriedenen Blick nach innen, den Erhalt des überkommenen Wohlfahrtsstaats und die weitere Abgabe von Kompetenzen an die EU-Institutionen (einschließlich der Bildung einer Transferunion) fixierten europäischen Politiker die konkreten und gut begründeten Forderungen von David Cameron einfach überhörten und seinen Vorstoß ausschließlich mit innenpolitischen Schwierigkeiten zu erklären suchten, nahm die deutsche Bundeskanzlerin die Thematik auf. Anders als der frühere deutsche Außenminister Guido Westerwelle hatte sie sofort erkannt, daß es dem britischen Kollegen nicht um „Rosinenpickerei" geht. Ihr ist offenbar auch bewußt, daß die Europäische Union keine „Schicksalsgemeinschaft" ist, sondern das beständig neu zu bewertende Ergebnis eines Prozesses darstellt, über dessen Inhalt und Form die Mitgliedsländer und deren Bürger zu entscheiden haben. Für die deutsche Kanzlerin ist Großbritannien ein wertvoller Verbündeter, wenn es darum geht, die Fehlentwicklung der EU zu einer Transferunion zu verhindern.

Die deutsche Bundeskanzlerin sieht David Cameron zu Recht nicht als „Erpresser", der die europäische Idee bedroht und lediglich Sonderregelungen für sein Land erreichen will, sondern als einen pragmatischen Politiker, der mit seinen Anregungen darauf zielt, der Europäischen Union mehr Flexibilität angesichts der Herausforderungen der Globalisierung zu verschaffen. Er denkt und handelt als Europäer, der die drängenden Probleme offen anspricht und die Notwendigkeit von Reformen mit der gebotenen Klarheit artikuliert. Anders als die meisten anderen Kollegen in der EU leugnet der britische Premierminister nicht die tiefen Differenzen, die es zwischen den einzelnen EU-Ländern gibt. Er erinnert vielmehr daran, daß die Unterschiede in der Geschichte, der Mentalität und der Strukturen erheblich sind. Und er macht deutlich, daß diese Unterschiede nicht durch abstrakte, rechtliche Konstruktionen ersetzt werden können. Seine Forderung, daß die Europäer auf den Weg des Pragmatismus zurückkehren müssen, erscheint von daher nur folgerichtig. In der Tat erwies sich die Intransigenz derjenigen Politiker in Europa, die es ablehnen, eine ehrliche Subsidiaritätsdebatte zu führen, als so groß, daß aus der Sicht des britischen Premierministers keine andere Herangehensweise möglich war. Es verwundert mit Blick auf die Grundsatzrede von David Cameron nicht, daß insbesondere die kritischen und in der Regel realitätsfernen Aussagen der führenden französischen Politiker den Riß in der Europäischen Union deutlich spüren ließen.

Bereits durch das Unvermögen der Europäischen Union, die Euro-Krise zu lösen, ist der Riß zwischen den Ländern der Euro-Zone und Großbritannien größer geworden. Schon der heftige Streit in der Europäischen Union über das Budget des Staatenverbundes für die Jahre 2014 bis 2020 hat die schleichende Entfremdung zwischen Großbritannien und der EU in ihrer heutigen Form einmal mehr vertieft. Während Premierminister Cameron das Budget auf dem Stand von 2011 einfrieren und weder die Inflation, noch eine Steigerung der Wirtschaftskraft berücksichtigen wollte, verlangten die meisten anderen Staaten, die Europäische Kommission und das Europaparlament eine deutliche Ausweitung der Ausgaben. Das Scheitern des Versuchs, den neuen Haushaltsrahmen auf dem EU-Gipfel vom 22. November 2012 zu beschließen und Anfang

2013 erneut zusammenzukommen, war im Grunde vorprogrammiert. Wie tief die Spaltung der Europäischen Union in dieser bedeutsamen Frage geht, hat der von der EU-Führung in Brüssel zeitweise erörterte kühne Plan gezeigt, das Budget nur mit den Stimmen von 26 Ländern zu beschließen. Doch wäre dies nicht nur einem Putsch gegen Großbritannien gleichgekommen und rechtlich äußerst umstritten gewesen. Diese Vorgehensweise hätte auch die Abneigung der Briten gegen die Europäische Union zusätzlich gesteigert. Das vorgesehene Referendum in Großbritannien hätte unter diesen Umständen ganz sicher zu einem Votum gegen den weiteren Verbleib in der EU geführt. Im Übrigen war der britische Premierminister David Cameron mit seinen gut durchdachten Vorstellungen zum Haushaltsrahmen der Europäischen Union keineswegs so isoliert, wie die Medien dies dargestellt haben. Die Regierungen in Deutschland, Finnland, Schweden, Dänemark und den Niederlanden haben ihn damals offen unterstützt.

Angesichts dieser Sachlage gelang es den Staats- und Regierungschefs der EU-Staaten beim zweiten Versuch am 8. Februar 2013, das Budget der Europäischen Union für die Jahre 2014 bis 2020 auf 959 Milliarden Euro festzulegen, also um ca. drei Prozent im Vergleich zum vorherigen Haushalt zu reduzieren. Die Gipfelrunde kam mit dieser niedrigeren Summe dem britischen Regierungschef entgegen und legte Einsparungen für nahezu alle Bereiche des EU-Haushalts fest. Immerhin ist dies die erste Kürzung des Haushalts seit der Gründung des Staatenverbundes. Allerdings wurde die bisherige Ausgabenstruktur damit kaum angetastet. Die außergewöhnlich hohen Subventionen für den Agrarbereich blieben im Wesentlichen erhalten. Für entscheidende Änderungen gibt es nur zaghafte Ansätze. Das Budget wird auch für die kommenden sieben Jahre diejenigen alimentieren, die sich seit Jahrzehnten als Subventionsempfänger bequem eingerichtet haben. Das Europäische Parlament, das erstmals gefragt werden mußte, kündigte prompt sein Veto an, und bei der Abstimmung am 13. März 2013 lehnten 506 von 690 Abgeordneten den EU-Haushalt ab. Seine führenden Vertreter kritisierten dabei zu Recht, daß in dem Budget jede vorwärts gerichtete Agenda zur Weiterentwicklung der wirtschaftlichen Grundlagen der Europäischen Union fehle. Erst nach monatelangen und mühsamen Verhandlungen mit dem EU-Parlament konnte ein Kompromiß erzielt werden. Doch schreibt auch diese Übereinkunft die unproduktive Mittelverteilung der letzten Jahrzehnte bis zum Jahre 2020 fest. Mit der zu geringen Zuweisung finanzieller Ressourcen in die Bereiche der Bildung, Forschung und Infrastruktur beraubt sich der Alte Kontinent seiner wirtschaftlichen Zukunft. Darüber hinaus wird sich noch zeigen müssen, ob die Interessengemeinschaft der disziplinierten Staaten Nord- und Mitteleuropas unter Einschluß Großbritanniens hält und beim eigentlichen Test, der Verhandlung über die Rückgabe von Rechten und Kompetenzen an London, bestehen bleiben kann.

Auch mit Blick auf seine Grundsatzrede am 23. Januar 2013 und die darin enthaltenen unmißverständlichen Forderungen traf David Cameron auf die Bereitschaft der deutschen Bundeskanzlerin Angela Merkel und hochrangige Politiker anderer bedeutender EU-Staaten. Zusammen mit anderen wichtigen Fragen belegt dieser Tatbestand einmal mehr, daß führende Vertreter der Europäischen Union, vom früheren Präsidenten der EU-Kommission José Manuel Barroso und dem Präsidenten des Europäischen Parlaments Martin Schulz bis zu den Repräsentanten der südeuropäischen Länder eher in einer „Zweiten Welt" leben und wenig Anstrengungen unternehmen, um in die Realität zurückzukehren. Sie neigen dazu, nur nach innen zu blicken, statt nach außen, weil sie zu sehr damit beschäftigt sind, ein Gebilde gleichgerichteter Staaten zu schaffen, das sich irgendwie selbst genügt. Diese Kräfte scheinen gar nicht zu bemerken, daß sie mit ihrer rückwärtsgewandten Haltung den Zulauf für rechtsextreme Parteien in den europäischen Ländern begünstigen. Es konnte in diesem Zusammenhang nicht überraschen, daß sich der ungelöste Konflikt zwischen den am „alten Denken" festhaltenden und den „reformerischen" Kräften auch in der Schwierigkeit ausdrückte, den ehemaligen Luxemburger Regierungschef Jean-Claude Juncker zum neuen Präsidenten der EU-Kommission zu bestimmen. Daß die Staats- und Regierungschefs der EU-Länder den für seine konservative Haltung bekannten Jean-Claude Juncker bei ihrem Treffen am 28. Juni 2014 dennoch gegen den erklärten Willen David Camerons nominierten und das neue Europaparlament seiner Ernennung am 15. Juli 2014 zustimmte, wird den innereuropäischen Konflikt weiter vertiefen. Junckers Ankündigung, mit den eher reformskeptischen Kräften im Europäischen Parlament und den Regierungen der südeuropäischen Länder eng zusammenzuarbeiten, dürfte die Durchsetzung des britischen Verlangens nach einer grundlegenden Reform der Europäischen Union erheblich erschweren.

Nach dem für Großbritannien so einschneidenden Ergebnis der Wahlen zum Europäischen Parlament vom 25. Mai 2014 und dem klaren Sieg David Camerons bei den Unterhauswahlen am 7. Mai 2015 wird mit der Rückgabe von Rechten und Entscheidungsbefugnissen an die nationalen Institutionen Ernst gemacht werden müssen. Dies gilt erst recht mit Blick auf die Abwehr des Zustroms von Migranten nach Europa und die entsprechenden Eingriffsregeln der EU. Jede Verzögerung dieses Prozesses der Re-Nationalisierung wird die Europäische Union ins Schlingern geraten lassen. Denn Großbritanniens Regierungschef David Cameron muß den britischen Bürgern eine glaubwürdige Begründung für die weitere Mitgliedschaft in der Europäischen Union anbieten, wenn er das spätestens für 2017 in Aussicht gestellte Referendum gewinnen will. Ohne eine Rückverlagerung wesentlicher Kompetenzen an die Mitgliedstaaten und die Einleitung von tiefgreifenden Reformen zur Verbesserung der Wettbewerbsfähigkeit wird der Verbleib Großbritanniens in der EU kaum denkbar sein. Wie klar dem britischen Premierminister dieser Sachverhalt ist, zeigte bereits seine Kabinettsumbildung am 15. Juli 2014. Mit der Übernahme wichtiger Posten durch europaskeptische konservative Politiker und vor allem mit der Ernennung von Philip Hammond zum Außenminister suchte David Cameron nicht nur mit Blick auf die Unterhauswahlen am 7. Mai 2015 die an die United Kingdom Independence Party verlorenen Stimmen zurückgewinnen. Er signalisierte mit diesem Schritt auch seine Entschlossenheit, die britische Forderung nach der Rückverlagerung von Kompetenzen und tiefgreifenden Reformen in der Europäischen Union zu untermauern. Und zu Beginn des EU-Gipfeltreffens am 21./22. Mai 2015 in Riga machte David Cameron erneut klar, daß die von ihm verlangten substantiellen Reformen rasch ausgehandelt werden müßten. Sollten die Bemühungen David Camerons jedoch fehlschlagen und die britischen Wähler für einen Austritt aus der Europäischen Union stimmen, wäre dieser Staatenverbund nur noch ein Torso. Eine derartige Entwicklung würde die realitätsorientierten politischen Kräfte in der EU deutlich schwächen und den Niedergang Europas einmal mehr beschleunigen.

In Frankreich, das sich auch unter Präsident Hollande als „Welt-macht" („puissance mondiale") mit besonderem Geltungsanspruch und eigenen Interessen versteht, wird es unter Hinweis auf seine nationale Souveränität („exception francaise") selbst in künftigen Krisensituationen wenig Neigung geben, wichtige Kompetenzen an zentrale Institutionen in Brüssel zu übertragen. Frankreich wird auch in Zukunft nach der Devise „La France d'abord!" handeln und nationalfranzösische Vorhaben in europäisches Gewand zu kleiden versuchen. Mehr Beweglichkeit in dieser Frage erscheint nach dem mit 14 Prozent extrem schlechten Ergebnis der französischen Sozialisten bei den Wahlen zum Europäischen Parlament am 25. Mai 2014 völlig ausgeschlossen. Angesichts der populären Forderungen der bei den Wahlen siegreichen rechtsextremen Partei Front National wird die französische Regierung vielmehr die nationalen Interessen noch stärker betonen müssen. Die Sozialisten können es nicht wagen, dem Verlangen des britischen Regierungschefs nach der Repatriierung von Rechten und der Stärkung der nationalen Parlamente etwas in den Weg zu stellen oder gar dafür zu plädieren, mehr Kompetenzen an Brüssel abzugeben. Darüber hinaus ist das Beharren des französischen Staatspräsidenten auf einem EU-Haushalt, bei dem ein Drittel in den Agrarmarkt und den ländlichen Raum fließen, obwohl dieser Bereich nur etwas mehr als fünf Prozent des gesamten EU-Bruttoinlandsprodukts ausmacht, gerade deshalb bemerkenswert, weil dies in besonders einseitiger Weise den nationalen Interessen Frankreichs nützt. Insofern ist der im Juli 2015 vom französischen Staatspräsidenten Hollande lancierte Gedanke, eine „verstärkte Organisation der Euro-Zone" zu bilden, inklusive eigener Regierung und eigenem Haushalt, der verzweifelte Versuch, die nationalistischen Ambitionen Frankreichs zu verschleiern und den Weg zu einer Transferunion zu ebnen.

Ähnlich wie die Regierungen in Paris und Berlin wird man sich in Madrid, in Rom, in Wien, in Kopenhagen oder in Helsinki von der EU-Kommission in Brüssel nicht vorschreiben lassen, welche wirtschafts- und finanzpolitischen Entscheidungen wann zu treffen sind. Auch die osteuropäischen Mitgliedsstaaten der Union stehen der weiteren Abtretung von Souveränitätsrechten sehr skeptisch gegenüber. Sie unterliegen noch dem Trauma der historischen Erfahrung, daß sie vor relativ kurzer

Zeit ihre nationalen Interessen einem fremden Willen unterwerfen mußten. Von Polen über die baltischen Staaten und Tschechien bis nach Ungarn nimmt man negative Auswirkungen für die jeweilige nationale Identität nicht hin. Besonders in Polen ist eine Tendenz zur Re-Nationalisierung zu beobachten. Sie drückt sich vor allem in den Bereichen der Verteidigung, der Energiepolitik, der Skepsis gegenüber der Einführung des
Euro und neuerdings in den abweisenden Reaktionen auf den Zustrom
von Migranten nach Europa aus. Diese Tendenz wird sich nach der Wahl
von Andrzej Duda zum Staatspräsidenten am 24. Mai 2015 und den Parlamentswahlen im Herbst 2015 noch verstärken. Man wird sich künftig
weder den Wünschen der Regierungen in Deutschland, Frankreich oder
Großbritannien passiv unterordnen, noch den supranationalen Vorstellungen der EU-Kommission folgen. Und in Ungarn ist das Orban-Regime
gegen Vorschriften aus Brüssel besonders empfindlich.

Die tatsächlichen Rahmenbedingungen sollten uns eigentlich erkennen lassen, daß man bei der Definition des Charakters der Europäischen
Union nicht die unterschiedlich verlaufene Geschichte der Mitgliedsstaaten und die in vielen Jahrhunderten gewachsenen kulturellen Traditionen übergehen kann. Sie erweisen sich immer wieder als elementare
und prägende Bestandteile der europäischen Identität. Sicherlich mag die
Idee der „Vereinigten Staaten von Europa" auf den ersten Blick etwas
Aufregendes an sich haben. Doch hat diese Idee keine ausreichende Bin-
dekraft für die große Masse der europäischen Bürger, die naturgemäß
sehr viel stärker in ihrer jeweiligen Nation verwurzelt sind und einem
größeren Ganzen weniger Zuneigung entgegenbringen. Und dies wird
auch so bleiben, zumal die Repräsentanten der zentralen Institutionen
der Europäischen Union den Bürgern bislang keineswegs das nötige Vertrauen oder gar den Eindruck ihrer Führungskompetenz vermittelt haben. Im Gegenteil. Diese Institutionen haben selbst im Hinblick auf die
Auslegung der Europäischen Verträge ein Eigenleben entwickelt, daß
sich zunehmend gegen die Interessen der europäischen Bürger richtet
und dringend der Korrektur bedarf.

Es läßt sich nicht bestreiten, daß die Identifikation und die Loyalität
der europäischen Bürger auch künftig zuerst ihrer eigenen Nation sowie
deren Werten und Interessen gelten werden. Hier können sie sich selbst
treu bleiben und dennoch im Prinzip die Chance wahrnehmen, Teil eines

größeren Ganzen zu sein. Die jüngsten Wahlen in einigen EU-Ländern haben dies klar gezeigt. Überall erhielten Parteien Zulauf, die eher nationale Lösungen für die aktuellen Probleme vorziehen und den Vorstellungen der EU-Kommission in Brüssel zunehmend skeptisch gegenüberstehen. Nur eine kleine Minderheit wird den Gedanken akzeptieren, ihre eigenen Vorstellungen und die Interessen ihrer Nation grundsätzlich dem angeblich „höheren" Interesse der Europäischen Union zu unterwerfen. Überdies sind die historischen Unterschiede zwischen den Völkern Europas – im Hinblick auf die Kultur, die Sprache, die Mentalität und die Lebensart – so groß, daß sie kaum übergangen werden können, sondern auch künftig ins Gewicht fallen werden. Und selbst innerhalb der einzelnen Nationen gibt es enorme Unterschiede, die es schwierig machen, die nationale Einheit zu wahren. Nicht überall konnten bisher zufriedenstellende Lösungen für diese Probleme gefunden werden. Allein die Tatsache, daß es schon großer Anstrengungen bedarf, um die Nationalstaaten zusammenzuhalten, macht deutlich, wie schwierig es sein dürfte, ein europäisches Nationalgefühl zu entwickeln. Die Zuwanderung vieler Menschen aus fremden Kulturen, denen sogar eine hinreichende Loyalität zum übergreifenden europäischen Wertesystem fehlt, verschärft diese Problematik einmal mehr.

Nicht utopische Visionen über die „Vereinigten Staaten von Europa" wären in diesem Kontext das Gebot der Stunde, sondern die sorgfältige Konzeption einer Struktur der Europäischen Union, die das historisch gewachsene Fundament und die genuinen Interessen der einzelnen Mitgliedsstaaten nicht in Frage stellt, das freiheitlich-demokratische Wertesystem nicht beschädigt und dem Staatenverbund eine klare, auch territorial faßbare Grenze setzt. Dabei sollte uns das Bewußtsein leiten, daß die europäische Idee und ihre institutionelle Ausprägung ein freiheitliches Projekt ist. Der zentrale Grundwert, auf dem die Europäische Union beruht, ist und bleibt die Freiheit. Ihre Bewahrung verlangt vor allem die Bereitschaft, die in Jahrhunderten ausgeprägte freiheitliche Kultur zu verteidigen.

Gefährdung der europäischen Werte und der kulturellen Vielfalt

Unter den herausragenden europäischen Werten und fundamentalen Rechten werden der Respekt für die Menschenwürde, die Herrschaft des Rechts, die Toleranz gegenüber der Vielfalt der nationalen Kulturen und die Bereitschaft zu deren Akzeptanz immer wieder hervorgehoben. Die große Mehrheit der Europäer ist davon überzeugt, daß diese Werte und Rechte im Vergleich mit den Werten in anderen Regionen der Welt, z.B. im Nahen Osten oder in China, als etwas Besonderes gelten und erhalten bleiben müssen. Dabei ist es die kulturelle Vielfalt, die von den Menschen betont wird, nicht ein künstliches Konzept der Einheitlichkeit und der Gemeinsamkeit. Die meisten Europäer – etwa 90 Prozent – denken gar nicht daran, die kulturelle Vielfalt und die damit verknüpfte National-staatlichkeit zu überwinden und in einem größeren Ganzen aufgehen zu lassen. Sie sehen diese Nationalstaatlichkeit, die sich über viele Jahrhun-derte entwickelt hat, als etwas Positives an und nehmen immer deutli-cher wahr, daß die nationalstaatliche Ordnung und die darin eingebette-ten genuinen Interessen durch artifizielle Konzepte der Integration ge-fährdet werden.

Die meisten Menschen finden in den Nationalstaaten ihren Halt. In manchen Ländern der Europäischen Union geht diese spezifische Aus-prägung noch tiefer. So fordern zum Beispiel in Spanien die Basken seit vielen Jahrzehnten einen eigenen, von Spanien unabhängigen Staat. Die-ses Verlangen ist auch weiterhin aktuell, wie die Ergebnisse der Regio-nalwahlen vom 21. Oktober 2012 zeigen. Sie brachten erneut jene Par-teien an die Regierung, die eine baskische Besonderheit betonen. Ihre Re-präsentanten haben nach dem Wahlsieg die Notwendigkeit unterstri-chen, daß das Baskenland „auf dem Weg in die Unabhängigkeit voran-schreitet" und angekündigt, ein Referendum zur Loslösung von Spanien abzuhalten. Dabei gibt die harte Haltung des spanischen Regierungs-chefs Mariano Rajoy gegen solche Bestrebungen den separatistischen Kräften im Baskenland neuen Auftrieb. So stellte der baskische Regie-rungschef Inigo Urkullu am 20. April 2014, dem Landesfeiertag (Aberri Eguna) seinen Plan zur Umwandlung des Baskenlandes in „eine neue Na-tion" auf der Grundlage „eines konföderativen Modells" vor – mit einer

„geteilten Souveränität", die es leichter machen soll, die Beziehungen zu Spanien neu zu definieren. Und am 8. Juni 2014 haben mehr als 100.000 Basken eine 123 Kilometer lange Menschenkette von Bilbao nach Pamplona gebildet, um damit ihr Recht auf Selbstbestimmung zu unterstreichen.

In jüngster Zeit wird dieses Verlangen auch in Katalonien immer stärker. In Katalonien befürworten inzwischen deutlich mehr als 50 Prozent der Bevölkerung die Unabhängigkeit. Dabei muß man bedenken, daß die Katalanen im Laufe ihrer Geschichte sogar eigene Könige hatten. Sie haben wie die Basken eine eigene Sprache und Kultur und sind nun fest entschlossen, die völlige Autonomie zu gewinnen. Für dieses Ziel fanden sich von den 7,6 Millionen Katalanen am Landesfeiertag (La Diada) am 11. September 2012 fast zwei Millionen Menschen in Barcelona zu einer Massendemonstration ein. Und der katalanische Regierungschef Artur Mas erklärte kurz darauf, daß er ein Referendum über die Unabhängigkeit Kataloniens abhalten werde. Seine Bereitschaft hierzu scheint ungebrochen, zumal die Katalanen auf Beschluß der Nationalversammlung bei dem Landesfeiertag am 11. September 2013 mit einer 400 Kilometer langen Menschenkette von den Pyrenäen bis zur Region Valencia eine neue Demonstration des Willens zur Selbständigkeit gegeben haben. So haben die separatistischen Parteien Kataloniens unter Führung von Artur Mas die Regionalwahl am 27. September 2015 zu einer Art Volksabstimmung über die Abspaltung von Spanien gemacht und die Mehrheit der Sitze im Regionalparlament errungen. Der tiefgehende, durch enorme wirtschaftliche Schwierigkeiten, aber auch durch das beständige Integrations-Verlangen eskalierende Konflikt mit der Zentralmacht in Madrid macht deutlich, daß sich Spanien nicht nur in einer ernsten Wirtschaftskrise befindet, sondern eine schwere politische Krise durchlebt, die systemsprengende Kraft hat und nicht ohne nachhaltige Auswirkungen auf die Europäische Union bleiben dürfte. Die separatistische Tendenz in Katalonien wird ihre Dynamik behalten. Auch die am 16. September 2013 von der EU-Kommission in einem Kommuniqué verkündete Auffassung, „ein unabhängiges Katalonien sei kein Mitglied der Europäischen Union und werde wie ein Drittland behandelt", dürfte an dieser Dynamik nichts ändern.

Ähnliche Tendenzen können wir schon seit Jahren in Schottland beobachten. Die Bevölkerung ist in der Frage der Zugehörigkeit tief gespalten. Zwar hat die Mehrheit der schottischen Bürger am 18. September 2014 dafür gestimmt, daß Schottland integraler Bestandteil Großbritanniens bleibt. Doch erhielt die Diskussion um die Unabhängigkeit des Landes durch das gute Abschneiden der schottischen Nationalisten bei den Unterhauswahlen am 7. Mai 2015 eine neue Dynamik. Die EU ist auf den zunehmenden Separatismus in ihren Mitgliedstaaten nicht vorbereitet. Niemand weiß bis heute, wie verfahren werden muß, wenn es tatsächlich zu der Abspaltung einzelner Regionen kommen sollte. In den Europäischen Verträgen steht dazu nichts. Das Thema wird gleichwohl die Europäer begleiten.

Darüber hinaus ist den Menschen in Europa zunehmend bewußt geworden, wie stark die grundlegenden Werte und die spezifische europäische Identität durch den Aufschwung fremder Kulturen bedrängt werden. Selbst die offene Infragestellung der freiheitlich-demokratischen Ordnung durch streng islamisch ausgerichtete gesellschaftliche Gruppen, die zielstrebige Entwicklung von „Parallelgesellschaften" und die immer stärker hervortretende Militanz vieler Muslime haben in den Ländern der Europäischen Union bisher nicht dazu geführt, die Tragweite der Herausforderung voll zu erfassen. Zwar können wir hin und wieder polizeiliche Aktionen beobachten, die sich gegen besonders militante muslimische Gruppen richten. Auch können wir gelegentlich wohlklingende Reden europäischer Politiker hören, die sich mit den Ansprüchen islamistischer Gruppen und den Problemen der Integration von Muslimen in die europäischen Gesellschaften beschäftigen. Es fehlt gleichwohl das für Europa zwingende Bekenntnis aller relevanten gesellschaftlichen Kräfte zur eigenen kulturellen und historischen Identität.

Die Eilfertigkeit, mit der hochrangige Regierungsvertreter in den meisten europäischen Ländern, einige Intellektuelle und zahlreiche Repräsentanten gesellschaftlicher Gruppen den Forderungen muslimischer Verbände nachzugeben pflegen, wenn westliche Filmproduzenten und Karikaturisten islamische Glaubensinhalte falsch oder in beleidigender Weise darstellen, wirft ein bezeichnendes Licht auf die Geisteshaltung der Europäer. Fast durchweg akzeptiert man die von muslimischen

Geistlichen und Politikern verlangte Einschränkung der Meinungsfreiheit. Man beugte sich der Gewalt, die in der Erstürmung von Botschaften
europäischer Länder in der muslimischen Welt zum Ausdruck kam. In
diesem Zusammenhang ist bemerkenswert, daß die Vorführung hasserfüllter antisemitischer Filme in europäischen Kinos, wie z.B. der türkische Film „Tag der Wölfe – Palästina", in dem die Juden als rassistische,
verschwörerische Massenmörder dargestellt werden, kaum Anstoß erregte. Europäischen Politikern und Intellektuellen scheint dabei auch
entgangen zu sein, daß weder in Israel noch in Europa aufgebrachte Juden Gewaltexzesse gegen türkische oder europäische Botschaften verübt
haben. Mit diesem Verhalten unterstreichen die Europäer einmal mehr
die gefährliche Tendenz, elementare Freiheitsrechte aufzugeben, sobald
diese von ihren Feinden unter Gewaltandrohung bestritten werden.

Die Staaten der Europäischen Union, die gemäß ihrer Verfassungen
Freiheit und Sicherheit der Bürger garantieren sollen, nehmen es nicht
nur hin, daß eine religiös-politische Gruppe ihre spezifischen, einzig als
„wahr" angesehenen Lebens- und Rechtsvorstellungen durchzusetzen
sucht. Sie lassen auch jenen gesellschaftlichen Kräften breiten Raum, die
es als ihre Mission betrachten, die fundamentalen Errungenschaften der
Aufklärung zugunsten eines die politische Identität Europas zerstörenden Kulturrelativismus zur Disposition zu stellen.

Mangelnder Realitätssinn des Führungspersonals in Europa

Die Bewahrung der freiheitlichen Grundstruktur Europas erfordert darüber hinaus das Vorhandensein und die kluge Anwendung von
Machtressourcen vielfältiger Art. Mit Blick auf die tiefgreifenden Verwerfungen innerhalb der Europäischen Union und der gefährlichen Folgen der aktuellen Krise dürften die politischen Akteure im Grunde nicht
mehr zögern, umzusteuern und die Herausforderungen entschlossen anzupacken. Doch der mangelnde Realitätssinn und das häufig amateurhafte Handeln der politischen Entscheidungsträger zeigen der Welt, wie
schlimm es um die Zukunft der Europäischen Union steht.

Wie ausgeprägt das Realitätsdefizit führender Repräsentanten der
Europäischen Union ist, kann man an dem Drängen hochrangiger europäischer Politiker nach einer Aufnahme der Türkei in die EU ablesen. So

haben die Außenminister Großbritanniens, Italiens, Schwedens und
Finnlands im Dezember 2010 in einem offenen Brief an ihre Kollegen für
eine rasche Aufnahme der Türkei in die Europäische Union plädiert. Sie
ignorierten mit ihrer Erwartung, die Türkei werde sich den grundlegenden Werten der Demokratie anschließen, nicht nur die seit dem Jahre
2003 stattfindende völlig entgegengesetzte gesellschaftliche und politische Entwicklung in der Türkei. Die Außenminister dieser vier Staaten
begründeten ihr Plädoyer auch vornehmlich mit wirtschaftlichen Interessen, etwa dem leichteren Kapitalverkehr, den verstärkten Handelsbe-
ziehungen und besseren Absatzmöglichkeiten für die Waren ihrer Länder. Die Interessen der Europäischen Union derartig zu verengen und gegenüber den Anforderungen an die Herrschaft des Rechts und der Verteidigung der freiheitlich-demokratischen Werte als vorrangig anzusehen, ist in der Tat eine blamable Argumentationsweise. Schon ein Blick
in die „Kriterien" für die Aufnahme weiterer Länder, die 1993 im Zuge der
Konferenz des Europäischen Rates in Kopenhagen beschlossen wurden,
hätte den Befürwortern des Türkei-Beitritts zeigen müssen, wie weit sie
mit ihrer Argumentation von der Realität entfernt liegen. Und man kann
es auch nicht als Entschuldigung gelten lassen, daß die Verfasser des offenen Briefes vom Dezember 2010 Länder vertreten, die nur wenige türkische Zuwanderer aufweisen und mit den daraus sich ergebenden Problemen der Integration keine unmittelbare Erfahrung haben. Die schwierige Situation anderer EU-Länder mit Blick auf spezifische „Parallelgesellschaften" ist kein Geheimnis, und die außerordentlich problematische politische Ausrichtung des Erdogan-Regimes war auch schon im
Jahre 2010 bekannt. Es ist in diesem Zusammenhang bezeichnend, daß
die Europäische Union es kommentarlos hinnahm, als – wie im Oktober
2012 geschehen – der jährliche „Fortschrittsbericht" der EU-Kommission
von der türkischen Regierung in betrügerischer Absicht verändert
wurde. Und angesichts der brutalen Vorgehensweise der türkischen Regierung gegen die Demonstrationen säkularer Kräfte in vielen Städten
des Landes im Juni 2013 und auch in der Folgezeit, sowie des wachsenden
Autoritarismus Erdogans zeigen viele hochrangige Politiker der Europä
ischen Union eine bemerkenswerte Ignoranz.

Der Tatbestand, daß zahlreiche europäische Politiker immer noch für
eine Aufnahme der Türkei in die Europäische Union plädieren, obwohl

der türkische Staatschef Recep Tayyip Erdogan die Islamisierung des Landes entschlossen vorantreibt, die Meinungs- und Pressefreiheit systematisch unterdrückt, beim Umgang mit Minderheiten im eigenen Lande schwere Menschenrechtsverletzungen begeht, den Zionismus als Verbrechen gegen die Menschlichkeit bezeichnet, das Streben der Israelis nach einem eigenen Staat mit dem Faschismus gleichsetzt und mit der islamistischen Terrorgruppe Hamas eine strategische Partnerschaft eingegangen ist, weist nicht nur auf die erschreckende Unkenntnis dieser Leute über wichtige politische Entwicklungen in anderen Ländern hin. Das Verhalten führender Repräsentanten der EU zeigt auch eine geringe Lernbereitschaft und hinterläßt in aller Welt den Eindruck, daß die Europäer keine bedeutende Rolle in der internationalen Politik spielen können.

Es sieht im Übrigen nicht so aus, daß die Europäer von den veralteten Ideologien Abschied nehmen werden, die notwendigen Reformen der Wirtschafts- und Sozialsysteme durchsetzen und eine Abkehr von sozialistischen Utopien vollziehen wollen. Dank der charakteristischen Denkweisen in den gesellschaftlichen und politischen Führungsschichten Europas ist dies wohl nicht zu erwarten.

Die tägliche Erfahrung im Hinblick auf die Entscheidungsprozesse in der Europäischen Union zeigt vielmehr, wie begrenzt das Wissen und die intellektuellen Fähigkeiten des politischen Führungspersonals sind und wie bereitwillig man realitätsfernen „Visionen" folgt. Die Krise Europas hat insbesondere in den letzten fünf Jahren ein bezeichnendes Licht auf die mangelnde Lernbereitschaft führender europäischer Politiker geworfen. Viele europäische Politiker leugnen weiterhin die tatsächlichen Gegebenheiten und die wahren Gründe der schweren Krise, in der sich Europa befindet. Weit entfernt von den genuinen Interessen der Bürger klammert man sich an das Glaubensbekenntnis, daß die zentralen europäischen Institutionen immer mehr Eingriffsrechte brauchen. Die führenden Repräsentanten dieser Institutionen, von der Kommission bis zum Parlament, aber auch manche Regierungschefs plädieren ohne Rücksicht auf die tatsächlichen Gegebenheiten und die Interessen der Bevölkerung für einen Umbau der Europäischen Union. Anstatt die vielfältigen, Europa bedrängenden Probleme mit angemessenen Maßnahmen zu beantworten, die sich an der Realität orientieren, veranstalten führende europäische Politiker „Planspiele" zur Verlagerung von Kompetenzen nach Brüssel. Die damit verknüpften Zielvorstellungen liegen nicht weit von den „Vereinigten Staaten von Europa" entfernt. Viele Politiker und Intellektuelle können sich kein anderes Ergebnis des europäischen Einigungsprozesses vorstellen. Sie betrachten den derzeitigen Staatenverbund nur als ein Durchgangsstadium zum Bundesstaat. So forderte der Präsident des EU-Parlaments, Martin Schulz, Anfang Mai 2013 eine „europäische Regierung", die selbständige Entscheidungen im Namen der Mitgliedsstaaten treffen kann. Darüber hinaus ist bemerkenswert, mit welcher Beharrlichkeit vor allem der ehemalige Präsident der EU-Kommission José Manuel Barroso und der frühere Ratsvorsitzende Herman van Rompuy immer wieder ihre alten realitätsfernen und den Zusammenhalt Europas gefährdenden Vorstellungen zur Errichtung einer Transferunion und zur Eingliederung der streng islamischen Türkei vorgetragen haben.

In diesem Zusammenhang konnten auch die vor den jüngsten Bundestagswahlen im SPD-Regierungsprogramm mit Blick auf die Europa-Politik enthaltenen Überlegungen nicht weiterführen. Die dabei aufgestellte Forderung nach einem Bruch mit dem Status quo europäischer Politik und einem „großen Integrationsschritt", einschließlich Haftungsgemeinschaft für Staatsanleihen und gleichzeitigem „Weiter so" bei den wohlfahrtsstaatlichen Leistungen geht an den Realitäten in Europa vorbei. Fixiert auf ein moralisch überhöhtes „Projekt Europa" versäumten es die Autoren, die tatsächlichen politischen und wirtschaftlichen Rahmenbedingungen darzulegen, den realen Ursachen der gegenwärtigen Krise Europas nachzugehen und dann praktikable Lösungen zu entwickeln. Stattdessen maßen sie sich an, die „richtige Lösung" für die Zukunft der Europäischen Union gefunden zu haben und suchen die Bürger im Zuge einer Volksabstimmung zu bewegen, ihren ideologischen Vorstellungen von „Europa" zu folgen. Mit dem Glaubensbekenntnis, daß alle Probleme überwunden werden, wenn man die Vision von einem höheren Ganzen in Europa forciert, wird man jedoch keinen Erfolg haben.

Wie schon das im Frühjahr 2003 von Jürgen Habermas und Jacques Derrida vorgelegte Konzept für das künftige Europa beruhen auch die jüngst präsentierten Vorschläge zu diesem Thema auf sachlich falschen

Annahmen und unrealistischen Erwartungen. Die Vorschläge zeigen vielmehr, daß ihre Autoren die Grundlagen der Wirtschaft, der Gesellschaft und der internationalen Politik im 21. Jahrhundert nicht vollständig berücksichtigen. Sie ignorieren nicht nur wesentliche Fakten und klammern sich an Überzeugungen, die in der Realität keine Entsprechung finden. Ihre Analysen enthalten auch eine ganze Reihe schwerwiegender Denkfehler. Es gibt weder ein ausgeprägtes europäisches Gemeinschaftsgefühl – von Großbritannien bis nach Zypern und von Schweden bis nach Italien, noch einen „europäischen Patriotismus", der dem Konzept eine Grundlage bieten könnte. Eine Tendenz in diese Richtung ist ebenfalls nicht zu erkennen. Vielmehr denken und handeln die Europäer vorrangig in nationalen Kategorien. Die einzelnen Staaten wenden sich instinktiv gegen jede substantielle Reform, die ihnen ihre Kompetenzen mindern könnte. Sie ziehen es erfahrungsgemäß vor, ihre Politik so weit wie möglich selbst zu bestimmen und werden auch in Zukunft daran festhalten.

Nicht zuletzt haben die Parlamentswahlen in Italien am 24./25. Februar 2013 gezeigt, daß das europäische „Elitenprojekt", nämlich die bürokratische Einführung der „Vereinigten Staaten von Europa" durch die Hintertür, kaum Chancen hat, jemals verwirklicht zu werden. Die stärkste Einzelpartei im italienischen Parlament ist nun die dezidiert anti-europäische „Bewegung" des Systemkritikers Beppe Grillo. Das gute Ergebnis der Sozialdemokraten bei den Wahlen zum Europäischen Parlament am 25. Mai 2014 kann diesen Tatbestand nicht relativieren. Die Mehrheitsverhältnisse für Renzis Regierung bleiben prekär. Auch jene Bürger Italiens, die andere Parteien wählten, stehen mehrheitlich den angestrebten „Vereinigten Staaten von Europa" äußerst skeptisch gegenüber. Diese Haltung wird von den übrigen Völkern in Europa geteilt und ist keineswegs „eine Frage der mangelnden Erklärung", wie manche Wissenschaftler meinen.

Die Auffassung, man könne die Europäische Union voranbringen, indem man immer mehr Bereiche vergemeinschaftet, den Institutionen in Brüssel beständig neue Kompetenzen überträgt und größere finanzielle Ressourcen zur Verfügung stellt, führt in die Irre. Ebenso falsch ist die von zahlreichen europäischen Politikern vertretene Vorstellung, daß jede Annäherung an die bundesstaatliche Symbolwelt automatisch Gewinn bringt. Vielmehr sind mit weiteren Schritten zur Zentralisierung zumeist schwerwiegende Legitimationsverluste verbunden – vor allem dann, wenn sie die eigenständigen Handlungsmöglichkeiten nationalstaatlicher Politik unnötig einschränken.

Dagegen macht es das Wesen Europas aus, eine „Einheit in Vielfalt" zu sein. Gerade darin liegt das Innovative, das diesen Staatenverbund von anderen politischen Gebilden in der Welt unterscheidet. Die Grundlage der politischen, wirtschaftlichen und kulturellen Substanz Europas besteht in der sich gegenseitig befruchtenden und wählbaren Vielfalt – auch im Hinblick auf die Ordnungs- und Sozialmodelle. Diese Modelle zu vereinheitlichen und gegen die übrige Welt in Stellung bringen zu wollen, kann nur scheitern. Seit dem Jahre 1957, den Verträgen von Rom, wurden zwar einige nationale Souveränitätsrechte auf die europäischen Institutionen übertragen, doch in diesem Prozeß ist die Vitalität und das Bewußtsein der nationalen Gesellschaften in Europa, das jeweilige kollektive Gedächtnis keineswegs eingeebnet worden. Es ist vielmehr national geblieben. Und dies spiegelt sich – für jeden sichtbar – selbst in den Europäischen Gipfeltreffen wider.

Der Kernidee Europas würde es zuwiderlaufen, immer mehr Aufgaben nach Brüssel zu verlagern, die sehr viel besser und bürgernäher im nationalen oder sogar subnationalen Bereich gelöst werden können. Auch insofern verhalten sich die Briten realistisch und klug, wenn sie fordern, manche Kompetenzen im Sinne eines besseren Verständnisses von Subsidiarität wieder an die Nationalstaaten zurückzugeben. Denn je größer und heterogener die Europäische Union ist, desto mehr wird die Anmaßung zentraler Lenkung Konflikte hervorrufen und zudem die Flexibilität verringern. Es wäre daher vorteilhafter, zum Prinzip der begrenzten Einzelermächtigung zurückzukehren und den europäischen Institutionen nur jene Zuständigkeiten zu überlassen, von denen man mit guten Gründen annimmt, daß sie in Brüssel besser als in den einzelnen Nationalstaaten wahrgenommen werden.

Zwar wird täglich sichtbar, daß die einzelnen Nationalstaaten mit wachsender Globalisierung ihr wesentliches Attribut, die Souveränität, nur noch zu einem hohen Preis zur Geltung bringen können. Sie müssen sich in der Tat zunehmend für bindende politische Entscheidungen öffnen, die aus anderen als der nationalen Rechtsquelle stammen. Wenngleich die Nationalstaaten an Machtfülle und Bedeutung verloren haben, werden sie nicht in einem neuen politischen Ordnungsrahmen aufgehen. Auch ein europäischer Bundesstaat wäre hier keine Lösung. Daher ist die Hoffnung unrealistisch, daß sich die schrumpfende Macht auf der nationalen Ebene auf der höheren europäischen Ebene wiederherstellen ließe.

Mit dem Versuch führender europäischer Politiker und Organe, immer mehr Befugnisse auf die europäische Ebene zu verlagern und so den Weg zu einem Bundesstaat zu ebnen, wird man nicht zum Ziel kommen. Dieses Vorgehen allein trägt schon dazu bei, das Ressentiment der Bürger gegen Europa zu vergrößern. Sie beklagen zu Recht das Fehlen von Transparenz in den Entscheidungsprozessen, die zahlreichen Verstöße gegen die europäischen Verträge, den wachsenden Mangel an demokratischer Legitimierung und wenden sich dagegen, daß sie von vielen Europa-Politikern nicht als „Souverän", sondern lediglich als „Konsumenten" behandelt werden. Erst recht aber führt der unerbittlich erscheinende Wille der zentralen europäischen Institutionen, die einzelnen Staaten strikt zu beaufsichtigen und sich auf allen Gebieten Eingriffsrechte zu sichern, zu Konflikten, die der Legitimität der Union schweren Schaden zufügen und den Bestand des Staatenverbundes gefährden.

Die auf die Idee der Einheitlichkeit und zentralen Führung fixierten Politiker wollen offenbar nicht wahrhaben, welchen Verdruß sie mit ihren Maßnahmen auslösen und welche zerstörerische Kraft in ihren Vorgehensweisen liegt. Von lebensfremden neuen Festlegungen für den Weinbau bis zu Verbrauchsvorschriften für Energie, von der Größe der Erdbeeren, die in den Geschäften Europas verkauft werden dürfen und dem Verbot von Kännchen für Olivenöl auf den Tischen der Restaurants bis zur Einführung giftiger und gefährlicher Energiesparlampen gegen den Willen der Bevölkerung, vom Arbeitsrecht bis zur Haushaltsplanung gibt es einen unaufhaltsam erscheinenden Trend zur Einmischung in die nationalen Belange der Mitgliedstaaten. Manche Kommissare scheuen dabei nicht davor zurück, das in den europäischen Verträgen niedergelegte Recht zu brechen. So verstößt die Festlegung einer verbindlichen Frauenquote in den Führungsgremien privater Unternehmen durch die Europäische Union nicht nur gegen den Vertrag über die Arbeitsweise der EU, da dieses Recht ausschließlich den Mitgliedsstaaten vorbehalten ist. Die EU mischt sich mit dieser Initiative auch in die Belange der Privatwirtschaft ein. Und mit einer neuen Richtlinie will die EU-Kommission die Bürger sogar zum Wassersparen verpflichten, indem sie vorschreibt, daß künftig nur noch Ressourcen schonende Wasserhähne und Duschköpfe verwendet werden dürfen.

Kritik an derartigen Vorgehensweisen der EU glaubt man mit einer ritualisierten und gestanzten Europa-Lyrik überwinden zu können, was aber immer weniger gelingt. Vielmehr werden die stereotyp wiederholten Rechtfertigungen – von der „Erhaltung des Friedens in Europa" bis zu der Formel „Stirbt der Euro - stirbt Europa" immer deutlicher ad absurdum geführt. Im Grunde ist doch seit mehr als 2000 Jahren bekannt, daß es fatale Folgen hat, geradezu zwanghaft an einer Idee festzuhalten, die an der komplexen Wirklichkeit scheitern muß. Man muß nur die große Kenntnisse und staatsmännische Klugheit widerspiegelnden Schriften der antiken Philosophen und Historiker lesen. Nicht zuletzt lassen viele Überlegungen zu einem neuen Konzept für ein im Weltstaatensystem machtvolles Europa außer Acht, in welcher beeindruckenden Weise sich andere Machtzentren entwickelt haben und weiter entwickeln werden.

Mangelnde Kompetenz zur Lösung der Staatsschuldenkrise

Das Festhalten der meisten europäischen Staaten an rückständigen und die Realitäten dieser Welt nicht beachtenden wirtschaftspolitischen Vorstellungen wird die Union weiter schwächen. Weder auf der europäischen Ebene, noch seitens der Regierungen einzelner Nationalstaaten gibt es sichtbare Anstrengungen, die Ursachen der Krise aufzuklären und daraus die nötigen Konsequenzen zu ziehen. Zu sehr sind die politischen Führungen damit beschäftigt, ihr eigenes Verhalten zu rechtfertigen, die Hintergründe des Entstehens und des Verlaufs der Krise zu verschleiern. Dabei sollte gerade die Demokratie fähig sein, zu lernen und Fehler zu korrigieren. Doch finden sich kaum Anzeichen für eine neue Transparenz, die dazu dienen könnte, künftig Fehler zu vermeiden. Stattdessen machen die Repräsentanten der Europäischen Union auf allen Ebenen weiter wie bisher und wundern sich, daß die Europaskepsis bei den Bürgern angesichts der entmündigenden Eingriffe aus Brüssel, der häufigen

Vertragsbrüche und der Aussetzung demokratischer Verfahren beständig zunimmt. So hat das renommierte amerikanische Forschungsinstitut Pew Research Center im Mai 2013 nach Umfragen in acht EU-Ländern festgestellt, daß die Zustimmungswerte zum „Projekt Europa" in jüngster Zeit deutlich gefallen sind. Während 2012 mehr als 60 Prozent der Befragten in Italien, Frankreich, Spanien, Großbritannien, Griechenland, Deutschland, Tschechien und Polen ein positives Bild von Europa hatten, sind es 2013 nur noch 45 Prozent gewesen. Nur ein Jahr später hat eine Studie des britischen Meinungsforschungsinstituts YouGov ergeben, daß die Zustimmung zu Europa erneut gefallen ist. Der stärkste Rückgang der Zustimmung war dabei in Frankreich zu verzeichnen. Die Zahlen legen zudem offen, daß sich der Riß zwischen den südeuropäischen Ländern einschließlich Frankreich und den nordeuropäischen Ländern weiter vertieft.

Die Europäer verlieren offenbar zunehmend das Zutrauen in die Europäische Union und zweifeln daran, daß ihre Regierungen fähig sein könnten, die vielfältigen Probleme zu lösen. Die täglich sichtbare Unfähigkeit der Europäer, auf den gigantischen Zustrom von Migranten aus Afrika und dem Nahen Osten eine realitätsgerechte und von Vernunft geleitete Antwort zu geben, wird das Vertrauen der Bürger in die Europäische Union weiter erodieren lassen. In den EU-Staaten hat sich folgerichtig der Eindruck verfestigt, daß sich die führenden europäischen Politiker in keiner Weise von ihrem eingeschlagenen Weg und ihren verfehlten Ideologien abbringen lassen werden. Die EU-Kommission strebt unbekümmert die Bildung einer Haftungsunion und die Einführung von Euro-Bonds an. Ihr schwebt die Errichtung einer politischen Union vor – eines Superstaates, den die große Mehrheit der Bürger Europas ablehnt. Zudem hält man in vielen Staaten Europas an überkommenen wirtschaftlichen und sozialen Strukturen fest, die in der modernen globalisierten Welt keinen Bestand haben können. Vor allem nach dem deutlichen Linksruck bei den Wahlen in Frankreich im Juni 2012, dem Votum der Italiener am 24./25. Februar 2013 gegen die von der Europäischen Union inspirierte Politik zur Lösung der Staatsschuldenkrise und der Machtübernahme der linksextremen Regierung Alexis Tsipras in Griechenland sind die Chancen Europas, den wirtschaftlichen Niedergang zu stoppen, erheblich geringer geworden. Am Verlauf der Konferenzen der europäischen Staats- und Regierungschefs kann man sehen, daß die Frage der Reduzierung der Staatsschulden und der nachhaltigen Strukturreformen nur die wenigsten interessiert. Sie ist aber der Kern des Problems. Angesichts der weiterhin bestehenden Unterschiede im Denken und Verhalten zwischen den nördlichen und den südlichen EU-Ländern bleibt das Projekt der Euro-Zone in vielerlei Hinsicht inkonsistent und mit starken Risiken belastet. Es dürfte vor diesem Hintergrund kaum gelingen, eine für den Erfolg der Europäischen Union notwendige Verbesserung der Wettbewerbsfähigkeit zu erreichen. Seit die Bevölkerung in Italien bei den Parlamentswahlen am 24./25. Februar 2013 unmißverständlich klar machte, daß sie nicht mehr bereit ist, die Belastungen durch das Sparen und die Reformmaßnahmen zu tragen, wird es für den italienischen Chef der Europäischen Zentralbank sehr schwer, seine Politik durchzuhalten. Denn das von ihm initiierte Hilfsprogramm OMT, das die Finanzmärkte über mehrere Monate hinweg einigermaßen ruhig stellte, soll nur zur Anwendung kommen, wenn das jeweils betroffene Land bestimmte Auflagen erfüllt. Darauf kann EZB-Chef Mario Draghi längst nicht mehr hoffen. Schließlich befinden wir uns bereits seit der Rettungsaktion für Zypern in einer deformierten Währungsunion, da mit den verordneten Kapitalverkehrskontrollen das Prinzip aufgehoben wurde, daß mit jedem Euro der gleiche Wert und die gleiche Transaktionsmöglichkeit verbunden sein sollte. Dem Präsidenten der Notenbank wird es nicht gelingen, die Fliehkräfte innerhalb der Euro-Zone zu bändigen und die wirtschaftlichen Ungleichheiten einzuebnen.

Der Chef der Europäischen Zentralbank hatte alles auf eine Karte gesetzt, als er den internationalen Märkten am 26. Juli 2012 signalisierte, den Euro mit allen zur Verfügung stehenden Mitteln verteidigen zu wollen. Doch dürfte die bisher verfolgte Strategie nur begrenzte Wirkung haben. Die Europäische Zentralbank wird die grundlegenden wirtschaftlichen Probleme Europas nicht lösen können. Sie kann den Regierungen der Euro-Länder nur Zeit verschaffen. Ob diese Zeit genutzt wird, ist eher fraglich. Die seit mehreren Jahren praktizierte Handlungsweise der EZB hat bereits zu einer kalten Enteignung der Sparer geführt. Die Senkung des Leitzinses auf 0,25 Prozent am 7. November 2013 und auf das neue Rekordtief von 0,15 Prozent am 5. Juni 2014 vertieft diesen Trend noch. Die Zinssenkung wird gleichwohl kaum dazu beitragen, die wirtschaftlichen Probleme der südeuropäischen Krisenländer zu lindern. Denn die Banken sind dort trotz der am 5. Juni 2014 von Mario Draghi verhängten Strafzinsen von 0,1 Prozent für das bei der EZB eingelagerte Geld und des zusätzlichen Liquiditätsprogramms von 400 Milliarden Euro vollauf damit beschäftigt, ihre eigenen Bilanzen zu bereinigen. So werden zum einen die niedrigen Zinsen nicht bei den Firmen ankommen, die investieren wollen. Zum anderen wird es einen Wandel nur geben können, wenn Strukturreformen vorgenommen werden. Davor dürften die besonders betroffenen Regierungen in der EU weiterhin zurückschrecken. Sie neigen eher zu der Forderung an die EZB, die Geldpolitik weiter zu lockern und noch deutlich über das in Deutschland bereits scharf kritisierte OMT-Programm hinaus Staatsanleihen zu kaufen. Es wird demnach für die EZB immer schwieriger werden, zu einer neutralen Geldpolitik zurückzukehren. Und der Traum von EZB-Präsident Mario Draghi vom Aufstieg des Euro zur Weltleitwährung ist längst zerplatzt. Derzeit entfallen auf die europäische Gemeinschaftswährung nur noch 22 Prozent der globalen Währungsreserven. Fünf Jahre zuvor waren dies noch 28 Prozent. Der Anteil des Euro wird noch weiter zurückgehen, wenn China – wie geplant – mit seiner Währung des Yuan an der Konkurrenz teilnimmt und die amerikanische Notenbank die bereits angekündigte Wende hin zu steigenden Zinsen vollzieht. Dabei können wir mit Sicherheit davon ausgehen, daß China seine Macht auf die Sphäre der Finanzen ausweiten wird und gute Chancen hat, schon 2016 in den Währungskorb des IWF aufgenommen zu werden. Mit diesem Schritt der Aufnahme in den Währungskorb, der derzeit auf vier Währungen beruht (U.S.-Dollar, Euro, japanischer Yen, britisches Pfund), würde die Bedeutung des chinesischen Yuan unterstrichen, und die chinesische Währung erhielte de facto den Status einer internationalen Reservewährung. Mit den mehrfachen Abwertungen des Yuan seit dem August 2015 und der zunehmenden Markt-Orientierung der Währung hat die Regierung in Peking ihre Entschlossenheit deutlich gemacht, diesen wichtigen Status zu erreichen.

Die Wirtschafts- und Finanzfachleute kann es deshalb nicht mehr überraschen, daß der Zuspruch zur europäischen Gemeinschaftswährung weiter sinkt. Selbst in dem wirtschaftlich stärksten Euro-Staat

Deutschland machen sich viele Bürger Sorgen um den Euro. Mehr als 36 Prozent der Bürger in Deutschland wünschen sich die D-Mark wieder zurück. In den Niederlanden wollen angesichts der Vorgänge um die Rettung Griechenlands vor dem Staatsbankrott fast 60 Prozent der Bürger den Euro aufgeben. Und in den besonders bedrängten Schuldenstaaten wie Spanien, Italien oder Zypern liegt die Vertrauensquote deutlich unter 50 Prozent. Amerikaner und Briten setzen dagegen jeweils zu 75 Prozent auf ihre Währung, die Schweden sogar zu 87 Prozent.

Die zwischenzeitliche Ruhe auf den Finanzmärkten darf nicht darüber hinwegtäuschen, daß die Kernprobleme der Staatsschuldenkrise ungelöst sind. Wo Zinsdifferenzen nivelliert und Marktkräfte ausgeschaltet werden, können die haushaltspolitischen Regelwerke nicht die nötige Wirkung entfalten. Trotz diverser Sparmaßnahmen beträgt die Staatsverschuldung in der Euro-Zone seit dem Jahre 2012 mehr als 90 Prozent des Bruttoinlandsprodukts. Sie scheint sogar weiter zuzunehmen. Wie wissenschaftliche Studien nachgewiesen haben, ist damit eine dauerhafte Dämpfung des Wachstums verbunden. Die einschlägigen Zahlen über die Wirtschaftsleistung in der Euro-Zone bestätigen dies. Neben den südeuropäischen Krisenländern bereitet vor allem Frankreich mit seiner schwachen Wirtschaftsleistung und seiner Defizitentwicklung zunehmende Sorge. Der wiederholte Versuch des französischen Präsidenten Hollande, als Reaktion auf das Debakel bei den Wahlen zum Europäischen Parlament am 25. Mai 2014 eine „Umorientierung" der europäischen Politik durchzusetzen, die höhere Schulden erlaubt, provozierte neuen Streit. Andererseits ist auch keine Strategie absehbar, um das große EU-Land Frankreich zu disziplinieren und zu zwingen, sich an die Stabilitätsregeln zu halten. Und mit dem Vordringen sozialistischer Strömungen auch in den nördlicheren europäischen Ländern dürfte das Vertrauen der internationalen Märkte und der Bevölkerung in eine Gesundung der Wirtschaft in der Europäischen Union weiter schwinden. Es wird dabei immer deutlicher, daß die Staatsschuldenkrise Ausdruck einer tiefer reichenden Entwicklung ist, die als eine Krise der westlichen Demokratie schlechthin bezeichnet werden kann. In ihr zeigt sich von Tag zu Tag deutlicher, daß der in vielen Staaten der Europäischen Union verbreitete Typ der Wohlfahrts- und Gefälligkeitsdemokratie offenbar

die Grenzen seiner Funktionsfähigkeit erreicht hat. Vor allem in den südeuropäischen Ländern dürfte es nicht gelingen, eine nachhaltige Haushaltspolitik einzuführen, die deren Traditionen und Mentalitäten widerspricht. Dem Führungspersonal der meisten EU-Staaten fehlen die Kompetenz und der Mut, die Leistungsfähigkeit ihrer Länder angemessen zu
bewerten und die Strukturen den notwendigen Veränderungen anzupassen. Es mangelt auch an der Bereitschaft und der Fähigkeit der Politiker,
die Bevölkerungen für die Aufgaben zu gewinnen, für die sie sich im
Maastricht-Vertrag verpflichtet haben. Zudem gelingt es den Politikern
nicht, den Bürgern den Sinn der geforderten Anstrengungen zu erklären
und deren Notwendigkeit zu begründen. So sollten wir auch künftig
nicht erwarten, daß es auf die Frage, wie mit der wirtschaftlichen und
finanzpolitischen Asymmetrie innerhalb Europas umzugehen ist, eine
schlüssige Antwort geben wird. Vielmehr deutet alles darauf hin, daß
sich der Streit über die richtige Strategie zur Lösung der Staatsschuldenkrise weiter verschärfen wird.

Der Niedergang Europas wird sich einmal mehr beschleunigen, wenn
die dem Sozialismus zuneigenden politischen Parteien bei den kommenden Wahlen in einigen EU-Ländern an die Regierung gelangen. Mit der
von diesen Parteien angestrebten Vergemeinschaftung der Schulden, der
Umgestaltung Europas zu einer Transferunion und der weiteren Vertiefung des Wohlfahrtsstaates wird die Europäische Union sogar in die Gefahr geraten, zu zerbrechen, da nicht zu erwarten ist, daß sich alle Mitgliedsländer – vor allem die nicht der Euro-Zone angehörenden Staaten
– in diese Politik einordnen werden. Vor diesem Hintergrund kann es
nicht überraschen, daß die Regierungen mehrerer europäischer Länder,
die noch nicht zur Euro-Zone gehören, ihren bislang angestrebten Beitritt zurückgestellt haben. Die mageren Ergebnisse der EU-Gipfeltreffen,
die im Zuge der Bemühungen um die Lösung der Schuldenkrise sichtbare
Irrationalität, die Art und Weise, wie selbst um naheliegende Entscheidungen gerungen werden muß, bestätigen immer wieder, in welch
schwierigem Fahrwasser sich die Europäische Union gegenwärtig befindet und wohl weiter bleiben wird.

Angesichts des deutlichen Trends zum Sozialismus in mehreren EU-
Ländern kann wohl kaum noch erwartet werden, eine koordinierte und
konsistente Wirtschafts-, Finanz- und Sozialpolitik zu formulieren und

zu praktizieren, die auf die notwendige Steigerung der Wettbewerbsfähigkeit und auf Wachstum zielt. Vielmehr fordern vor allem Frankreich,
Griechenland, Spanien und Italien, die EU-Stabilitätsregeln zu lockern
und die Umsetzung bereits getroffener Beschlüsse zeitlich zu strecken.
Sie werden dabei vom früheren Präsidenten der Europäischen Kommission, José Manuel Barroso, und dem Präsidenten des Europäischen Parlaments, Martin Schulz, unterstützt. Der latente Geist der Leistungsfeind-
lichkeit läßt die Konstruktionsfehler der Euro-Zone bestehen und macht
es nahezu unmöglich, die Probleme zu lösen. Dies zeigt sich besonders
klar an dem beispiellosen Fall Griechenland. Mit der Vergabe billigen
Geldes seitens der EZB und der Gewährung von Krediten durch andere
EU-Länder an ein linksextremes Regime, das zu wirtschaftspolitisch
dringend notwendigen Maßnahmen nicht bereit ist, wird die Illusion einer Lösung aufrechterhalten, aber das unvermeidliche Scheitern dieser
Herangehensweise lediglich vertagt. Das Land, dessen Schulden de facto
nicht tragfähig sind, ist ein Fass ohne Boden. Der ignoranten und ideologisch verblendeten griechischen Regierung Kredite zu geben, wird von
nahezu allen Fachleuten als unverantwortlich angesehen.

Dabei ist das Vorgehen gegenüber Griechenland nicht das einzige Beispiel einer fehlgeleiteten Politik mit Blick auf die Staaten der Euro-Zone.
Auch Zypern brauchte zur Abwendung der Zahlungsunfähigkeit sehr
viel mehr Kapital als ursprünglich angenommen. Nur einen Monat nach
der EU-Rettungsaktion für das Land verdoppelte sich der Anteil, den die
Zyprer selbst aufbringen mußten, auf 13 Milliarden Euro. Das Land befindet sich in einer tiefen Rezession, und die wirtschaftliche Entwicklung weist steil nach unten. Weitere Hilfsprogramme dürften notwendig
sein, um Zypern zu stabilisieren. Angesichts der enormen finanziellen
und wirtschaftlichen Schwierigkeiten der größeren EU-Länder wie
Frankreich und Italien wird sich der gegenüber Griechenland und Zypern eingeschlagene Kurs jedoch nicht mehr lange durchhalten lassen.

Darüber hinaus hatte bereits die Ankündigung der EU-Finanzminister vom 14. April 2013, die Zypern-Lösung als Muster zu nehmen und
künftig die Sparer (mit Einlagen über 100.000 Euro) zur Rettung ange-
schlagener Banken heranzuziehen, nicht nur bei den Bürgern in den EU-
Ländern für weitere Unruhe gesorgt. Auch die großen Investoren deute-
ten sogleich an, nach Anlagemöglichkeiten außerhalb Europas zu suchen.

Mit der Einigung der EU-Finanzminister am 27. Juni 2013 und dem unmittelbar folgenden Beschluß der Staats-und Regierungschefs der EU-Länder, bei der notwendigen Rettung von Banken auch die Sparer mit Einlagen über 100.000 Euro zu beteiligen, wurde dieser problematische Paradigmenwechsel dennoch vollzogen.

Es läßt sich zudem nicht mehr übersehen, daß die Finanzsysteme der Mitgliedstaaten der Europäischen Union weiter auseinanderdriften. Für die europäischen Banken und ihre Kunden ist die Europäische Union längst kein einheitlicher Raum. Die Chancen und Bedingungen etwa der Kreditvergabe sind in den einzelnen Ländern Europas höchst unterschiedlich. Diese Fragmentierung behindert das Wachstum in erheblichem Maße.

Die Charakteristika der Staatsschuldenkrise, die insbesondere die Euro-Zone erfaßte, weisen klar darauf hin, wie ernst die Situation ist. Hatte es lange Zeit so ausgesehen, daß die Gemeinschaftswährung eines Teils der nunmehr 28 Mitgliedsstaaten gegenüber den zahlreichen Krisen resistent sein würde, so haben die gravierenden Fehler der politischen Entscheidungsträger und die Widerstände aus den einzelnen betroffenen Ländern gegen die notwendigen Rettungsmaßnahmen dazu geführt, daß das System als Ganzes gefährdet ist und die Währungsunion ungeordnet zerbrechen könnte.

Insbesondere die Beschlüsse des Europäischen Gipfeltreffens am 29. Juni 2012 mit den problematischen Plänen zur Errichtung einer Bankenunion haben Streit und Zwietracht unter den europäischen Ländern entfacht. Es ist in keinem Fall zu erwarten, daß die dort getroffenen Vereinbarungen und Zusagen eingehalten werden. Daran wird auch die Tatsache nichts ändern, daß das Europaparlament am 15. April 2014 für den Aufbau einer europäischen Abwicklungsbehörde für strauchelnde Banken gestimmt hat, die bei der EZB angesiedelt ist. Bereits bei der Konferenz der Staats- und Regierungschefs am 13. Dezember 2012 zeigte sich, daß mit der dort erreichten Einigung über die Bankenaufsicht durch die EZB weder eine klare Trennung von Bankenaufsicht und Geldpolitik erzielt, noch der Grundkonflikt zwischen den nordeuropäischen und den südeuropäischen Ländern beigelegt werden konnte. Der Widerspruch läßt sich nicht bestreiten: Die EZB macht zum einen die Geldpolitik, steuert also die Finanzierung der Euro-Rettung und über die Zinspolitik die Stabilität der Währung. Zum anderen soll die EZB künftig die Banken beaufsichtigen – ein Interessenkonflikt, der praktisch nicht gelöst werden kann. Schon die Übertragung der vollständigen Aufsicht an die EZB ist nicht von den EU-Verträgen gedeckt. Der EZB dürfen nur begrenzte und genau festgelegte Aufsichtsaufgaben übertragen werden, nicht jedoch die vollständige Bankenaufsicht. Auch personell läßt sich eine klare und rechtskonforme Trennung zwischen den beiden der EZB zugedachten Aufgaben nicht darstellen. Zudem droht der EZB mit dem Beitritt Litauens zur Euro-Zone eine weitere Legitimationskrise, da nunmehr das Stimmrecht der nationalen Zentralbankchefs rotiert. Dies wird sich besonders dann bemerkbar machen, wenn ein in einem Land unpopulärer Beschluß zu einem Zeitpunkt fällt, zu dem der entsprechende Zentralbankchef nicht abstimmen durfte. Darüber hinaus drängen die südeuropäischen Schuldenstaaten weiterhin auf die Hilfsgelder der Union, ohne die eigentlich notwendigen Verpflichtungen übernehmen zu müssen. Vielmehr wird es auch künftig dabei bleiben, daß die südeuropäischen Schuldenländer und Frankreich versuchen werden, sich den notwendigen Bindungen und Leistungen zu entziehen. Darauf weist auch die Tatsache hin, daß Frankreichs Präsident Hollande von der über viele Jahre üblichen Praxis gelegentlich abzuweichen pflegt, sich vor wichtigen europäischen Gipfeltreffen mit Deutschland abzustimmen. Dies gelingt nur noch in Ausnahmefällen. Stattdessen verkündet Hollande die französischen Positionen häufig über die Medien, um die deutsche Regierung öffentlich unter Druck zu setzen.

Die insbesondere von Frankreich beharrlich vorgetragenen Forderungen nach der Einrichtung einer gemeinschaftlichen Haftung für die Schulden gehen jedoch ebenso in die falsche Richtung wie das Verlangen nach Einführung von Euro-Bonds. Die damit verbundenen ständigen Transfers würden nicht nur die Reformbereitschaft gänzlich zum Erliegen bringen, sondern auch die Leistungskraft der bis jetzt noch relativ stark erscheinenden, aber gleichwohl hoch verschuldeten Länder überfordern. Mit der Einführung von Euro-Bonds würde man die Fehler der Vergangenheit de facto festschreiben und den Weg in eine anhaltend hohe und letztlich unkontrollierbare Staatsverschuldung beschreiten. Erst recht absurd erschien in diesem Zusammenhang der Vorschlag von Italiens früherem Ministerpräsidenten Mario Monti, die grundlegenden

Rechte der nationalen Parlamente im Hinblick auf die Überprüfbarkeit und Rechenschaftspflicht der Regierungen in Frage zu stellen. Und dem seit Mitte Februar 2014 amtierenden Ministerpräsidenten Matteo Renzi dürfte es angesichts der prekären Situation des Landes kaum gelingen, eine allseits annehmbare Lösung für die Reduzierung der italienischen Schuldenlast und die Ankurbelung der Wirtschaft anzubieten. Mit seinen Reformen kommt Renzi nur sehr langsam voran. Die meisten seiner Vorschläge werden im Parlament verwässert. Renzis bisherige Aussagen und Handlungen deuten eher darauf hin, daß er den strikten Vorstellungen des französischen Präsidenten Hollande zuneigt und den Standpunkt vertritt, daß „Europa", also die stärkeren Partner, die Probleme schultern „müssen". Es konnte daher nicht überraschen, daß der am 16. Mai 2013 gestartete Versuch des französischen Präsidenten Hollande, der Euro-Zone eine Art Wirtschaftsregierung zu verordnen und für die Euro-Zone ein eigenes Budget zu fordern, das auch die Ausgabe gemeinschaftlicher Anleihen erlauben soll, sowohl die Zustimmung Enrico Lettas, als auch des derzeitigen italienischen Regierungschefs Matteo Renzi fand. Auf diese Weise entstünde eine Schuldenunion durch die Hintertür, die Europa keinen Schritt weiter bringen würde. Und die seit Mai 2014 immer wieder erhobene Forderung des italienischen Regierungschefs, das Defizit zu lockern und mehr Bewegungsspielraum für die öffentlichen Finanzen zu schaffen, macht einmal mehr deutlich, daß Italien – ähnlich wie Frankreich und andere Problemstaaten – die Richtung Europas ändern will. Umso bedenklicher mußte es wirken, daß auch der Vorsitzende der SPD und Wirtschaftsminister Sigmar Gabriel während eines Treffens mit seinem französischen Kollegen am 16. Juni 2014 in diesen Chor einstimmte. Die Versicherung des SPD-Chefs, den EU-Stabilitätspakt nicht anzurühren, sondern „flexibel" auslegen zu wollen, diente jedoch nur der Verschleierung der wahren Absichten. Wahrscheinlich wird sich die am 20. Juni 2014 in Paris gebildete „sozialistische Allianz" mit ihren Interpretationen des Stabilitätspakts durchsetzen und den Niedergang Europas im wirtschaftlichen Bereich verfestigen. Es ist jedoch angesichts der tatsächlichen Rahmenbedingungen in der Welt fraglich, ob die Europäische Union es noch lange aushalten kann, daß einige Regierungen glauben, die fehlende Reformbereitschaft durch taktische

Manöver, schlichte Erpressung und immer wieder neu vorgetragene „Visionen" zur Vertiefung der Union ausgleichen zu können. Dieses irrationale Verhalten birgt vielmehr eine enorme Sprengkraft.

Vor diesem Hintergrund die Entwicklung Europas zu einem Euro-Bundesstaat zu erwarten, wie der Finanzhistoriker Niall Ferguson dies wiederholt verkündet hat, erscheint unrealistisch. Die einzelnen europäischen Nationalstaaten werden künftig eher noch strenger darauf achten, ihre Rechte und Machtpositionen zu wahren und sicherlich nicht geneigt sein, die zur Errichtung eines Bundesstaates notwendigen Verzichte zu leisten. Im Übrigen würde die Bildung eines europäischen Bundesstaates nicht dazu beitragen können, die entscheidenden Probleme der Europäischen Union, von der Staatsschuldenkrise bis zur sinkenden Wettbewerbsfähigkeit, zu lösen.

Die stark ausgeprägte Neigung in den europäischen Ländern, die zum Teil weit überzogenen wohlfahrtsstaatlichen Leistungen entgegen allen finanziellen Möglichkeiten zu bewahren, zaghafte Reformen, wie z.B. die Verlängerung der Lebensarbeitszeit in Frankreich und Deutschland, wieder zurückzunehmen oder gar nicht erst einzuführen, wird den Niedergang verfestigen. In diesem Kontext auch noch den Leistungsträgern, den wirtschaftlich erfolgreichen Bürgern, die notwendige Anerkennung zu versagen und sie statt dessen im Rahmen von Neid-Kampagnen mit neuen Steuern und Abgaben zu belegen, wird besonders schädliche Folgen haben. Schon der Versuch der „Umverteilung" wird viele Arbeitsplätze kosten und Kapital außer Landes treiben.

Die Tatsache, daß bedeutsame institutionelle Güter, wie wirtschaftliches Eigentum, solide Haushaltsbilanzen und territoriale Haftungsgrenzen vielen Menschen nicht mehr einsichtig sind und in den letzten Jahren entwertet wurden, bereitet den Regierungen in Europa immer größere Probleme. Auch längerfristige Wirtschaftsentscheidungen und eine sinnvolle Lebensplanung der Bürger werden bei diesem Trend zunehmend schwierig. In den öffentlichen Debatten der meisten europäischen Länder kommen die reformfeindlichen Grundeinstellungen im Hinblick auf die Wirtschaft immer wieder zum Ausdruck. Sie behindern nicht nur die notwendige dynamische Anpassung an die weltweit wirkenden und vor keiner Grenze Halt machenden Veränderungen. Vielmehr lassen sie auch wichtige Aktivitäten in den für den Fortschritt der

Wirtschaft bedeutsamen Bereichen der Wissenschaft, der Technologie und der Infrastruktur gar nicht zu.

Realitätsferne der europäischen Klimaschutzpolitik

Auch im Bereich des Klimaschutzes verfolgt die Europäische Union eine Politik, die der ohnehin schwierigen Situation der Wirtschaft großen Schaden zufügt. So wird mit den strengeren Vorschriften für die Regulierung des Kohlendioxid-Ausstoßes von Neuwagen in der EU die Wettbewerbsfähigkeit der Autoproduzenten erheblich beeinträchtigt. Das Ziel der EU-Gesetzgebung ist es, den Kohlendioxid-Ausstoß in Europa bis zum Jahre 2020 deutlich weiter zu senken. Europas Autoproduzenten müssen danach soviel mehr Geld in die Entwicklung der neuen Technologie investieren, daß die Neuwagen um jeweils 3.600 Euro teurer würden, wenn sie die Vorgaben erfüllen wollen. Die internationalen Konkurrenten werden allerdings keineswegs neidisch nach Europa blicken und das Modell nachzuahmen suchen. Der fragwürdige Ehrgeiz, in der Welt die Vorreiterrolle zu übernehmen und zum saubersten Wirtschaftsraum zu werden, dürfte viele Arbeitsplätze kosten und die innere Statik der Europäischen Union gefährden. Mit strengen Verordnungen behindert man nicht nur sinnvolle Entwicklungen. Man versucht auch vergeblich, einen bestimmten Lebensstil zu erzwingen. Heute ist die Europäische Union noch für elf Prozent der weltweiten Treibhausgase verantwortlich. Im Jahre 2030 dürften es angesichts der dramatisch veränderten Relationen in der globalen wirtschaftlichen Entwicklung nur etwa fünf Prozent sein. Im Asiatisch-Pazifischen Raum wird der Ausstoß von Treibhausgasen entsprechend steigen.

Der schwindende Einfluß der Europäischen Union ist in den letzten Jahren auch im Bereich der internationalen Klimapolitik deutlich geworden. Die Europäer sind bei den großen Klima-Konferenzen der Vereinten Nationen, von Durban bis „Rio 20", nahezu isoliert. Und sowohl bei der 18. Klima-Konferenz im Dezember 2012 in Doha (Qatar), als auch bei der 19. Klima-Konferenz in Warschau (Polen) im November 2013 setzte sich dieser Trend fort. Das Ergebnis dieser Konferenzen ist äußerst mager und kaum geeignet, die von manchen europäischen Nichtregierungsorganisationen behauptete fortschreitende Erderwärmung aufzuhalten. Lediglich die Fortschreibung des zum Jahresende 2012 ausgelaufenen Kyoto-Protokolls bis zum Jahre 2020 und das vage gegenseitige Versprechen, bis Ende 2015 ein neues Abkommen zu formulieren, konnte man erreichen. Verbindliche Zusagen für einen ehrgeizigeren Ansatz in der globalen Klimapolitik konnte die Europäische Union nicht erzielen. Und da halfen auch die in der am 18. Juni 2015 veröffentlichten Umweltenzyklika von Papst Franziskus enthaltenen Ermahnungen nicht weiter, um den Klimaschutz voranzubringen. Die in dem Lehrschreiben des Oberhauptes der römisch-katholischen Kirche vorgebrachte Anklage gegen Klimawandel, Umweltverschmutzung, ausufernden Kapitalismus, Bedrohung der Artenvielfalt und die Ausbeutung der Ressourcen dürfte wirkungslos verhallen. Angesichts der Tatsache, daß grundlegende Aussagen der päpstlichen Enzyklika fehlerhaft und stark ideologisch geprägt sind, kann es nicht überraschen, wenn sich die meisten Länder der Welt nicht daran orientieren. Die Vereinbarung von Kyoto wird de facto nur von den 28 EU-Staaten und zehn weiteren Ländern getragen, die zusammen etwa 15 Prozent der globalen Emissionen verursachen. Die Staaten mit den höchsten Emissionen stehen bindenden Verpflichtungen äußerst kritisch gegenüber. Den Kohlendioxid-Ausstoß bis 2020 um 30 Prozent statt um 20 Prozent zu reduzieren, ließ sich schon innerhalb der Europäischen Union nicht vereinbaren. Da nützte es den einschlägig engagierten Institutionen der EU und der Weltbank auch nichts, zum wiederholten Male und entgegen den jüngsten Erkenntnissen der Wissenschaft das Mantra des Weltuntergangs zu beschwören. Die Europäer werden auch in Zukunft keine Folgebereitschaft für ihre Vorstellungen in der Klimaschutzpolitik finden. Und den durch die Folgen der behaupteten raschen Erderwärmung betroffenen Entwicklungsländern mit den ursprünglich versprochenen Zahlungen zu helfen, kann angesichts der bedrückenden Staatsschuldenkrise der Europäischen Union auch nicht verwirklicht werden. So geraten die Europäer dank ihrer naiven Verhaltensweisen insbesondere in den internationalen Konferenzen zunehmend in die Gefahr, sich gegen Regressansprüche der Entwicklungsländer wehren zu müssen.

Die anderen Nationen engagieren sich zwar auch zunehmend für den Klimaschutz, stützen sich aber auf die Expertisen ihrer eigenen Wissenschaftler und wollen sich nicht in ihre nationalen Belange hineinreden lassen. Selbst die Europäer sind auf diesem Felde gespalten. So fordern vor allem die osteuropäischen EU-Länder, nicht noch einmal die Klimaschutzziele zu erhöhen.

Ebenso wenig konnte die Europäische Union andere Nationen zwingen, der Einführung einer CO_2-Abgabe in der Luftfahrt zuzustimmen. Nicht nur China und Indien lehnen diese Forderung im Rahmen des Klimaschutzes kategorisch ab. Auch die USA, Brasilien, Russland, Südafrika und viele andere Länder wenden sich strikt gegen die Anmaßung der Europäischen Union. Das Festhalten an den Plänen der Union hätte sogar dazu führen können, daß Aufträge etwa aus China für den Kauf von Flugzeugen aus Europa storniert oder Überflugrechte für europäische Airlines durch Russland nicht mehr gewährt werden. So hatte China bereits im Frühjahr 2012 die Freigabe von 35 der bestellten 330 Langstreckenflugzeuge blockiert und angekündigt, keine weiteren Airbus-Flugzeuge mehr zu bestellen, wenn die Europäische Union an dem Emissionshandelssystem festhalten sollte. Angesichts der Tatsache, daß der größte Teil des Wachstums der Luftfahrtindustrie in dem kommenden Jahrzehnt dem chinesischen Markt zu verdanken sein wird, ist das Druck-Potential Chinas recht hoch. Schon die Ankündigung der Reaktionen Chinas hatte die Produktionspläne des Airbus-Unternehmens durcheinander gebracht. Schließlich mußte sich die Europäische Kommission dem internationalen Druck beugen und auf die Einbeziehung des Luftverkehrs in den Handel mit Emissionsrechten verzichten.

Vor diesem Hintergrund sollte eigentlich längst klar sein, daß die Europäer keine Chance haben, strengere Bestimmungen für den Klimaschutz durchzusetzen, zumal deren Begründung aus wissenschaftlicher Sicht äußerst problematisch ist. Darüber hinaus wird am Beispiel der europäischen Klimaschutzpolitik erneut deutlich, daß die Bereitschaft, dem Rest der Welt ein Vorbild zu sein, kein höheres politisches Gewicht verleiht. Die politischen Eliten außerhalb Europas amüsieren sich vielmehr über manche Maßnahmen der Europäer, z.B. über die Einführung von Energiesparlampen, die von der EU verordnet wurden, weil man damit angeblich die Erderwärmung aufhalten könne. Die meisten anderen Staaten der Welt, darunter vor allem führende Mächte wie China und die USA, hören nicht auf die Europäer. Sie folgen ihren eigenen Interessen und Methoden, um dem Klimaschutz Rechnung zu tragen. Dabei kommen ihnen die jüngsten Fortschritte im technologischen Bereich, z.B. die neuen Möglichkeiten der Schiefergasförderung zugute. Der preiswerte und in großen Mengen verfügbare Energieträger Erdgas wird insbesondere die USA, aber künftig auch China dazu führen, alte Kohlekraftwerke durch moderne Gaskraftwerke zu ersetzen. Zwar wird auch von Gaskraftwerken Kohlendioxid produziert, aber deutlich weniger als bei den alten Kohlekraftwerken. So können wir schon heute beobachten, daß die CO_2-Emissionen der USA wie nie zuvor sinken, ohne daß die amerikanische Regierung sich gezwungen sah, sich einschränkenden Abkommen zu unterwerfen. Sie setzen sich sogar von den Europäern ab, deren CO_2-Emissionen seit einiger Zeit wieder ansteigen, weil für die staatlich verordneten Windkraftwerke und Solarparks alte Kohlekraftwerke betrieben werden müssen, um Energie auch dann zu produzieren, wenn der Wind nicht weht oder die Sonne nicht scheint. Dies ist zunehmend besonders in Deutschland zu beobachten, wo Kohle- und Braunkohlekraftwerke einen größeren Teil der Stromversorgung übernehmen, um die Folgen der nationalen Energiewende abzumildern.

Auch die Vorstellung vieler Europäer, man könne im Zuge einer Energiewende, wie sie derzeit in Deutschland versucht wird, den Weltverbrauch an fossilen Brennstoffen verringern und so den Klimawandel verlangsamen, erscheint realitätsfern. Die Mengen, die man dank der Ersatztechnologien nicht benötigt, werden erfahrungsgemäß zu niedrigeren Preisen an jeweils andere Länder geliefert und dort verbraucht. Der sichtbarste Effekt dieser Politik besteht darin, daß sich für jene europäischen Staaten, die sich an derartigen Vorstellungen für einen Klimaschutz orientieren, die Strompreise deutlich erhöhen. Nachahmer findet man hierfür im Allgemeinen nicht.

Erfolglosigkeit Europas in der Menschenrechtspolitik

Während die Europäer ihre potentiellen Machtressourcen in vielen Bereichen, von der Wirtschaft und Technologie bis zur Diplomatie und zu den Streitkräften, nicht rational und zielstrebig entwickeln, dürfte auch ihr künftiges weltweites Engagement für die Menschenrechte kaum Erfolge bringen. Zwar ist es sicher ehrenwert und richtig, sich für die Freiheit der Menschen in aller Welt einzusetzen. Doch werden wir beobachten können, daß die Vorgehensweisen der Europäer auch dann keine wesentlichen Veränderungen in der Welt nach sich ziehen, wenn sich die einzelnen europäischen Regierungen oder die Union als Ganze durch konkrete Maßnahmen engagieren.

Moderne Nationalstaaten, wie Russland oder China, aber auch nahezu alle Staaten im Nahen Osten, in Südasien, in Afrika und Lateinamerika demonstrieren mit Blick auf das Engagement im Bereich der Menschenrechte ein bemerkenswertes Selbstbewußtsein. Sie bauen dabei auf ihre jeweils eigene Art des gesellschaftlichen Zusammenlebens sowie der politischen Partizipation und können offenbar auf die Zustimmung einer großen Mehrheit ihrer Bevölkerung rechnen.

Vor allem in Russland und China sowie in den islamischen Ländern widerspricht man dem universalen Geltungsanspruch der Menschenrechte, wie er von den Europäern regelmäßig vorgetragen wird. Man hält den Europäern entgegen, daß die Idee der Menschenrechte als solche eine Errungenschaft der europäischen Aufklärung und damit ein spezifisches Ergebnis der westlichen Kultur ist, das nicht anderen Kulturkreisen aufgezwungen werden dürfe. In der Tat begegnen wir in den Staaten des Nahen und Mittleren Ostens, wo der Islam als maßgebliche Religion etabliert ist, einer völlig anderen Rechtskultur. Schon das Menschenbild der Muslime weicht deutlich von den im Zuge der europäischen Aufklärung entwickelten Vorstellungen ab. Die Menschen werden als Geschöpfe Allahs verstanden. Ihm allein verdanken sie ihre Würde und das Wissen, das ihnen im Laufe ihres Lebens zuteil wird. Nicht die Selbstentfaltung des Individuums steht im Mittelpunkt ihres Daseins, sondern der Gehorsam gegenüber Allah und die Beachtung der Vorschriften, wie sie im Koran, der einzigen authentischen Rechtsquelle, niedergelegt worden ist. Die Menschenrechte sind in den islamischen Ländern daher nur insoweit anerkannt, als sie sich unmittelbar dem Koran entnehmen lassen.

Wenngleich die Vorstellungen über die Rechte und die Würde des Menschen im heutigen Russland auf die Errungenschaften der europäischen Aufklärung zurückgehen, lehnt man doch den spezifischen Geltungsanspruch ab, wie er von den Repräsentanten der Europäischen

Union beharrlich vorgetragen wird. Man relativiert die universale Geltung der Menschenrechte und folgt einer eigenen Interpretation, die der nationalen russischen Geschichte und den in diesem Kontext entwickelten Traditionen näher liegt. Die Versuche der Europäer, ihre Auffassung über die Reichweite der Menschenrechte in Russland durchzusetzen, müssen angesichts des Streits über die Interpretation und der entschlossenen Gegenwehr der russischen Führungselite scheitern.

Auch im Kulturkreis des Fernen Ostens, z.B. in China, wird der Mensch nicht als Individuum mit unveräußerlichen und naturgegebenen Rechten, sondern von vornherein als gesellschaftliches Wesen, als Mitglied einer Gemeinschaft verstanden. Nach den Lehren des Konfuzius (551 v.Chr.- 479 v.Chr.), die auch heute wieder das chinesische Menschenbild prägen, wird das Verhältnis der Menschen zueinander weniger durch Rechte, sondern durch Pflichten gekennzeichnet. Die Menschenrechte können daher nach chinesischem Verständnis nur unmittelbarer Ausdruck des Strebens nach übergeordneter Harmonie sein.

So überrascht es nicht, daß weder die Regierenden in Russland, in China und in den islamischen Staaten des Nahen und Mittleren Ostens, Afrikas und Südasiens, noch die meisten Menschen in diesen Ländern die im westlichen Kulturkreis entwickelte Definition der Menschenrechte als für sich bindend betrachten. Sie halten folgerichtig auch die europäische Form der Demokratie und des Liberalismus nicht für erstrebenswert. Die innere Schwäche der europäischen Gesellschaften, ihre extreme Gespaltenheit, ihr oft zu beobachtender Mangel an sinnhaftem Verhalten werden weitgehend abgelehnt. Auch sieht man in autoritär regierten Staaten, z.B. in Russland, China oder in den islamischen Staaten das Wirken der zahlreichen gesellschaftlichen Gruppen in den europäischen Ländern als äußerst problematisch an, weil deren Einfluß so weit reicht, daß sie die Durchsetzung vitaler staatlicher Interessen und wichtige staatliche Maßnahmen, wie etwa den Bau von Flughäfen, Bahnhöfen, Autobahnen, Kraftwerken oder Stromleitungen verhindern oder zumindest behindern können. Das damit oft verbundene und nicht geahndete Fehlverhalten einzelner gesellschaftlicher Gruppen in den europäischen Demokratien wirkt vor allem in Russland und China eher abschreckend.

Bei derart tiefgreifenden Unterschieden verwundert es nicht, daß die Forderung nach strikter Beachtung der individuellen Menschenrechte westlicher Prägung in Russland und China als Anmaßung und als Macht-anspruch betrachtet wird. Dementsprechend lehnt man dort auch das öffentliche Engagement von gesellschaftlichen Gruppen ab, die sich für einzelne politische Ziele, von der direkteren politischen Partizipation bis zum Klimaschutz, von dem Widerstand gegen die Nutzung der Kernkraft oder der Gentechnik bis zur unbefragten Aufnahme aller Migranten einsetzen. Die große Mehrheit der Bürger Russlands und Chinas, aber erst recht deren Führungseliten, sehen die charakteristischen Verhaltensweisen einzelner Gruppen und Individuen in den Ländern Europas als einen Weg an, der zur Schwächung des Staates führt. Zu erwarten, daß die autoritär regierten Länder eines Tages die europäischen Grundsätze politischen Handelns übernehmen und ähnlichen Gruppen in ihren Gesellschaften vollständige Handlungsfreiheit gewähren werden, ist reines Wunschdenken. Das politische Überleben und der machtpolitische Aufstieg sind für die Führungseliten dieser Länder sehr viel wichtiger als der Respekt vor den europäischen Forderungen nach der Herrschaft des Rechts und den politischen Freiheiten der Bürger.

Zudem scheint der Trend dahin zu gehen, daß die Anzahl der Länder in der Welt, die bereit sind, den Menschenrechten Geltung zu verschaffen, weiter abnimmt. Von den regelmäßigen Ermahnungen europäischer Regierungen, den Menschenrechten größere Beachtung zu schenken, sind nicht nur die Repräsentanten der machtpolitisch aufstrebenden Staaten insbesondere in Asien, im Nahen Osten, in Afrika und Lateinamerika völlig unbeeindruckt. Auch die kleineren Länder folgen beharrlich ihren eigenen Interessen. Sie ignorieren diese Ermahnungen in aller Regel, zumal hinter der europäischen Rhetorik keine Macht steht, die geeignet sein könnte, eine gewisse Folgebereitschaft zu erzwingen. Die im Fokus der Menschenrechts-Kritik stehenden Länder, von Russland bis China und von Aserbeidschan bis Iran und Syrien, haben im Übrigen Methoden entwickelt, die auch langfristig geeignet erscheinen, das Engagement der Europäer abzuwehren. Vor allem die Führungseliten in Russland und China haben ihre jeweils eigene geopolitische Vision und gehen unbeirrt und oft mit rigoroser Härte ihren auf machtpolitischen Aufstieg und innere Stabilität ausgerichteten Weg. In der Korrelation der Kräfte im Weltstaatensystem wird der Einsatz der Europäer für die Menschenrechte ohne Belang bleiben.

Die Fehlschläge europäischer Menschenrechtspolitik und des Bemühens der Europäer, die aus ihrem spezifischen Kulturkontext heraus entwickelten Wertvorstellungen weiter zu verbreiten, dürften auch im Zuge der dramatischen Veränderungen in der arabischen Welt noch klarer hervortreten. Bei der Islamisierung und Entwestlichung der Gegenküste am Mittelmeer handelt es sich um einen Wandel historischen Ausmaßes, dessen nachhaltige Wirkung die Europäer im Laufe der nächsten Jahre noch stärker zu spüren bekommen werden. Es wird schon in nächster Zukunft nicht mehr bei den üblichen Reden streng islamisch ausgerichteter Kräfte in den arabischen Ländern am Mittelmeer bleiben. Diese Kräfte meinen es ernst, wenn sie für die Geltung der Scharia kämpfen, Gewalt gegen ihre Gegner propagieren und den europäischen Demokratien gegenüber feindlich gestimmt sind.

Angesichts der wachsenden Abhängigkeit der europäischen Staaten und der Fehlschläge in der Menschenrechtspolitik wird Europa vom Rest der Welt immer weniger ernst genommen. Es gehört zu den Tatbeständen der internationalen Politik, daß Europa auf keinem wichtigen Feld seine denkbaren Machtquellen rational entwickelt. Seit mehr als zwei Jahrzehnten diskutieren die Europäer, ob es gelingen könnte, den Staatenverbund zu einem Machtpol in der Welt herauszubilden. Doch zu konkreten Erkenntnissen und sinnvollen Strategien, die sich in praktische Politik verwandeln ließen, ist man nicht gekommen. Während dieser Zeit hat sich die Welt stark verändert, und die führenden Repräsentanten anderer Staaten haben den Europäern vorgeführt, was man tun muß, um erfolgreich zu sein und seine eigenen Interessen wahren zu können. Ihnen ist auch nicht entgangen, daß Europa sich nicht einmal selbst verteidigen kann.

Europas Perspektiven bis 2030

Gewiß mag es vermessen erscheinen, Prognosen für die künftige Entwicklung des Weltstaatensystems und der Rolle Europas zu formulieren. Politische Analysten in früheren Epochen haben sich schließlich bei ähnlichen Versuchen nicht selten geirrt. Doch wer heute zu dem Zustand und den Handlungsmöglichkeiten der Europäischen Union Vorhersagen wagt, kann sich auf eine verläßliche Basis von Daten und auf Entwicklungen stützen, die bereits geschehen sind und unwiderrufliche Tendenzen aufzeigen. Die vorliegenden Daten und die klaren Tendenzen weisen für das Jahr 2030 auf einen dramatischen Wandel hin, der eine völlig andere Korrelation der Kräfte in der Welt erkennen läßt, als wir sie bisher gewohnt waren.

Angesichts der zunehmenden wirtschaftlichen und politischen Probleme in den meisten Staaten Europas, der fehlenden Dynamik bei dem Versuch, angemessene Antworten auf die globalen Herausforderungen zu finden und dem Festhalten an überkommenen wohlfahrtsstaatlichen Ideologien wird die Zukunft sicher nicht dem europäischen Modell gehören. Es gibt in Europa keine realitätsnahe Vision für die Zukunft. Vielmehr durchweht ein Hauch von Dekadenz die Staaten des Alten Kontinents. Nicht zuletzt ist auch die Tatsache, daß die Europäer der Freiheit im Verhältnis zur Gleichheit nicht den ihr gebührenden Rang einräumen und es zudem versäumen, die eigenen Machtressourcen sinnvoll zu entwickeln, für die zunehmende Schwäche Europas mitverantwortlich. Vor dem Hintergrund dieser internen Veränderungen und des machtpolitischen Wandels im Weltstaatensystem scheint der Niedergang Europas unumgänglich zu sein.

Die Europäer werden sich damit abfinden müssen, daß mit dem Aufstieg Chinas und Russlands, der im Frühjahr 2014 vorgenommenen historischen Weichenstellung dieser beiden Mächte zu einer engen Kooperation, dem Erstarken weiterer Mächte, aber auch dank der transatlantischen Uneinigkeit sogar der gemeinsame Einfluß der Vereinigten Staaten von Amerika und Europas in der internationalen Politik abnehmen wird.

Alle Indikationen deuten vielmehr darauf hin, daß sich die Europäer – anders als in den ersten Jahrzehnten nach dem Zweiten Weltkrieg – in den kommenden Jahrzehnten nicht so ohne weiteres auf den Sicherheitsschirm der USA verlassen können. Zudem werden die Europäer noch einsehen müssen, daß ihnen auch ein Ausstieg aus der Entwicklung und Anwendung eigener Machtressourcen keinen Schutz gegen die Wirkungen der Machtpolitik in der realen Welt bieten wird.

Den Europäern wird es nicht gelingen, eine politische Union zu schaffen oder auch nur eine gemeinsame Wirtschaftsregierung zu etablieren. Weder zwischen den beiden zentralen Staaten der Europäischen Union, Deutschland und Frankreich, wird es möglich sein, in diesen entscheidenden Fragen eine gemeinsame Haltung zu erreichen, noch dürfte es gelingen, Großbritannien mit seiner prinzipiell anderen Denkweise und Interessenlage für die völlige Übergabe seiner Souveränität an ein gemeinsames Ganzes zu bewegen. Im Gegenteil. Hier geht die Entwicklung in eine völlig andere Richtung. Und auch die meisten anderen der 28 Mitgliedsstaaten der Europäischen Union werden den Preis des Verlustes von Souveränitätsrechten nicht zahlen wollen. Angesichts der zunehmenden ökonomischen Unausgewogenheiten in der Europäischen Union und der häufig wiederkehrenden Krisen wird das nationalstaatlich orientierte Denken im Bereich der Wirtschaft dominieren und dank seiner zumeist rückwärtsgewandten, dem modernen Wettbewerb gegenüber feindlichen Ausrichtung zu weiteren negativen Konsequenzen führen. Insbesondere die wirtschaftlich schwächeren EU-Staaten werden in der nächsten Zukunft mit schwerwiegenden sozialen Konflikten konfrontiert werden. Ihnen wird nicht nur das zur Lösung der Krisen nötige Wirtschaftswachstum fehlen. Der Kampf um die geringer werdenden finanziellen Ressourcen wird auch härter werden und kann sogar die Grundfesten der Demokratie erschüttern. Diese Auseinandersetzung wird zum einen zwischen verschiedenen gesellschaftlichen Gruppen ausgetragen werden, zum anderen auch ein Konflikt zwischen den Generationen sein.

Im Übrigen wird die zunehmende Energieabhängigkeit – insbesondere von Russland – die politische Handlungsfähigkeit Europas eng begrenzen. Ohne eine gemeinsame Verteidigungspolitik wird Europa kaum noch ein bedeutsamer Machtfaktor in der internationalen Politik sein.

Selbst regionale Konflikte werden den europäischen Staatenverbund überfordern. Auch die Tatsache, daß zwei der 28 EU-Staaten zu den Nuklearmächten gehören und im Sicherheitsrat der Vereinten Nationen ein Veto-Recht haben, wird an der Schwäche Europas nichts ändern können. Und die wachsende Kluft zwischen dem tatsächlichen Einfluß Europas in der realen Welt und den amtlichen Deklarationen der Europäer – etwa im Bereich der Menschenrechte – wird die machtpolitische Position Europas weiter vermindern.

Es werden auf keinen Fall die Europäer sein, die das zukünftige Aussehen des Weltstaatensystems formen und die internationale Politik prägen. Sie werden mit China, Amerika, Russland und Indien immer weniger konkurrieren können. Es ist schon heute evident, daß Asien bald die reichste Region der Erde sein wird. Und anders als einige Politiker und Intellektuelle in ihren realitätsfernen Schriften meinen, werden sich die Prinzipien der internationalen Politik in den kommenden Jahrzehnten kaum ändern. Klassische Machtpolitik ist eben nicht eine Sache der Vergangenheit. Sie wird auch künftig die internationale Politik kennzeichnen. Angesichts der unaufhaltsam scheinenden negativen Entwicklung ihrer wichtigsten Machtressourcen werden die Europäer im Laufe der vor uns liegenden zwei Jahrzehnte hinnehmen müssen, daß sie im Hinblick auf ihren Einfluß in der Welt und auf ihre Sicherheit weiter abhängig sein und fast alle wichtigen politischen Fragen künftig über ihre Köpfe hinweg entschieden werden.

Alle Indikationen deuten zudem darauf hin, daß sich in Europa kein neuer politischer Wille entwickeln wird, der sich darauf richtet, die eingefahrenen Verhaltensweisen zu ändern und die notwendige Dynamik zu entfalten, um sich gegenüber anderen Mächten in der Welt eigenständig behaupten zu können. Europa, dessen Energie- und Rohstoffbasis klein ist, dessen Anteil an der Weltbevölkerung derzeit bei etwa 7 Prozent liegt und um 2030 nur noch 6 Prozent betragen wird, dürfte im Weltstaatensystem immer weniger eine maßgebliche Rolle spielen können. In den kommenden zwei Jahrzehnten wird die arbeitsfähige Bevölkerung weiter dramatisch abnehmen und die Zahl älterer Menschen (über 65) erheblich zunehmen. Etwa ein Viertel der Bevölkerung Europas dürfte dann über 65 Jahre alt sein. Angesichts der deutlichen Schwächung der demographischen Basis wird es nicht nur zu einer Stagnation der Wirtschaftsleistung und zu einem weiteren Rückgang militärischer Macht kommen. Auch die Gesundheits- und Rentensysteme können dann längst nicht mehr auf der traditionellen Grundlage aufrechterhalten werden. Abgesehen davon, daß der heute übliche Lebensstandard nicht mehr gesichert werden kann und immer schärfere gesellschaftliche Konflikte zur Folge haben wird, dürften sich die internen Spannungen auch durch die deutlich höhere Zahl von Muslimen in Europa erhöhen, die der strengen Auslegung des Islam folgen und entsprechende Forderungen geltend machen.

Insbesondere im Bereich der Wirtschaft werden die Länder der Europäischen Union während der kommenden zwei Jahrzehnte im Vergleich zu anderen Staaten oder Staatengruppen deutlich an Gewicht verlieren. Ihre gemeinsame Wirtschaftskraft wird nicht ausreichen, um der Wirtschaftskraft Chinas noch Paroli bieten zu können. Dabei ist besonders bedeutsam, daß Europas Bevölkerung um das Jahr 2030 zwar noch immer etwa 30 Prozent der chinesischen Bevölkerung ausmachen wird. Doch im Bereich der für die Wirtschaft so wichtigen naturwissenschaftlich-technischen Bildung und Kompetenz der Menschen wird die Gesamtkapazität Europas auf etwa 10 Prozent der chinesischen abgesunken sein. Man sollte in Europa nicht darauf hoffen, daß die Chinesen eines Tages weniger hart lernen und arbeiten. Ihre Moral wird sich vielmehr über Generationen fortsetzen. China dürfte trotz niedrigerer Wachstumsraten als heute etwa in dem Zeitraum zwischen 2019 und 2021 die Europäische Union sowie zwischen 2025 und 2027 auch die USA überholen. Der wirtschaftliche Bedeutungsverlust der westlichen Staatenwelt wird vor allem die Euro-Länder treffen. Ihr Anteil an der globalen Wirtschaftskraft wird von derzeit 17 Prozent auf etwa 12 Prozent im Jahre 2030 fallen.

Viele europäische Unternehmen werden im Laufe der nächsten zwei Jahrzehnte an Relevanz verlieren. Ansätze dazu sind schon heute zu erkennen. So beklagen große europäische Konzerne in jüngster Zeit immer häufiger, daß Geschäfte in Asien, vor allem aber in China, schwieriger geworden sind. Zwar profitieren die europäischen Unternehmen zur Zeit noch von dem hohen Stand der von ihnen entwickelten Technologie. Die Abstände zu ihren chinesischen Konkurrenten sind aber bereits deutlich geringer geworden. Alle Anzeichen weisen darauf hin, daß chinesische

Unternehmen sehr bald in der Lage sein werden, die technologische Führung zu erobern. Bis zum Jahre 2030 wird Europa auf dem Felde der Technologie deutlich abgeschlagen sein. Die Europäer sollten sich daher bewußt machen, daß diese Entwicklung fatale Folgen insbesondere für ihre Flugzeugindustrie, ihre Autoindustrie, ihre Elektronikindustrie und viele andere für die Funktionsfähigkeit der Wirtschaft bedeutsame Bereiche haben wird. Das ohnehin von gravierenden Wirtschaftsproblemen geplagte Europa wird zunehmend Absatzmärkte verlieren und darüber hinaus mit weitaus preisgünstigeren technologischen Spitzenprodukten aus Asien konfrontiert werden. Stammt heute noch etwa ein Fünftel der weltweit hergestellten Waren aus Europa, so wird es um das Jahr 2030 nur noch etwa ein Zehntel sein.

Überdies wird die Europäische Union im Laufe der kommenden Jahrzehnte nicht die Kraft entwickeln, eine gemeinsame Außen- und Sicherheitspolitik zu konzipieren und mit den dazu erforderlichen militärischen Streitkräften auszustatten. Sie wird nicht einmal in der Lage sein, für sich selbst eine konstruktive globale Rolle zu definieren, eher selten zu einer einheitlichen Position finden und dann über Symbolpolitik nicht hinauskommen. Wir werden daher etwa um 2030 eine völlig veränderte Situation im Weltstaatensystem und in der internationalen Politik vorfinden. Selbst die USA dürften dann Mühe haben, sich in der von China dominierten Welt zu behaupten und gezwungen sein, sich um ihre unmittelbaren Eigeninteressen im Asiatisch-Pazifischen Raum zu kümmern, als den Europäern ein weiteres Mal als großzügiger Helfer zur Verfügung zu stehen.

Sicherlich könnte die bislang so positive Entwicklung anderer Mächte im derzeitigen Weltstaatensystem weniger erfolgreich verlaufen. Der Aufstieg und der Niedergang von Staaten ist ein aus der Geschichte bekanntes Phänomen. Auch der Aufstieg Chinas, Indiens oder Russlands könnte eines Tages enden und schwer kontrollierbare Unruhen zur Folge haben. Niemand kann heute sicher vorhersagen, ob die Führungseliten Chinas, Indiens oder Russlands die zahlreichen gravierenden politischen, wirtschaftlichen und gesellschaftlichen Probleme lösen können, mit denen sie konfrontiert sein werden. Der autoritäre Führungsstil der aufstrebenden Mächte, von dem auch die wachsende Mittelschicht profitiert, dürfte allerdings geeignet sein, den Zusammenbruch dieser Staaten zu verhindern. Auch die enorme Wirtschaftsmacht der Vereinigten Staaten von Amerika ruht – wie man heute sieht – auf unsicheren Fundamenten. Und die außenpolitischen Rückschläge der USA lassen sich längst nicht mehr bestreiten. Doch sollten die Europäer nicht ihre Hoffnung darauf setzen, daß andere Mächte in eine Schwächephase eintreten. Europa kann in keinem Fall von einer derartigen Entwicklung Gewinn ziehen. Im Gegenteil. Dank der enorm gewachsenen gegenseitigen Abhängigkeit in vielen Bereichen würden die negativen Entwicklungen in anderen Weltregionen einmal mehr auf Europa zurückschlagen.

Auch an eine Renaissance der Macht Europas – etwa durch das grundlegend veränderte Verhalten einer neuen Generation – ist in den kommenden zwei Jahrzehnten nicht zu denken. Zum einen könnte sich eine neue willensstarke und zielstrebige Generation nicht auf klassische Ressourcen der Macht stützen, die ihr den nötigen Rückhalt bieten würden. Über Rohstoffe oder eine ins Gewicht fallende technologische Überlegenheit, die einen erneuten wirtschaftlichen Aufschwung erlauben würden, verfügt Europa nicht. Auch das Erscheinen einer neuen Religion oder Ideologie, die eine Wiederbelebung der früheren Dynamik auslösen könnte, wie wir dies gelegentlich aus der Geschichte kennen, ist nicht in Sicht. Die derzeitige junge Generation engagiert sich zwar weit über den Alten Kontinent hinaus im Bereich des Umweltschutzes und der Menschenrechte. Doch erwächst daraus kein größerer Einfluß in der internationalen Politik. Die Europäer verfügen offenbar auch nicht über das Selbstvertrauen, die innere Stärke, den Ehrgeiz und die Rationalität, um ihrem Kontinent wieder politische Bedeutung zu verleihen. In der Tat deutet nichts darauf hin, daß Europa seinen selbst verschuldeten Niedergang aufhalten könnte.

Bibliographie

A. Monographien

Arnauld, Andreas von (Hrsg.): Europäische Außenbeziehungen. Enzyklopädie Europarecht, Band 10, Baden-Baden 2014

Aron, Raymond: Paix et guerre entre les nations, Paris 1962

Aron, Raymond: Études politiques, Paris 1972

Aron, Raymond: Penser la guerre. Clausewitz, Paris 1976

Beck, Ulrich: Das deutsche Europa, Berlin 2012

Berman, Paul: The Flight of the Intellectuals, New York 2011

Birg, Herwig: Die demographische Zeitenwende, München 2003

Birg, Herwig: Die Weltbevölkerung, München 2003

Bremmer, Ian: The JCurve: A New Way to Understand Why Nations Rise and Fall, New York 2006

Bremmer, Ian: Superpower: Three Choices for America's Role in the World, New York 2015

Brzezinski, Zbigniew: Strategic Vision, New York 2012

Dahrendorf, Ralf: Der Wiederbeginn der Geschichte. Vom Fall der Mauer zum Krieg im Irak, München 2004

Eckert, Daniel: Weltkrieg der Währungen, Berlin 2010

Eckert, Daniel: Alles Gold der Welt, Berlin 2013

EU-Kommission: Eurostat Yearbook 2013, Brüssel 2013

Ferguson, Niall: The Ascent of Money: A Financial History of the World, London 2009

Ferguson, Niall: Civilization. The West and the Rest, London 2012

Ferguson, Niall: The Great Degeneration: How Institutions Decay and Economies Die, London 2013

Finkielkraut, Alain: L'Identité malheureuse, Paris 2013

Furet, Francois: Le passé d'une illusion, Paris 1995

Goldman, Marshall: Petrostate, New York 2010

Guilluy, Christophe: Fractures francaises, Paris 2013

IISS London: The Military Balance 2013

International Monetary Fund (IMF): World Economic Outlook 2013, Washington 2013

Jenkins, Gareth: Political Islam in Turkey: Running West, Heading East? London 2008

Kissinger, Henry: Die Vernunft der Nationen, Berlin 1994

Kissinger, Henry: China, München 2011

Kurzweil, Ray: The Age of Intelligent Machines, New York 1990

Kurzweil, Ray: The Age of Spiritual Machines, New York 1998

Kurzweil, Ray: How to Create a Mind. The Secret of Human Thought Revealed, New York 2012

Legatum Institute: Legatum Prosperity Index 2013, London 2013

Leonard, Mark: Why Europe Will Run the 21st Century, London 2005

Lewis, Bernard: Islam and the West, London 1993

Löwenthal, Richard: Gesellschaftswandel und Kulturkrise, Frankfurt 1979

Mead, Walter Russell: Power, Terror, Peace, and War: America`s Grand Strategy in a World at Risk, New York 2005

Mead, Walter Russell: God and Gold: Britain, America, and the Making of the Modern World, New York 2007

Miegel, Meinhard: Epochenwende, Berlin 2005

Neumann, John von/Morgenstern, Oskar: Theory of Games and Economic Behavior, Princeton 1953

Nye, Joseph: The Future of Power, New York 2011

Nye, Joseph: Soft Power: The Means to Success in World Politics, New York 2004

Reed, T.R.: The United States of Europe: The New Superpower and the End of American Supremacy, New York 2005

Sinn, Hans-Werner: Ist Deutschland noch zu retten? Essen 2004

Tibi, Bassam: Mit dem Kopftuch nach Europa? Darmstadt 2005

Tibi, Bassam: Euro-Islam, Darmstadt 2009

Tocqueville, Alexis de: De la démocratie en Amérique, Paris 1986

UNDP: Human Development Report 2013, New York 2013

World Bank: Doing Business, New York 2013

World Economic Forum: World Economic Data, Washington 2013

B. Fachzeitschriften

Aussenpolitik
Commentary
Europäische Rundschau

Europäische Sicherheit & Technik
Foreign Affairs
Foreign Policy
Internationale Politik
International Affairs
Le Monde: Bilan Géostratégie
The National Interest
Tribüne
Universitas

ibidem-Verlag

Melchiorstr. 15

D-70439 Stuttgart

info@ibidem-verlag.de

www.ibidem-verlag.de
www.ibidem.eu
www.edition-noema.de
www.autorenbetreuung.de